新财经改革研究系列丛书

U0656866

Research on the Nonlinear Evolution of
Credit Supervision Mechanism of E-commerce Platform

Perspectives from Catastrophe and Resilience

平台电商信用监管的非线性演化研究

基于突变和弹性视角

佘其平 著

东北财经大学出版社
Dongbei University of Finance & Economics Press

大连

图书在版编目（CIP）数据

平台电商信用监管的非线性演化研究：基于突变和弹性视角 / 佘其平著.
—大连：东北财经大学出版社，2024.9.—（新财经改革研究系列丛书）.
—ISBN 978-7-5654-5372-4

Ⅰ.F492.6

中国国家版本馆CIP数据核字第2024WQ8464号

东北财经大学出版社出版发行

　　大连市黑石礁尖山街217号　　邮政编码　116025

　　网　　址：http://www.dufep.cn

　　读者信箱：dufep@dufe.edu.cn

大连永盛印业有限公司印刷

幅面尺寸：170mm×240mm　字数：197千字　印张：16.75　插页：1
2024年9月第1版　　　　　2024年9月第1次印刷
责任编辑：时　博　　　　　责任校对：一　心
封面设计：张智波　　　　　版式设计：原　皓
定价：85.00元

本书为湖北省社科基金一般项目（后期资助项目）"平台电商信用监管的非线性演化研究：基于突变和弹性视角"（课题编号：HBSKJJ20233258）成果，并获得该项目资助

作者简介

佘其平，女，1987年8月生，湖北荆州人，博士，讲师，湖北经济学院专任教师。研究方向是平台经济、服务管理。近年来，主持省部级课题2项，获得省级科技进步一等奖2项，在中英文权威期刊上发表论文多篇。

前言

　　数字经济背景下，以网络零售、在线出行等为代表的各类移动商务平台迅速崛起，有效整合线上线下资源，为人们生活提供了极大便利，在带动居民消费、促进灵活就业等方面发挥了重要作用。然而，网络交易过程成本低、虚拟化等特点，导致商家和消费者之间信息不对称，网络售假、虚假宣传、信息泄露等失信问题突出，严重损害了消费者利益。同时，由于平台用户数量庞大，一些负面事件往往成为大众舆论聚焦的热点话题，造成了一些不良的社会影响。因此，如何预测和治理平台信用失范，就成为政府、实业界和学术界关注的热点问题。

　　平台市场呈指数级增长的交易数据和层出不穷的新模式，给监管部门带来了极大的挑战，以政府为主的一元治理模式难以满足现实发展需求，因此需要平台企业、社会组织等多元主体群策群力。然而，实际调研发现，多元主体由于存在利益诉求差异，协同监管过程中监管失灵现象屡屡发生，监管效果难以达到预期，因此，有必要从微观机制层面深入探究参与主体的行为动机，协调好政府、平台企业、商家及消费者之间的关系。目前，平台信用监管研究已取得一系列成果，但仍存在许多需要解决的问题，主要表现在：现有模型大多是基于演化博弈的常微分方程，鲜有考虑随机扰动和心理行为因素对策略选择过程的影响；传统演化博弈模型难以解释信用监管演化中的非线性变化机制，且现有平台信用监管研究侧重于寻找均衡策略及其存在条件，而对于系统维持当前均衡状态的能力，即"弹性"，则很少提及。

本书结合演化博弈理论、弹性理论和突变论等，按照"平台电商信用监管随机演化→平台电商信用监管突变分析→平台电商信用监管弹性测度"的研究思路，揭示平台电商信用监管的非线性突变机制，通过弹性指标反映系统抗干扰能力（突变程度），从定量角度表述平台电商信用监管的非线性演化机理。本书的主要研究内容及创新点如下：

第一，运用随机演化博弈和过度自信理论，揭示平台电商信用监管的动态演化机制。考虑参与主体的过度自信行为，基于过度自信理论构建演化博弈模型，设计四种过度自信场景：无过度自信、平台过度自信、商家过度自信和消费者过度自信；进而引入白噪声反映演化过程中的随机干扰，建立随机动力系统，借鉴Ito随机微分方程理论分析博弈主体行为稳定条件；运用数值模拟分析各要素对博弈主体策略演化的方向性及程度性影响，提出策略调控的优先级。

第二，运用随机演化博弈和突变论，解释平台电商信用监管演化的非线性突变机制。基于演化博弈理论，引入白噪声和Ito随机微分方程，建立随机动力学系统，进而引入突变论，用极限概率密度函数描述系统的均衡表现，分析监管主体行为随参数连续变化在整体上发生突变的现象，发现离散突变的临界集合，为控制平台电商信用监管突变提供依据。

第三，运用弹性理论和突变论，探讨电商平台信用监管弹性测度问题，从定量角度表述系统演化机理。将弹性理论与突变论相结合提出电商平台信用监管的弹性概念及弹性测度公式，通过弹性指标描述参数变化和系统抗干扰能力之间的量化关系；通过仿真实验观察各因素对系统弹性的影响，结合实际案例对模型有效性进行验证，得到一些对预防和治理平台信用失范具有实践指导意义的结论。

第四，针对"直播+"背景下主播和商家的质量控制行为，运用演化博弈和突变论探究影响主播—商家质量控制突变的关键因素，在此基础上引入弹性指标定量测度系统参数变化下主播和商家行为状态发生突变的可能性，据此提出相应的对策与建议。

本书从理论层面对现有研究进行拓展，为平台电商信用监管研究提供新思路，同时以直播电商为例，对本书中的部分结论进行验证，并进一步提出针对平台电商信用监管的对策建议，以期为预防和治理平台信用失范提供理论依据和思路借鉴。

佘其平

2024 年 6 月

目　录

1

绪论

1.1　选题背景与意义

1.1.1　选题背景

数字经济背景下，以网络零售、在线出行等为代表的各类电子商务平台受到人们的广泛关注，各类电子商务平台快速崛起。商务部数据显示，2023年我国全年线上零售额15.42万亿元，增长11%，电子商务从业人数已超7 000万人，提前完成了《"十四五"电子商务发展规划》中设定的2025年任务指标。电子商务在恢复和扩大消费、促进数实融合、深化国际合作中发挥了重要作用，为我国数字经济高质量发展提供了强大助力。

然而，由于网络交易的虚拟化，电子商务平台企业、商家和消费者之间存在严重的信息不对称，平台交易中网络售假、虚假交易、信息泄露等失信行为持续发生，信用失范已经成为制约电子商务领域健康发展的瓶颈（朱国华和张佳侬，2020）。2023年，全国12315平台接到网购投诉举报1 261.1万件，占投诉举报总量的56.1%，其中，质量问题、售后瑕疵、信息泄露等失信问题尤为突出。同时，由于网络用户数量庞大，这些负面事件往往迅速成为舆论聚焦的热点话题，引发大众对企业道德和规制政策的讨论，产生深远的社会影响（李子文，2018）。因此，迫切需要重视和加强电子商务平台信用建设，它不仅是深化"放管服"改革、优化网络市场经营环境的客观要求，而且对于构建电子商务发展新格局、推进平台经济健康稳定发展具有重要意义。

本书的研究对象是平台型电子商务企业，平台企业作为交易媒介，具有"企业"与"市场"的双重身份，其信用监管涉及政府、平台企业、商家和消费者等多方利益主体。其中，政府受公共预算支出规模约束，面对海量的参与者和呈指数级增长的交易数据，很难全面、实时发现商家的不良行为（You，2020），政府的作用被认为从直接管制者转为主导者、协调者（郑智航，2018）。平台企业能够更好地降低监管过程中的信息劣势（王勇等，2020），比政府直接监管商家更加经济有效（汪旭晖和张其林，2015）。消费者作为直接购买产品或服务的群体，可以及时掌握营销信息，弥补政府监管部门信息滞后的弊端，并通过声誉机制反向激励政府和平台采取监管策略。同时，消费者也是监督约束行为的直接受益者，具备社会监督的积极性和主动性（刘长玉等，2019；梁雁茹和刘亦晴，2020）。因此，有学者研究指出，建立包括交易平台和消费者在内的多元主体协同监管模式，能在一定程度上缓解政府治理压力，提升监管效果（卢安文和何洪阳，2017）。

大多数观点认为，多元主体协同监管下的服务质量高于单一监管，然而实际调研发现，多元主体协同监管过程中存在着明显的"监管失灵"（庞敏和邱代坤，2017；唐要家等，2019；王勇等，2020），监管效果难以达到预期，原因有如下几点：

（1）不同主体利益诉求和行动取向存在差异（雷丽彩等，2020）。政府为促进新业态发展，一般采取审慎监管策略，这就要求平台企业强化内部管理，而平台企业作为商业主体，其承担社会公共服务责任的客观事实与追求经济回报的主观愿望矛盾（王勇和陈美瑛，2020；Plambeck 和 Taylor，2011），如网约车平台为追求经济规模效益放松对司机准入条件的限制，导致平台风险提高。同时，监督成本高、投诉渠道不完善也容易使消费者望而却步。实际上，协调失灵容易导致"监管失灵"问题出现，如政府部门和平台之间的信息共享不及时也被认为是轰动一时的"滴滴顺风车事件"的主要原因之一。

（2）平台电商信用监管是动态博弈的过程（杨丰梅等，2017），且呈现非线性变化的特点（邓春生，2020；王仁和等，2021）。随着博弈主体交互行为的不断进行，政府的激励扶持机制、主体之间的交互关系等必然发生改变，且网络环境下系统动态性和随机性更显著，导致监管系统出现非线性变化。即监管系统状态改变并不是以连续、渐进的方式进行的，而是当微观因素的影响累积到一定程度下才呈现"突变"现象。例如，在社会舆论影响下，滴滴在顺风车事件后直接关闭了顺风车业务。监管的不确定性容易导致极端现象出现。因此，有必要从机理层面深入探究参与主体的行为动机，协调好政府、平台企业、商家及消费者之间的关系。

综上所述，平台电商交易市场失信问题突出，而监管实践中又存在显著的"监管失灵"问题，需要从微观机制层面深入探究各类参与主体行为决策的动机及演化机理。目前平台信用监管演化研究取得了一定成果（汪旭晖和任晓雪，2020；张丽等，2020；李杰等，2018），但现有模型大多是基于演化博弈的常微分方程，鲜有考虑随机扰动因素和心理因素对策略选择过程的影响，且传统演化博弈模型难以解释系统演化中的非线性突变现象。另外，管理实践中，为尽可能减少损失和不利影响，还需要考虑监管系统的抗干扰能力，需要进一步探讨参数变化和突变程度之间的作用关系（弹性），但现有研究主要从定性视角探讨不同因素对监管决策的方向性影响，侧重于寻找均衡策略及存在条件，对系统在参数变化下维持当前均衡状态的能力（弹性）则很少提及。因此，平台电商信用监管研究中还有以下问题尚待解决：

（1）不确定环境下，随机扰动和心理因素（如过度自信）如何影响平台电商信用监管的演化规律，以及如何根据演化规律设置监管路径和调控优先级。

（2）如何解释平台电商信用监管的非线性突变现象，如何避免和控制突变。

（3）如何基于突变从定量角度测度平台电商信用监管的弹性（抗干扰能力）。

（4）平台电商信用监管的对策建议。

针对上述问题，本书在借鉴已有研究的基础上，引入过度自信理论刻画决策主体行为特征，用随机扰动表征不确定环境，基于随机演化博弈模型探讨不同过度自信场景下参数变化对监管主体行为决策的方向性及程度性影响，提出监管策略调控的优先级；进而引入突变论解释系统演化中的非线性突变现象；引入弹性测度指标描述系统参数变化和突变程度（或抗干扰能力）间的作用关系，从定量角度表述系统演化机理，期待得出一些对预防和治理平台信用失范具有实践指导意义的定量结论。

1.1.2 选题目的及意义

1.研究目的

针对平台交易市场的信用失范问题以及监管主体之间的协调失灵现象，从微观机制层面分析政府、平台企业、商家和消费者等参与主体策略选择的演化机制，剖析平台电商信用监管失灵的内在机理，为监管预警和政策优化提供理论依据和思路借鉴，以促进平台经济健康发展。本书的研究希望达到以下目的：

（1）运用随机演化博弈和过度自信理论，揭示平台电商信用监管的动态演化机制。

构建多元主体参与的协同监管体系是平台电商信用监管的关键，但已有信用监管的相关研究对系统随机性考虑不足，具体到监管主体的心理与行为方面的研究更为缺乏。由此，本书基于现有文献对决策者过度自信倾向进行探讨，用过度自信刻画监管主体的行为特征，基于演化博弈模型建立包括政府、平台企业、商家和消费者的信用监管体系。同时，引入白噪声反映演化过程的随机干扰，建立随机动力系统，探讨随机干扰环境下主体策略的稳定条件与演化特征，通过仿真分析从定量角度揭示各关键变量对博弈主体策略选择的方向性及程度性影响，提出平台电商信用监管的策略优化路径和调控优先级。

（2）运用随机演化博弈和突变论，揭示平台信用监管演化的非线性突变现象。

平台信用监管演化具有非线性变化特征，但传统演化博弈模型难以解释系统演化中的非线性离散变化。因此，本书集成演化博弈与突变理论，研究平台电商信用监管演化机制。基于演化博弈理论，引入白噪声和Itô随机微分方程，建立随机动力学系统。利用突变理论，分析监管主体行为随参数连续变化在整体上发生突变的现象，通过发现离散突变的临界集合，为监管部门控制监管系统突变提供指导。

（3）运用弹性理论和突变论，探讨平台电商信用监管弹性测度问题，从定量角度描述系统抗干扰能力。

平台信用监管突变模型主要描述了突变发生的位置和方向，不能表示突变发生的程度。而管理实践中，为尽可能减少损失和不利影响，在制定监管策略时需要考虑效率。还需要进一步探讨参数变化和突变程度之间的作用关系。因此，本书运用弹性理论与突变论探讨电商平台信用监管弹性测度问题。在突变模型的基础上，引入弹性指标描述突变事件中系统参数变化和形变程度之间的量化关系，通过弹性测度反映参数变化下系统维持稳定状态的能力，也即抗干扰能力。相关结论能够为平台监管预警和政策优化提供依据，有助于预防和治理平台信用失范。

2.研究意义

理论价值：本书的理论价值主要表现在研究视角和研究方法两个方面：①在研究视角方面，本书采用平台电商信用监管演化的研究视角，从确定性演化博弈视角拓展至随机演化博弈视角、突变视角和弹性视角，从定性研究拓展至定量研究，丰富和拓展平台电商信用研究的基础理论与研究内容；②在研究方法方面，本书综合运用演化博弈理论、过度自信理论、突变理论和弹性理论，为理论方法的集成提供了尝试。具体地说，运用过度自信理论与随机演化博弈模型，探究平台电商信用监管随机演化；运用随机演化博弈和突变论，为平台信用监管演化的非线性研究提供了新思路；在构建信用监管突变模型的基础上研究弹性测度问题，从定量角度描述系统演化机理，为弹性理论和突变论的集成提供了方法论尝试。

现实意义：本书的现实意义体现在以下几个方面：①将过度自信行为和随机扰动因素引入模型设计，能够使模型更符合现实情形，使结论更具现实指导意义；②设计多种过度自信场景，并提出策略调控优先级，为实现分类监管、精准施策提供思路借鉴；③引入突变论解释平台电商信用演化的非线性离散现象，通过发现离散突变的临界集合，为监管部门避免突变事件发生提供指导；④针对平台电商的非线性演化，提出平台电商信用监管演化的弹性测度方法，为监管预警和政策优化提供依据。

1.2　相关概念界定

1.2.1　平台电商

电子商务平台根据运营模式分为平台型、自营型和综合型三种类型（桂云苗等，2018），其中平台型电子商务企业（如淘宝、滴滴出行等）作为交易媒介，通过整合供需双方信息来促成交易；自营型电子商务企业（如京东、苏宁和当当的自营业务）采购商品并以卖方身份在线参与商品交易，以商品交易差价获得盈利；综合型电子商务企业既有中介身份又有卖方身份，目前，自营电商企业通过向第三方卖家开放，逐步转型为综合型电商企业。

根据业务类型，平台型电子商务企业又可分为商品类交易平台、服务类交易平台和互联网金融平台（冯骅和王勇，2018），其中商品类交易平台主要指各类网络零售平台，如淘宝、当当等；服务类交易平台主要指在线提供服务的平台，以O2O（online to offline，线上到线下服务）平台为典型代表，如滴滴出行、饿了么等；互联网金融平台主要指通过互联网提供金融服务的平台，如人人贷等。

本书的研究对象为平台型电子商务企业，更多地指商品类交易平台和服务类交易平台。平台企业作为买卖双方交易的平台和中介，负有规范并提高产品或服务质量的核心监管责任（康旺霖等，2016）。自2019年1月1日起开始实施的《中华人民共和国电子商务法》指出："电子商务平台经营者知道或者应当知道平台内经营者销售的商品或者提供的服务不符合保障人身、财产安全的要求，或者有其他侵害消费者合法权益行为，未采取必要措施的，依法与该平台内经营者承担连带责任。"

1.2.2　信用监管

平台电商信用监管是指政府或平台企业依法依规对商家的失信行为进行的规制。谢新水和檀阳（2015）认为，信用是特定主体开展经济活动的结果，意味着主体未来的行动能力，他们以共享经济为例，指出信用监管是维护、巩固平台经济的"软基础"，如果平台失信行为发生，社会声誉将急转直下，不仅会损害消费者利益，对平台自身的发展也会产生严重影响，如2018年"滴滴顺风车"事件发生后，平台融资受到严重影响。杨丰梅等（2017）指出，平台企业可以通过定期抽检以及消费者投诉等手段对交易行为进行监督，并结合保证金收取制和失信惩罚机制来约束商家失信行为。汪旭晖和任晓雪（2020）指出，平台信用监管是平台企业通过累计扣分制、保证金扣除制和监管奖励机制等治理手段遏制卖家的机会主义行为。

由于网络交易的虚拟性，消费者无法通过实际体验直观感受商品质量或者鉴别商品真伪，信用成为联结买卖双方的纽带，成为交易顺利进行的前提条件。目前，信用监管已经成为市场监管的基础工具，2019年《政府工作报告》指出，要推行信用监管和"互联网+监管"改革……用公正监管管出公平、管出效率、管出活力。《社会信用体系建设规划纲要（2014—2020年）》提出了要逐步落实网络实名制，完善网络信用建设的法律保障，大力推进网络信用监管机制建设的任务。

1.3 研究框架与方法

1.3.1 研究框架

本书结合演化博弈理论、突变论和弹性理论，按照"平台电商信用监管随机演化→平台电商信用监管突变分析→平台电商信用监管弹性测度"的研究思路，从微观机制层面探讨平台电商信用监管主体的行为决策变化和演化路径，为预防和治理平台信用失范提供理论依据和思路借鉴。本书共分九章，具体章节安排如下：

第1章，绪论。本章从电子商务市场的发展现状和存在问题出发，提出研究背景、研究目的和研究意义；界定了"平台电商"和

"信用监管"的概念；概括了研究内容和主要研究方法。

第2章，对平台信用监管研究、突变论应用研究、电子商务领域弹性研究等相关文献进行梳理、归纳和评论，提炼出可进一步拓展的空间；追溯相关理论，包括信息经济学相关理论、平台经济治理相关理论、过度自信理论、突变理论和弹性理论，为本书的研究提供学理依据和研究视角。

第3章，介绍平台电商信用监管体系和演化机理。分析信用监管主体体系构成（政府主体、市场主体和社会主体）；归纳总结平台电商信用监管的特征（动态性、回应性、灵活性、敏捷性和包容性）；分析信用监管的演化机理，重点探讨平台电商信用监管演化的非线性机制、信用监管弹性的内涵以及突变与弹性的关系。

第4章，研究过度自信下平台电商信用监管的随机演化规律及监管优化路径。首先，引入过度自信理论刻画参与主体行为特征，基于过度自信构建平台电商信用监管的演化博弈模型，设计无过度自信、平台过度自信、商家过度自信和消费者过度自信四种过度自信场景；其次，引入白噪声反映演化过程中的随机干扰，建立随机动力系统；最后，结合数值分析，系统考察随机干扰下的策略演化路径及联动作用机理，给出参数调控优先级。

第5章，研究平台电商信用监管的非线性突变现象。首先，基于演化博弈理论，建立含有白噪声的Ito随机微分方程；其次，结合突变论，利用极限概率密度函数将博弈模型转化为突变模型，找到突变发生的分歧点集合；进而结合数值仿真分析平台电商信用监管的结构性突变现象及扰动性突变现象。

第6章，研究平台电商信用监管的弹性测度问题。基于平台电商信用监管突变模型，引入弹性理论，提出电商平台信用监管的弹性概念及弹性测度公式；进一步仿真分析参数变化对弹性的影响，得出一些对预防和治理平台信用失范具有实践指导意义的定量结论。

第7章，针对"直播+"背景下的产品质量治理问题，运用演化博弈和突变论探究影响"主播—商家"质量控制行为突变的关键因素，在此基础上提出弹性指标定量测度系统参数变化下主播和商家行为状态发生突变的可能性，并据此给出相应的对策与建议。

第8章，以直播电商为例，分析直播电商信用监管中存在的问题及应对措施，结合案例分析对本书中的部分结论进行验证，并进一步提出针对平台电商信用监管的对策建议。

第9章，对本书的主要研究结论进行归纳，总结主要创新点，并阐述本研究的潜在不足和后续的研究方向。

基于上述内容，本书的技术路线如图1-1所示。

1.3.2 研究方法

本书采用以下研究方法：

（1）文献分析法。围绕平台信用监管问题，系统梳理并全面分析与研究主题有关的文献，在此基础上总结已有研究的贡献与不足，提炼出本书的研究方向和研究思路。

（2）理论研究与案例研究相结合的方法。梳理国内外关于平台信用监管演化机制的理论和实践成果，分析平台信用失范的现象和原因、平台电商信用监管的主体构成及交互关系，构建过度自信下平台电商"信用监管随机演化分析—信用监管突变分析—信用监管弹性测度"的理论分析框架，为本书研究奠定了理论基础；以直播电商为例，分析直播电商信用监管中存在的主要问题和应对措施，根据案例分析结论验证模型的有效性及适用性，进而得到一些有助于预防和治理平台信用失范的对策建议。

研究 准备 阶段	第1章 绪论			案例分析
	选题背景与意义	相关概念界定	研究框架与方法	调查研究
	第2章 研究现状与理论基础			文献分析
	平台电商失信问题研究 / 平台电商监管研究 / 突变论应用研究 / 电子商务领域弹性研究	信息经济学相关理论 / 平台治理相关理论 / 演化博弈理论 / 弹性理论 / 突变理论		理论研究

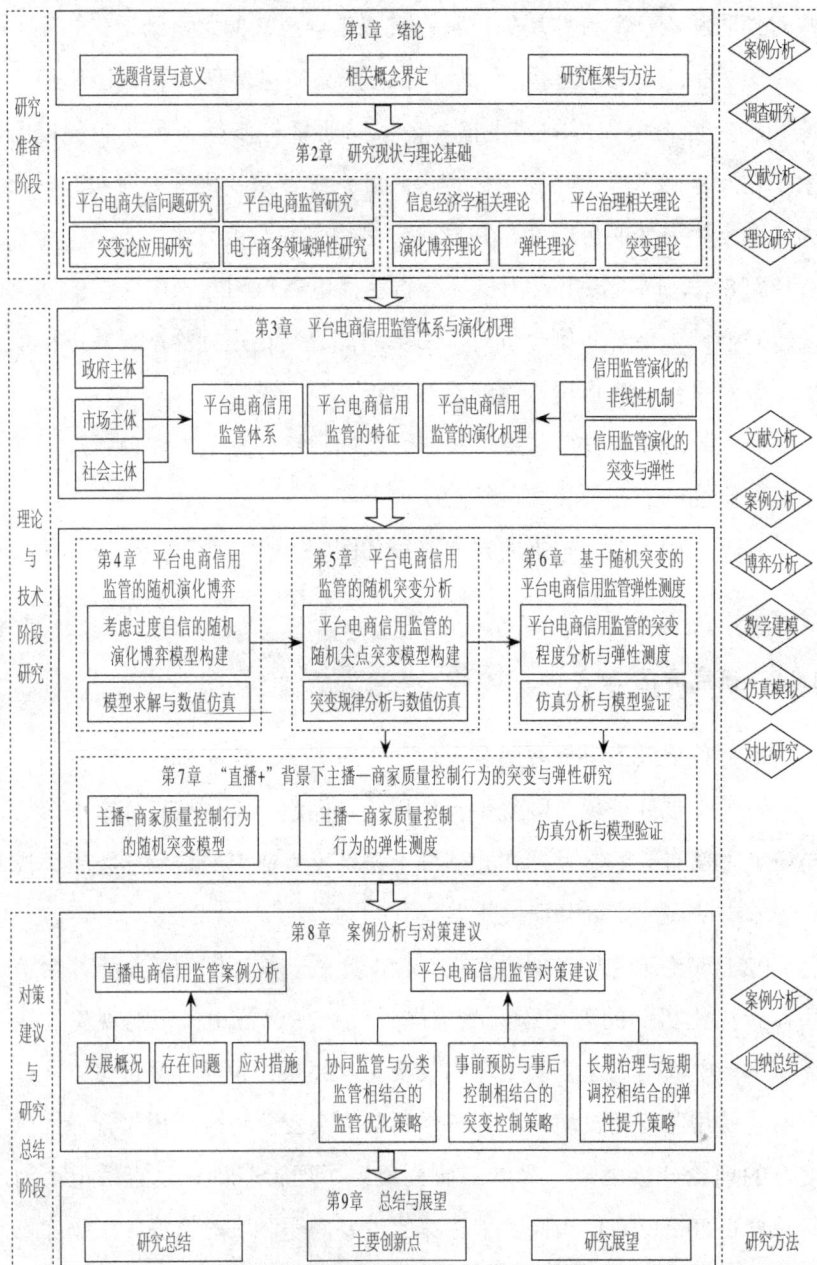

图 1-1 技术路线图

（图示：技术路线图，包含以下章节内容）

研究准备阶段
- 第1章 绪论：选题背景与意义、相关概念界定、研究框架与方法
- 第2章 研究现状与理论基础：平台电商失信问题研究、平台电商监管研究、信息经济学相关理论、平台治理相关理论、突变论应用研究、电子商务领域弹性研究、演化博弈理论、弹性理论、突变理论

理论与技术阶段研究
- 第3章 平台电商信用监管体系与演化机理：政府主体、市场主体、社会主体、平台电商信用监管体系、平台电商信用监管的特征、平台电商信用监管的演化机理、信用监管演化的非线性机制、信用监管演化的突变与弹性
- 第4章 平台电商信用监管的随机演化博弈：考虑过度自信的随机演化博弈模型构建、模型求解与数值仿真
- 第5章 平台电商信用监管的随机突变分析：平台电商信用监管的随机尖点突变模型构建、突变规律分析与数值仿真
- 第6章 基于随机突变的平台电商信用监管弹性测度：平台电商信用监管的突变程度分析与弹性测度、仿真分析与模型验证
- 第7章 "直播+"背景下主播—商家质量控制行为的突变与弹性研究：主播-商家质量控制行为的随机突变模型、主播—商家质量控制行为的弹性测度、仿真分析与模型验证

对策建议与研究总结阶段
- 第8章 案例分析与对策建议：直播电商信用监管案例分析（发展概况、存在问题、应对措施）、平台电商信用监管对策建议（协同监管与分类监管相结合的监管优化策略、事前预防与事后控制相结合的突变控制策略、长期治理与短期调控相结合的弹性提升策略）
- 第9章 总结与展望：研究总结、主要创新点、研究展望

研究方法（右侧）：案例分析、调查研究、文献分析、理论研究、文献分析、案例分析、博弈分析、数学建模、仿真模拟、对比研究、案例分析、归纳总结、研究方法

图 1-1 技术路线图

（3）数学建模、仿真模拟与比较分析相结合的方法。运用过度自信理论、演化博弈理论、突变论和弹性理论，构建过度自信下平台电商信用监管的随机演化博弈模型和突变模型，并在此基础上提出平台电商信用监管的弹性测度方法；进一步通过数值仿真比较分析过度自信参数、扰动强度和效用参数变化对策略选择的影响。

2

研究现状与理论基础

2.1 国内外研究现状

2.1.1 平台电商失信问题研究

1.平台电商信用失范现象

电子商务交易过程中，消费者无法通过实际体验直观感受商品质量或者鉴别商品真伪，在缺少面对面交流的前提下也难以通过经营者的简介深入了解服务提供者的相关信息，因此存在很大的信用风险，产品质量问题、信用评价失真、个人信息泄露等信用失范问题突出（朱国华和张佳依，2020）。冯骅和王勇（2018）指出，商品类平台市场中存在的主要问题是假冒伪劣问题，服务类平台市场的问题主要集中在服务质量参差不齐与人身财产安全保证，互联网金融平台市场则以平台经营不善和非法集资诈骗问题最为突出。据2018年《中国电子商务诚信发展报告》，平台交易中的典型失信问题见表2-1。

表2-1 **平台交易中的典型失信问题**

交易环节	典型失信问题
展示环节	先提价再打折、刷单刷信誉、货不对版、以假乱真、电商专供、0元购等
交易环节	大数据杀熟、默认勾选、"薅羊毛"、消费多少返多少等
售后环节	快递信息失信、客服说话好听事难办、消费者隐私保护不力等

资料来源：根据2018年《中国电子商务诚信发展报告》整理。

2.平台电商信用失范的原因

平台电商信用失范的原因主要包括以下两个方面：

（1）信息不对称

平台交易的主要特征是：买方与卖方空间分离、实物与商品信息分离、商品与平台企业分离、支付与商品交付分离（李波和温德成，2013），这些特征造成的平台市场的信息不对称现象和市场不确定性，被认为是引发平台失信问题发生的根本原因。Ferrante（2015）认为，在电子商务环境下，由于消费者在支付前只能通过商家提供的文字和图片了解商品信息，无法实际感受商品质量或商品真伪，给商家售假提供了可乘之机。Joseph（2016）认为，缺少必要的卖家行为信息是导致电子商务市场产品质量问题的重要原因，建立在线信誉评价体系有助于改善该问题。林强等（2021）以生鲜电商为例，指出销售模式（自营型或平台型）以及生产商与平台合作时间的长短影响生产商的信息披露。

针对电子商务平台上出现的信息不对称，解决办法一是通过构建信用评价机制，向消费者提供商家信誉、商品质量、服务质量、支付安全、隐私保护等多种信息，缓解网络交易中信息不对称现象，降低买方的逆向选择行为及卖方道德风险，减少平台失信问题发生（Kreps等，1982；Wang等，2007；潘勇，2009；Lu等，2010）。Li等（2020）实证研究发现，消费者在平台上关于商品质量信息的评价，是商品信息的重要补充，有助于产品销售。二是选择信号传递来让消费者了解商品质量或服务水平，如正品保证、假一赔十、七天无理由退换货以及引入第三方中介等措施（Schlosser，2003；Weathers等，2007；Dewan 和 Hsu，2010；Maeyer 和 Estelami，2011；Fang 等，2014），以降低商品质量水平信息不对称的程度，增加消费者对卖家的信任。何为和李明志（2014）提出，用市场方式调节平台内部运行机制来应对电子商务平台的信息不对称，如加强对平台的审核，健全社会监督机制等。另外，数字技术也为消除信息不对称作出了贡献。

数字技术使得海量数据得以储存，一方面，企业可以通过智能算法处理海量数据，实现信息智能排序和用户画像等；另一方面，消费者可以通过访问在线数据获得各种质量信息、声誉信息等。李三希等（2021）研究指出，数字技术通过算法与机制改变消费者行为模式，降低了信息传递成本，缓解了信息不对称。

（2）政府监管失灵

电子商务平台打破了有形界限的传统经济形式，呈现出网络化、无边界化、跨界融合等新趋势，传统的建立在地域和部门分界、金字塔式层级控制和政府垄断信息优势的基础上的管理体制，已经不能满足新经济发展要求。首先，政府规制以法律、行政手段为主，缺乏相关的专业技术和信息数据（Kauffman和Naldi，2020）；其次，面对平台市场呈指数级增长的交易数据，政府在自身的资源和能力约束下，很难全面、实时发现不法行为的存在（Siddiki和Kim，2017）；最后，面对跨区域的交易和失信事件，政府监管部门在其业务管辖领域的限制下，存在执行障碍。另外，平台追求规模效益和交易效率时容易形成垄断，根据规制俘虏理论（Stigler，1971），当政府监管对抗垄断定价的力度不足时，政府的监管成效是有限的（Peltzman等，1989）。

针对政府监管失灵问题，部分学者认为应引入平台企业。Hagiu（2009）认为，平台企业事实上已经成为监管者。汪旭晖和张其林（2015）提出"平台—政府"双元管理范式。王勇和冯骅等（2015）、Martin等（2017）也提到了政府和平台协同监管的双重监管格局。还有部分学者认为平台对公共利益缺乏关注，还应引入社会监督（赵昌文，2019；周德良和徐宏玲，2021）。

基于上述分析，传统的以政府监管为主的一元治理模式难以达到平台监管目标。一方面，需要平台企业、消费者等的共同参与，多元主体充分发挥各自优势，构建多元协同监管体系，是平台信用监管的客观需要；另一方面，多主体的参与也有利于信息传递以及信用体系的完善，可以有效缓解交易中的信息不对称，因此，本书不单独讨论信息不对称问题，重点多从主体协同监管的视角探讨平台电商的信用监管机制。

2.1.2 平台电商信用监管研究

平台信用监管的研究集中在监管模式和演化机理的探讨等方面。

1.信用监管模式研究

平台经济的监管模式主要基于三个研究视角：单一主体监管、双重主体监管和多重主体监管（肖红军和李平，2019）。

（1）单一主体监管。王勇等（2020）分析对比了单一的公共监管和单一的私人监管。其中，公共监管（public regulation），指政府单独对卖家进行的监管，利用公权力维持市场秩序。我国过去对市场秩序的维护主要依靠政府规制，通过法律法规约束和维护市场秩序，但随着平台的引入市场出现了很大的不同，刘奕和夏杰长（2016）提出政府需要创新监管理念，鼓励通过市场机制解决共享中的风险问题。私人监管（private monitoring），指企业通过制定平台服务协议和交易规则，并借助技术手段维护市场交易秩序。Farrell和Katz（2003）提出，平台企业像一个维护"公共利益"的监管者。Hagiu（2009）、Weyl（2010）、Roger和Vasconcelos（2014）认为平台企业可以通过价格结构（如交易费与注册费）来控制交易中各个参与者的机会主义行为。Wright等（2003）认为，平台企业可以通过直接设定相关条款与定价方式来影响交易情况。另外，Rochet和Tirole（2003）、Zhu和Iansiti（2012）认为平台企业之间的竞争也会影响商品质量。

（2）双重主体监管。平台经济下，平台企业已经在实际的经营活动中担当起了市场监管者的角色（Hagiu，2004；程贵孙等，2006），但是，囿于平台和商家之间缔结了组织内委托代理关系，使得平台在监管的同时，也会对受到外部指责的商家给予积极的保护。因此，某些场景下，单靠平台私人监管还不够，私人监管机构和公共监管机构应发挥各自不同优势进行合作监管（Scott，2002；Chuanman，2020），实现对平台用户权益保护与规范平台型企业市场竞争秩序。汪旭晖和张其林（2015）系统阐释了"平台—政府"双元管理范式下的平台资源配置、平台定价、税务征管、外部监管以及内部管理。Martin等（2017）以共享经济平台为例，指出应在平台私人监管的基础上引入政府公共监管。王勇等（2020）研究指出，对于较大规模的平台而言，信用监管过程中，平台私人监管比政府公共监管更有效；如果平台企业承担较大的连带责任，则两者协同监管更有效。

（3）多重主体监管。周德良和徐宏玲（2021）认为，平台在监管过程中更多的是关注自身利益，对公共利益缺乏关注，需要引入社会监督来弥补平台监管的不足。王勇和冯骅（2017）提出，要建立以平台私人监管为主、政府公共监管为辅、行业社会监督的多元共治新体系。易开刚和厉飞芹（2017）提出了"政府法治、企业自治、社会共治"的治理架构。赵昌文（2019）指出，平台经济发展宜采取"政府—平台—参与者—第三方"多位一体的监管体系。

2.信用监管演化研究

研究者普遍认为平台电商信用监管的关键是多元主体的积极参与，但是由于平台的经纪人属性以及利益诉求的差异等，监管主体之间难以开展有效协同与合作。因此，如何激励多元主体参与合作，形成监管合力与共治机制，成为政府、企业界和学术界共同关注的问题。这就需要从机理层面深入探讨主体信用监管决策的行为动机和演化机理，现有文献主要运用案例分析法和博弈论方法展开相关研究。

（1）案例分析法。周德良和徐宏玲（2021）基于扎根理论对阿里巴巴、京东、苏宁云台进行研究，分析了强制监管、从属监管、平行监管、自主监管四种监管模式下政府和平台企业的协同关系。周黎安等（2006）实证研究发现，在没有政府干预的"虚拟"市场上，卖者声誉影响线上拍卖的成功交易。吴德胜和任星耀（2013）利用淘宝网上的面板数据验证了信用度指标在交易中的有效性。吴德胜和李维安（2009）分析了网络零售卖家通过自发组建商盟形成集体声誉，提高了对卖家的道德风险的约束力。汪旭晖和张其林（2015）提出了"平台—政府"双元管理范式，政府参与市场交易的边界由市场、政府的互补关系确定，外部监管边界由平台、政府的从属关系确定。

（2）博弈分析方法。学者采用不同博弈方法对平台信用监管问题展开研究。Huang和Wang（2009）运用重复博弈模型，研究了平台商户欺诈行为，认为信用评级能减少交易风险。苗苗和李晴雯（2012）基于完全信息静态博弈模型与重复博弈模型，探讨了电商诚信行为的主要因素。演化博弈由于考虑了有限理性和时序变化，是厘清复杂博弈关系及策略演化路径的有效工具，在平台监管领域的应用尤为广泛。杨丰梅等（2017）基于演化博弈模型提出C2B2C电商信用监管机制，发现提高信用保证金及赔偿力度，能减少失信行为发生。汪旭晖和任晓雪（2020）构建了政府和平台企业的演化博弈模型，指出政府监管力度和奖励力度增加，能显著促进平台企业采取"积极监管"策略。张丽等（2020）将消费者投诉引入电商平台信用机制，认为提高消费者参与度能减少失信行为发生。李杰等（2018）采用演化博弈方法分析了网络口碑对电商平台和商家选择策略的影响，指出强化口碑效应有利于平台售假问题的解决。付淑换和石岂然（2020）构建了网约车平台和政府的演化博弈模型，指出媒体监督是政府监管的重要补充。Wu等（2020）构建了政府、平台、消费者三方参与的演化博弈模型，研究平台"大数据杀熟"问题，发现引入消费者举报制度、加大惩罚力度不仅可以降低平台"杀熟"定价倾向，同时能激励政府部门采取监管行为。

　　总结现有平台信用监管研究，一是学者普遍认为构建多元主体协同共治的监管格局是平台电商信用监管的关键，其中信用监管演化问题是关注焦点；二是现有的平台信用监管演化研究已取得一定的成果，但已有模型主要是基于演化博弈的常微分方程，尚未将不确定状态下策略演化中的随机干扰问题纳入研究范畴，且传统的演化博弈模型难以解释信用监管演化中的非线性突变现象；三是现有研究主要从定性视角探讨不同因素对监管决策的方向性影响，侧重于寻找均衡策略及存在条件，对系统维持当前均衡状态的能力（弹性），则很少提及。

2.1.3　突变论应用研究

　　突变论是用于研究客观世界中某些非连续性突然变化现象的一种理论，在20世纪70年代初由法国数学家Thom提出（Thom，1972）。突变论起初更多地应用于自然科学中，如环境科学中的城市区域系统演变研究（Wilson，1981）、生物化学中细胞裂变现象研究（Erenpreisa等，2005）、工程力学中土方边坡坡度的不稳定性研究（Qin等，2001）、全球生态系统不同稳态间的跃迁研究（Scheffer和Catatrophe，2003）等。目前，突变论不仅局限在数学、力学和物理学等自然科学领域中，还推广到经济学、心理学、社会科学等领域（徐玖平和唐建平，2000；Scheffer和Carpenter，2003），如股票市场的波动研究（Zeeman，1974）、组织管理中的反生产行为研究（Hu和Xia，2015；赵旭和胡斌，2014；赵旭和胡斌，2016）、客户购买行为突变研究（Dou和Ghose，2006）、个体认知行为的突变研究（Flay，1978；Stewart和Peregoy，1983；Weidlich和Huebner，2008；Zhu

等，2016）。

但与自然科学领域不同的是，经典的突变论在社会科学领域的发展是不尽如人意的。究其原因，社会科学大多是模糊定性的问题，这些问题影响因素往往较多，而突变模型又是特别精确的函数，因此不能通过简单套用来分析社会科学类问题。其次，社会科学问题还存在较多的不确定性，而经典的突变模型则忽略了这种随机干扰。

因此，Cobb 在经典突变理论的基础之上，提出了随机突变理论（Cobb，1978；Cobb 和 Watson，1980；Cobb，1981），并在社会科学中的应用中引起了较大关注。部分学者基于研究对象与突变理论的性质一致性，运用突变理论来分析相关问题，例如，徐岩和胡斌等（2012）利用随机突变理论研究企业联盟中的竞争与合作行为；康宇虹和徐照宇（2007）认为股票价格波动符合突变模型，因此采用突变理论来研究股票价格突变现象；苏屹等（2019）借鉴突变理论中的尖点突变模型构建技术创新形成机理模型；赵立纯等（2017）通过修改 Logistic 模型，进行模型变换，并用尖点突变模型研究害虫种群的突变现象。部分学者则采用实证数据来拟合突变规律，证明所研究问题符合突变机制，徐岩等（2014）认为员工心理契约破坏过程与尖点突变的突变特征存在一致性，从而采用随机尖点突变分析该现象，并通过实证数据拟合模型变量；张鹏等（2017）利用 12 个保税区的实际数据验证保税区向自由贸易区的尖点突变机制。此外，还有部分学者运用演化博弈的思想，通过复制动态方程，推导出尖点突变理论。Xu 等（2014）通过联盟成员间博弈矩阵推导出尖点突变，并分析了联盟成员行为突变问题；姜凤珍和胡斌（2019）针对员工群体与组织之间利益分配过程中的冲突行为，借助演化博弈转化为经典的突变模型，从而分析员工与组织对抗行为的演化；林徐勋等（2018）通过建立行人间"先行—跟随"博弈矩阵，以演化博弈视角解析行人过街行为，并运用突变理论分析过街行为中突变发生的机理。

总结现有突变论应用研究，一是突变模型可描述连续性行动突然中断导致质变这一现象或问题。平台电商信用监管系统作为一个复杂系统，具有随机性和动态性，面对系统内或系统外不确定性因素的干扰会出现非连续性的突然变化，对于这一问题的研究，可以从突变论的视角进行有效的揭示。然而目前鲜有学者从突变的视角研究平台信用监管的动态演化，平台信用监管的突变研究有待进一步深入。二是现有突变理论侧重于寻找突变发生时，也即均衡状态改变时的临界条件，对参数变化下系统维持当前均衡状态的能力没有提及。

2.1.4　电子商务领域的"弹性"研究

"弹性"这一概念最早出现在弹性力学研究中，是物理科学的一个重要概念。1973 年 Holling（1973）将弹性概念引入生态学，将其定义为系统在均衡状态改变前对扰动的吸收能力。此后，"弹性"逐渐被不同的学者应用于经济学、心理学、生态学、工程学等学科领域，并且针对不同领域定义了弹性的内涵和测度方式。目前，电子商务领域的"弹性"研究主要围绕供应网络链弹性展开，强调系统面对扰动的反应能力、适应能力和恢复能力（McEntire，2005；Chroust等，2016）。另外，还有小部分学者从生态系统角度探究核心种群共生演化过程中的弹性变化。

1.弹性形成

弹性是对扰动的应对和处理能力，弹性形成与受到的扰动因素相关，如运营不确定性（Lin 和 Zhou，2011）、决策者风险偏好（Christopher 等，2011；Briano 等，2010）、社会环境不确定性（Chowdhury 和 Quaddus，2015）、宏观经济不确定性（Jaaron，2014）、政策变化（Zhao等，2012）、供应市场不确定性（Murino 等，2011）

等，国内外学者分别从攻击方式、网络结构等多角度对弹性形成展开了探索。

（1）攻击方式。一般站在系统级的角度，采用物理攻击的方式移除网络的 n 个（条）节点（边），待网络稳定后，观察网络特征参数或评价指标的变化。Sun 等（2020）考虑全局网络失效和核心层网络失效，对比分析不同攻击策略组合下的多级供应链网络的鲁棒性。唐亮等（2018）考虑单个节点故障和多个节点故障两种情况，并且多节点去除时按节点度由大到小、由小到大和随机移除这三种不同的方式进行。

（2）网络结构。这种弹性形成研究一般出现在相依网络中。在这些模型中，节点的状态不仅取决于自身的拓扑结构，也与在另一个网络中的相依节点相关（Wang 等，2014），当局部节点流量过载时，会造成系统故障，需要对负载进行重新分配。马秀娟等（2016）用超网络表示多层关联网络的结构特征，分析了快递超网络和电子元件超网络的相继故障扩散方式。丁超等（2014）考虑节点信息和局部择优策略对故障节点负载重新分配的影响，揭示了社团划分策略下对网络攻击可造成大规模破坏的现象。郝羽成等（2018）提出了一种考虑节点过载状态的级联失效模型，从过载节点负载分配策略、过载系数、分布系数、剩余系数四个方面研究了网络的抗毁性。Wang 等（2018）同时考虑了相依加权网络模型中由相依节点和负载分配引起的级联失效，研究了网络间相依方式、网络拓扑结构、节点初始负载以及节点容量等对整个网络体系的影响。Gao 等（2012）研究了层间随机连接关系下关联网络之间的级联失效问题，并解析了在随机攻击下关联网络处于稳态时其渗流巨片的关键阈值。Tang 等（2016）、唐亮等（2016）通过随机规则生成一对一匹配的供应链无向信息层网络和有向物理层网络，研究关联网络层内和层间级联失效机理，分析了在不同网络拓扑参数（节点负荷，容量）控制下，初始单个节点故障和多个节点故障两种情况下的关联供应链网络综合鲁棒性。

2.弹性测度方法

一些学者采用定性和定量方法对生态系统现有弹性水平进行评估。

（1）定性方法。于海生和龙迎红（2015）定义了包括网络结构、供应能力、恢复能力、协调能力等在内的供应链网络弹性管理能力属性集合，用三角模糊数表示属性的相对重要性。Marrella等（2019）研究了数据在提高生态系统弹性中的重要作用，构建了以数据为中心的商业生态系统弹性评估模型，将其分为五个不同等级的成熟度：无弹性意识、失效感知、数据弹性、里程碑弹性和业务处理弹性。Soni等（2014）提出了一种基于图论的弹性评估模型，该模型从整体上考虑了所有主要的弹性支持因素及其相互关系。Mandar等（2016）通过归因分析发现供应链弹性可以按内部/外部、主动/被动两个二分维度进行实施。Roundy等（2017）认为企业生态系统在参与者、投资者、商业模型和支持组织的多样性以及围绕共享价值和活动的一致性方面都有差异，生态系统多样性和一致性之间的相互作用又影响了弹性。

（2）定量方法。一些学者采用数学建模、仿真等定量方法，从时间、空间、成本三个维度分析系统弹性（Hosseini等，2019）。

一是时间维度。时间弹性是指生态系统在受到内外部干扰后时，恢复到对用户的响应水平或者绩效水平时所需的时间。Priyabrata等（2015）将节点容量、恢复时间作为供应链弹性评估指标，通过仿真分析来衡量系统弹性。Ratan等（2015）构建cox比例风险（cox-PH）模型，根据历史数据判断风险事件发生后的系统恢复时间，以此作为弹性评估的依据。Gao等（2019）提出了一种新的中断时间计算方法，将中断风险的概率评估整合到供应链风险暴露指数的计算中，并通过分析中断情况下总销售损失中的最坏情况来衡量供应链的弹性。Simchi-Levi 等（2019）开发了一种新的汽车供应链风险评估模型，使用恢复时间与生存时间来描述运营中断过程中的风险，并应用该模型对福特公司供应链中断的影响进行了评估。

二是空间维度。空间弹性主要是指生态系统的结构弹性，在内外扰动因素的冲击下，系统的空间结构可能发生较大变化，如节点失效、边失效等，弹性较好的生态系统能够在受到冲击后快速恢复。Virginia 等（2012）基于工程控制视角提出系统弹性评估框架，指出应用于库存水平和出货率时，可以用时间误差绝对值积分（ITAE）评估供应链弹性，若 ITAE 值趋近于无穷，表明系统缺乏弹性。刘家国等（2012）分析了供应链脆弱性、供应链能力、弹性管理能力三个因素对供应链弹性的影响。王新平和赵林度（2013）研究供应中断下动态价格调整策略对消费者占有率和销售利润率的影响，以此作为评估供应链弹性的依据。

三是成本维度。刘希龙和季建华（2007）提出了战略应急库存和实物期权两种应急供应方法，在考虑供应网络可靠性的基础上建立了弹性供应网络模型，研究供应网络设计时弹性和成本的平衡问题。耿亮和肖人彬（2014）利用不可操作性的连锁效应从时间、空间和成本方面度量了供应网络弹性，并通过仿真模型分析了供应网络在不同应急措施下的弹性恢复过程。刘家国等（2015）提出供应链弹性资源投入与风险匹配框架，从资源投入角度指出当弹性维持在合理水平时企业才具备竞争优势。

总结现有弹性理论方面的研究，一是现有关于弹性的研究主要基于网络拓扑结构，从节点级联失效的角度来评估系统弹性，往往只考虑了节点间的输入输出关系，难以反映监管主体间复杂博弈关系；二是现有研究主要从连续变化的视角分析系统结构或功能的改变，现实中"突变"现象在研究中少有提及。

2.1.5 文献评述

从现有的研究成果来看，国内外学者从不同角度对平台电商信用监管、突变理论与弹性理论的应用进行了比较丰富的研究，但仍有以下问题有待解决（见表2-2）。

表2-2　平台电商信用监管相关研究领域发展动态比较分析

研究领域	已有研究	本书研究	已有研究不足/可拓展的研究	本书研究特色与创新
信用监管演化研究	已有信用监管演化研究以基于常微分方程的演化博弈模型为主	用过度自信刻画主体行为特征，引入白噪声描述随机干扰，建立Itô随机动力学方程模型	未将不确定状态下策略演化中的随机干扰问题纳入研究范畴，没有考虑博弈主体的过度自信对行为决策的影响	集成过度自信理论与随机演化博弈，使模型更符合现实情形
突变应用研究	在工程学和社会科学领域有丰富的应用，但尚未应用于信用监管研究	将平台电商信用监管演化博弈模型扩展为突变模型	突变论在平台监管领域的应用研究极其有限	集成随机演化博弈与突变论，解释平台电商信用监管演化的突变现象
弹性测度研究	从时间、空间和成本维度分析网络结构或功能的改变程度或恢复速度	基于平台电商信用监管突变模型提出弹性测度方法	难以反映监管主体间复杂博弈关系，且鲜少提及现实中非连续突变现象	集成弹性理论和突变论推导出随机动力系统的弹性测度公式

（1）在平台电商信用监管演化研究方面。现有的平台信用监管演化研究已取得丰富的成果，但已有模型主要是基于演化博弈的常微分方程，尚未将不确定状态下策略演化中的随机干扰问题纳入研究范畴，且传统的演化博弈模型难以解释信用监管演化中的非线性突变现象。另外，现有研究主要从定性视角探讨不同因素对监管决策的方向性影响，侧重于寻找均衡策略及存在条件，对系统维持当前均衡状态的能力（弹性），则很少提及。

（2）在突变的应用研究方面。目前突变理论在自然科学、经济学、心理学等领域中都取得大量的应用。平台电商信用监管系统作为一个复杂系统，具有动态变化的特征，面对系统内外不确定性因素的干扰会出现非连续性的突然变化，对于这一问题的研究，可以从突变论的视角进行有效的揭示。然而目前鲜有学者从突变的视角研究平台信用监管的动态演化，平台信用监管的突变研究有待进一步深入。另外，现有突变理论研究侧重于寻找突变发生时，也即均衡状态改变时的临界条件，对参数变化下系统维持当前均衡状态的能力没有提及。

（3）在弹性应用研究方面。现有关于弹性的研究主要基于网络拓扑结构，从节点级联失效的角度来评估系统弹性，往往考虑节点间的输入输出关系，难以反映监管主体间复杂博弈关系。另外，现有研究主要从连续变化的视角分析系统结构或功能的改变，现实中非连续"突变"现象在研究中少有提及，因此，还存在进一步深入的空间。

综上所述，单一模型难以刻画不确定环境下平台电商信用监管的动态演化机理，有必要通过演化博弈模型、突变论、弹性理论等，对现有模型和方法进行拓展，以从定性和定量角度揭示平台电商信用监管演化机制，为预防和管理平台电商信用失范提供理论依据和思路借鉴。

2.2　理论基础

2.2.1　信息经济学相关理论

1.信息不对称

信息不对称（Asymmetric Information）是信息经济学最重要的研究方向之一，其概念由 Kenneth（1921）首次提出，他探讨了医疗保险市场的不确定性问题，认为医疗的复杂性是导致大量不确定因素产生的主要原因。Hayek（1954）提出每个人都具有某种信息优势。Akerlof（1970）基于对美国二手车市场质量不确定性问题的深入研究，开创性地建立信息不对称理论模型。他认为，当卖家掌握的信息多于买家时，买家为减小风险会更多地选择低价商品而非高价商品，导致"柠檬现象"出现，即低价劣质车将高价优质车逐出市场，致使市场交易产品平均质量下降。Grossman 和 Stigliz（1980）从信息传递动机和信息成本的角度证明了市场中信息不对称现象的必然性。She 等（2019）等对云服务市场的购买决策问题展开研究，认为环境的动态性和复杂性导致服务提供存在诸多不确定性。

从定义来看，信息不对称是指在市场经济活动中，各类群体掌握的信息是不同的。掌握较多信息，在交易中占据有利地位的一方为信息优势方，另一方则为信息弱势方。潘爽（2020）认为信息不对称的形式可分为：①信息来源不对称，由于平台交易的虚拟性，消费者在交易前不能接触到实际产品，显然商家比消费者更了解产品质量信息，两者的信息来源存在差异；②信息数量不对称，平台可主动对商家进行资质审查，而消费者只能被动接收商家披露的信息，两者能够获取的信息数量存在差异；③信息获取时间不对称，卖家在交易前就了解所有产品信息，而消费者只有在交易发生且收到商品后才能完全了解产品信息，两者获取商品信息的时间不同；④信息质量不对称，平台电商交易过程中，商家可能隐瞒部分信息，导致披露的商品信息的准确性和真实性存在差异。

　　2.逆向选择和道德风险

　　信息不对称是平台电商信用失范的根本原因，由于市场信息易被扭曲，市场机制很难发挥作用，造成市场失灵（Sanjeev 和 Vernon，2004）。主要表现为逆向选择和道德风险，需要进行规制。

　　买方逆向选择行为：在信息不对称市场上，由于买方难以掌握真实商品信息，为降低交易风险，买方在交易过程中可能会优先选择低价商品而非高价商品，导致"柠檬现象"出现。如果不采取措施，平台电商的逆向选择行为将导致优质商品被劣质商品逐出市场，产品平均质量下降，市场运行效率降低。网络交易中，逆向选择现象比较普遍，Dewan 和 Hsu（2004）研究发现 eBay 在线邮票拍卖市场中存在严重的逆向选择现象。究其原因，逆向选择现象出现是由于信息不对称导致的双方信任缺失，因此，完善信用评价体系有助于减少逆向选择。

　　卖方道德风险：平台电商市场的交易过程中，由于买卖双方在地理空间上分离，买家难以及时了解卖家行为及商品相关信息，使得卖家欺诈行为和违约事件较传统渠道更容易发生（Jin 和 Kato，2006）。而且，网络交易使得具有欺诈动机的卖方易于改变身份，不仅欺诈成本更低，而且欺诈行为更为隐蔽（Brynjolfsson 和 Smith，2000），这些都加大了交易方和商品质量的不确定性。尽管电子商务平台逐步采取了卖方实名认证的方式，但违约或欺诈行为仍然很严重。完善信用评价体系，引入声誉机制有助于减少道德风险，另外，提高商品抽检概率也有助于改善商品的不确定性（王勇和陈美瑛，2020）。

2.2.2　平台治理相关理论

平台治理的理论框架最初由 Hurwicz 提出（Hurwicz，1960；Hurwicz，1972），主要从可竞争市场理论、委托代理理论、机制设计理论及声誉理论等视角展开讨论（周勤，2018）。平台作为交易媒介，连接具有多种需求且相互依赖的多元主体，通过提供互动机制（交易场所、支付、内容索引等）撮合交易，实现价值创造（唐要安，2021）。但由于多方异质主体在利益诉求、行为取向和资源能力上存在冲突，需要制定相应的规范，引导各方主体在利益追求和责任履行方面取得平衡。

根据治理主体的不同，不同学者从政府规制、平台自我规制和社会共治的角度丰富了平台治理理论。

1.政府规制

政府规制是指政府作为监管主体对社会经济活动实施的激励约束行为，政府机构实施的监管也被称为公共监管。规制存在的两个前提条件是：①垄断或外部性导致完全竞争市场失灵；②政府能够纠正市场失灵（Shleifer，2005）。政府规制的主体一般是社会公共机构或行政机关，客体是各种企业，法律法规或部门规章为规制的依据和手段。

虽然政府规制是为了解决市场失灵而引入的，但在执行过程中，政府的不作为和腐败可能导致市场失灵加剧，Stigler（1971）从经济学视角分析了规制的原因和过程，提出了政府俘获理论，描述了一种政治腐败或政府行政失败的现象。Peltzman（1976）基于 Stigler 的规制理论，从公共选择理论的视角构建了政府与利益集团间的均衡模型（Stigler-Peltzman 模型）。以 Laffont 和 Tirole 为代表的经济学家引入激励理论（Laffont 和 Tirole，1986），提出非对称信息模型，将规制问题视作最优机制设计问题，意图通过机制设计来激励代理人采取与委托人利益一致的行为，这也标志着新规制经济学理论分析框架的建立。

不同学者对政府规制的有效性认识不同。Pigou（1932）认为政府可以通过征税或补贴的手段矫正市场失灵。Adams（1887）认为政府干预可以让企业在不滥用垄断地位的前提下追求规模经济效益。但部分学者则认为政府规制的有效性具有局限性（Stigler，1971；Peltzman等，1989）。还有部分学者对政府规制的目的持怀疑态度，认为政府规制并不是完全为了公共利益，而是在公众、利益集团和自身三者的利益追求之间寻求平衡，并且监管能力有限（Farrell和Katz，2000；Roger和Vasconcelos，2014）。

更多的学者则认为，在对平台进行治理的过程中，政府规制能在一定程度上改善市场失灵，但同时政府监管也面临巨大挑战，主要表现在以下两个方面：一是政府在对企业进行规制时存在二元困境——监管过严可能会抑制创新，不利于新业态新模式的发展，监管过松又可能让不良商家的行为损害消费者权益；二是呈指数级增长的交易数据和层出不穷的新业态、新模式，使得政府必须面对预算、资源有限而治理责任持续增加的问题（陈端和谢朋真，2019）。

2.平台自我规制

自我规制是被规制对象的自主性制度安排（Haufler，2001），平台自我规制可以定义为平台企业通过技术支持以及私有秩序的制定和执行，提供有效的合作协同及治理惩戒机制，维护平台的正常运转与利益分配。平台治理方式包括两个方面，一是通过信息传递的"信号机制"和"声誉机制"，约束交易各方的机会主义倾向；二是通过价格结构对特定行为进行奖惩（Roger和Vasconcelos，2014），如奖励信用评价好的用户，惩罚存在机会主义倾向的用户。

实施自我规制意味着政府权力的下放，是政府对企业干预的减弱。数字经济背景下，平台企业具有"市场"和"企业"双重角色，其模式特征和资源禀赋使得平台自我规制作用越来越大，可以在一定程度上促进治理结构的转变以及组织效率的优化。但是，平台自我规制存在局限性，首先，平台本质是逐利的，且可以从网络卖家的交易中获利，因而对卖家失信行为缺乏监管积极性。其次，平台不属于国家执法机关，对于卖家售假行为，局限于关闭网店、扣除保证金等操作，处罚能力有限。最后，平台自我规制中，也存在内部腐败，平台规则有可能变成内部人员牟利的工具，给参与者和平台自身都带来巨大损失（王勇和陈美瑛，2020）。

3.社会共治

社会共治是社会治理理论和共同治理理念的新发展，是政府、市场主体、社会组织与个人等多个参与方共同治理公共事务以实现共同利益的过程（Mueller，1981；王名和李健，2014）。社会共治强调协调合作，鼓励各主体朝共同目标努力（James，1992；Stoker，1998）。

从治理主体来看，Eijlander（2005）认为社会共治是在治理过程中，政府和非政府力量之间协调合作以解决特定问题的方法。Bartle 和 Vass（2005）认为，社会共治是指政府机构和企业在社会治理过程中相互合作并共同承担治理责任。从治理方式的角度来看，社会共治被认为是基于政府监管的社会自治（Ayres 和 Braithwaite，1992；Gunningham 和 Rees，1997），是两者的有机结合（Fairman 和 Yapp，2005）。实际治理过程中，在交易过程的不同阶段，如事前、事中和事后，根据不同需要，政府部门和其他组织的权责分工不同，社会共治也因此呈现出多样化、动态性和差异性的特征（Sinclair，1997）。

在我国，2014 年的政府工作报告中首次出现社会共治的概念，强调通过使用国家法律等多种方式，实行多元主体共同治理。王名等（2014）将社会共治模式的特征总结为：多元主体；开放、复杂的共治系统；以对话、竞争、妥协、合作集体行动为共治机制；以共同利益为最终产出。常乐等（2020）以食品安全监管为例，指出社会共治是将政府行使的行政权力与社会主体行使的私有权利有机结合，发挥各主体的责任意识。社会共治对于提高治理效率，节省治理成本具有积极的作用。

在平台监管领域，社会共治受到广泛关注，我国顶层设计也一直倡导社会共治理念。国家发展和改革委员会颁布的《分享经济发展指南（征求意见稿）》提出要"探索建立政府、平台企业、行业协会以及资源提供者和公众共同参与的分享经济多方治理机制"。《中华人民共和国电子商务法》强调协同管理，推动形成政府、平台企业、社会组织、消费者等共同参与的电子商务市场治理体系。《国务院办公厅关于促进平台经济规范健康发展的指导意见》提出建立健全协同监管机制，构建适应新业态跨行业、跨区域特点的多元共治的监管格局。

2.2.3　演化博弈理论

博弈论又称对策论，主要分析被公式化的博弈主体间的激励效果，是研究竞争演化的数学方法和原理（李雅萍，2019）。传统的博弈论假设人是完全理性和追求利益最大化的，且能够准确无误地采取最优反应策略。

区别于传统的博弈论，演化博弈论不假设行为主体的完全理性，也不假设获得完全信息，它将博弈论描述的比较静态均衡进一步扩展到动态均衡，将博弈理论与动态演化过程相结合，把演化思想引入到博弈论中。演化博弈理论被认为能完美诠释生物进化过程中的一些现象，其中1973年Price和Smith用其解释动物的斗争行为最为经典，同时提出了演化稳定策略。1978年Taylor和Jonker创立复制动力学的数学公式，自此演化博弈论在更多领域得到扩展应用。

多元主体信用监管问题是群体间随机配对的反复博弈问题，适用于演化博弈研究，相比于传统博弈方法，演化博弈在处理监管问题上具有更显著的优势（汪旭晖和任晓雪，2020），表现为：①演化博弈考虑有限理性，更符合现实情形；②演化博弈考虑时序变化，参与主体通过模仿、学习最终达到演化稳定均衡状态，使得从长期角度观察博弈动态变化成为可能。因此，演化博弈作为厘清复杂博弈关系及策略演化路径的有效工具，在平台监管领域的应用尤为广泛。汪旭晖和任晓雪（2020）构建了政府和平台企业的演化博弈模型，指出增加政府监管力度和奖励力度，能显著促进平台企业采取积极监管策略。李杰等（2018）将消费者纳入电商平台信用管理体系，认为提高消费者参与度能减少失信行为发生。付淑换和石岿然（2020）构建了网约车平台和政府的演化博弈模型，指出媒体监督是政府监管的重要补充。Wu等（2020）构建了政府、平台和消费者三方参与的演化博弈模型，研究平台"大数据杀熟"问题。张丽等（2020）构建"平台—商家—消费者"三方演化博弈模型研究电商平台的信用监管机制。

2.2.4　突变理论

1.突变的内涵

在自然界和社会发展过程中，除了渐变的和连续光滑的变化现象外，还存在大量的突然变化和跃迁现象，如地震与火山的突然爆发、病毒的暴发与急速传播、基因的突变、经济的突然崩溃、市场变化、企业倒闭等（刘阳如冰等，2021）。突变论（Catastrophe Theory）是法国数学家Thom于1972年在《结构稳定性和形态发生学》中提出的一种以奇点理论、稳定性理论等数学理论为基础，用于研究非连续变化和突变现象的现代数学理论（Thom，1972），能较好地解说和预测自然界和社会上的突然现象，其基本特点是根据系统的势函数将临界点分类，研究临界点附近非连续变化的现象特征。Thom 指出，若系统外部控制变量小于 5 个时，可根据系统建立 7 种初等突变模型（见表 2-3）。

表 2-3   **7 种初等变换模型**

状态变量个数	控制变量个数	突变类型	势函数
1	1	折叠型	$L(x) = x^3 + px$
	2	尖点型	$L(x) = x^4 + px^2 + qx$
	3	燕尾型	$L(x) = x^5 + px^3 + qx^2 + rx$
	4	蝴蝶型	$L(x) = x^6 + sx^4 + px^3 + qx^2 + rx$
2	3	椭圆形脐点	$L(x) = x^3 - xy^2 + r(x^2 + y^2) + px + qy$
	4	抛物线形脐点	$L(x) = y^4 + xy^2 + rx^2 + sy^2 + px + qy$
	3	双曲线形脐点	$L(x) = x^3 + y^3 + rxy + px + qy$

注：L 为势函数；x、y 为状态变量；p、q、r、s 为控制变量。

资料来源：江新，罗东立，李炜，等. 水利工程高危作业突发事件演化机理尖点突变模型研究 [J]. 长江科学院院报，2020，37（7）：75-81.

2.突变的发生机制

如前所述，突变论是用数学模型来描述连续性行为突然中断导致质变这一现象或问题。不同数量因素的影响下呈现不同的突变现象，突变模型也因此具有不同的数学形式，见表 2-3。其中，尖点突变模型在管理领域应用最广泛。势函数可以理解为系统的一种性能函数，由系统各组成部分的相对关系、相互作用以及系统与环境的相对关系决定。最常用的尖点突变模型的势函数可表示为：

$$V(x) = x^4 + ux^2 + vx \tag{2-1}$$

对式（2-1）求一阶导可以得到平衡曲面函数 M：

$$M = 4x^3 + 2ux + v = 0 \tag{2-2}$$

其中u和v是系统的控制变量，u为分歧因子（splitting factor），决定突变发生的位置，v为正则因子（normal factor），决定突变发生的程度。随着u和v的连续变化，系统发生非线性突变的过程如图2-1所示。

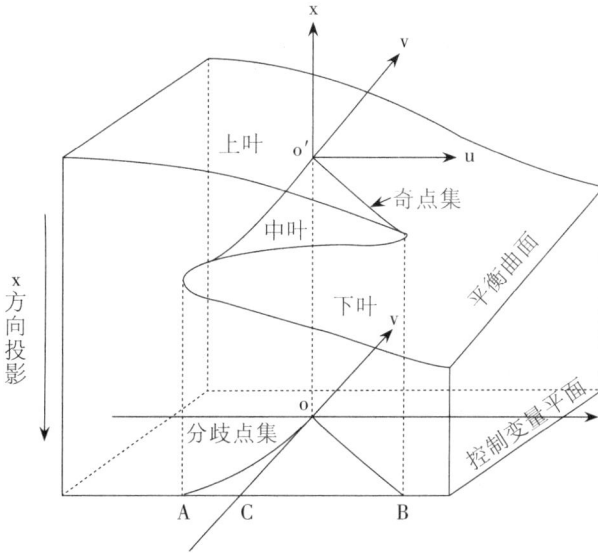

图2-1　尖点突变模型

资料来源：赵旭，胡斌. 集成突变论和演化博弈的企业员工冲突行为研究[J]. 运筹与管理，2014，23（4）：228-237.

图2-1的三叶曲面即为均衡曲面M，下面是控制平面，控制平面上的两条尖形线构成的三角区域是系统的分歧点集合，即为突变区域（分歧区域），当控制参数组合经过分歧点区域时，突变就会发生。

控制突变的前提是找到突变的分歧点集合，其求解过程为：先对V（x）求二阶导并令其为0得到系统的奇点集合S：

$$V(x) = x^4 + ux^2 + vx \tag{2-3}$$

联立式（2-2）和式（2-3）求解即可得到分歧点集合 Δ：

$$\Delta = 8u^3 + 27v^2 = 0 \qquad\qquad (2-4)$$

可以根据式（2-4）来判别系统的状态。当 $\Delta > 0$ 时，无论控制变量如何变化，系统都将处于稳定状态；当 $\Delta = 0$ 时，系统处于临界状态，此时控制变量的微小变化都有可能导致系统发生突变，系统状态变量从曲面的上叶（下叶）跃迁至下叶（上叶）；当 $\Delta < 0$ 时，表现出双模态现象，即系统状态变量在曲面上下叶之间来回切换，此时系统处于不稳定状态。

3.突变论的分类

基于现有学者对突变理论的研究，分将突变理论为经典突变理论（Element Catastrophe Theory）和随机突变理论（Stochastic Catastrophe Theory）两种。后者是在前者研究的基础上演化而来的。

经典突变理论是一种严格的数学模型，七种突变模型依据七种初等突变函数，而且仅涉及四个以内的变量数，因此经典突变理论常被应用于自然科学中能够用具体函数刻画的现象。但在社会科学中大多数问题却是模糊定性的问题，这类问题往往涉及较多的影响因素，比较复杂，难以套用经典突变理论中精确的突变函数公式。因此，Cobb 为解决员工在反生产行为中体现的随机扰动问题，在经典突变理论的研究内容基础之上，将状态变量当作一种随机过程处理，将重要的影响力较大的影响因素作为控制变量，而将其他不重要且影响程度较小的因素和外部众多不确定因素作为扰动项引入经典突变理论中，提出了随机突变理论（Cobb，1978；Cobb 和 Watson，1980；Cobb，1981）。随机突变理论的提出丰富了突变论的范畴，也为突变论在社会科学中的应用提供了理论基础。

2.2.5 弹性理论

1.弹性的定义

弹性（resilience）一词最早源自拉丁文"resiliere"，其含义为"跳回"（bounce back），也即回到最初状态，用来描述一些类型的木材能够承受外界突然剧烈压力而不发生断裂，保持其结构完整的物理特性（Tredgold，1818）。Holling（1973）开创性地提出弹性的概念并引入生态学领域。Holling的研究表明，生态系统在同一时间范围内存在着多个相对稳定的状态域，即稳态（Regime State），这些稳态构成多个吸引力盆地（Attraction Basin）。系统总是在某一吸引力盆地中保持运动，并保持其形状和功能稳定不变。只有当系统在干扰因素影响下向其他状态转变，滑向另一吸引力盆地时，系统的状态和功能才会发生剧烈变化，这个过程即为系统稳态转变（Gunderson 和Holling，2002）。弹性为系统在扰动过程中表现出的吸收干扰、抵抗变化从而维持系统平衡状态的能力。Holling的研究强调，弹性是系统的固有属性，是系统功能的体现，决定着系统的持久性。可以看出，Holling 关于弹性的定义与材料学上对于材料变形、弹回而不断裂的定义异曲同工。该理论定义下的弹性后来也被学术界称为生态弹性（王群等，2014），也称为Holling弹性。根据此定义可知，弹性可采用系统结构改变之前能吸收的干扰量来度量。

自Holling提出弹性概念之后，弹性被不同的学者应用于工程学、生态学、经济学、心理学等学科领域，并且针对不同领域提出了弹性的概念和测度方式，国内也有学者将其译为抗逆力、韧性力、恢复力、复原力等，但目前仍然没有一个统一的定义适用于各个领域。工程学认为弹性是单一的、稳定的平衡状态，Pimm（1984）从工程学的角度出发，将弹性定义为系统受到扰动后恢复到原来平衡态的速度，Elizabeth（1993）提出弹性可以借助恢复时间来测量。生态学认为系统具备多样化的平衡和多个稳定状态，Reggiani 和 Graaff（2002）认为弹性反映了"系统从一个均衡状态变为另一个均衡状态"，Kreuter 等（2011）用敏感性系数来描述生态系统的弹性，喻建华等（2005）修正了 Kreuter 敏感性系数，提出生态系统服务价值变率函数。此外，有学者认为系统无论是否存在外在干扰，都具有变化的特征（Scheffer，2009）。Zurlini 等（1999）针对社会—生态系统弹性提出了以系统敏感性和压力为自变量的线性脆弱模型。Folker 等（2010）认为社会—生态系统弹性是复杂系统在面对压力和张力时的变化、适应和转化的能力。在经济学领域，Martin（2012）和 Sunley 等（2015）运用弹性来研究区域经济发展，并使用"区域经济弹性"来解释不同区域受到冲击下的表现各异的现象。Sheffi 和 Yossi（2001）研究供应链弹性，并将弹性定义为供应链面对突发事件或中断时，能够不受影响或者快速恢复到正常生产的能力。

2.弹性理论模型

（1）适应循环模型

基于 Holling 的弹性概念，Walker 等（2003）提出了适应性循环模型，该理论模型将系统在外界冲击下的演变过程分为"崩溃—重组—生长—保护"四个阶段。在崩溃阶段，系统因外界的强烈冲击导致结构和功能丧失；重组阶段，系统因对环境的适应能力进行更新重组，出现新状态。系统的巨大变化在崩溃阶段和重组阶段产生，因而这两个阶段持续时间往往较短；随后系统进入较长时间的生长发育阶段，在动态变化中达到新的平衡并逐渐趋于稳定；之后系统进入保护阶段，这个阶段的系统复杂度高且稳定性强。该理论强调，在系统的适应性循环过程中，系统由一个稳定域向另一个稳定域转换，在转换过程中，系统在不同阶段表现出不同的弹性水平，呈逐渐消失到逐渐恢复的演化趋势.

（2）杯球模型

另一个被广泛认可的弹性概念模型是杯球模型（May，1977；贾舒，2020），杯球模型的示意图如图2-2所示，2个杯子代表系统的两种不同稳态，两箭头表示系统受到的干扰。小球代表系统运行状态，当小球位于杯底时，表示系统处于稳定状态，当受到干扰时，小球从一个杯底移动到另一个杯底，意味着系统状态改变，新的稳态形成。在这个过程中，用杯子的宽度定义系统弹性，表示系统运动到另一个稳态前吸收的扰动量。

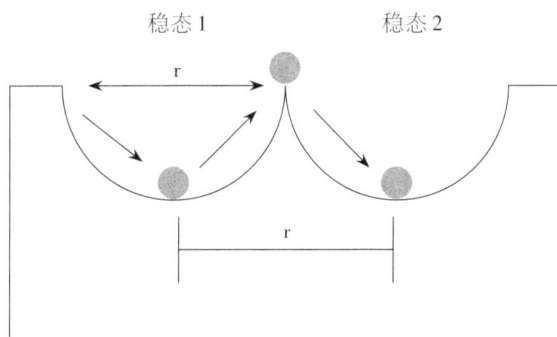

图2-2　杯球模型

资料来源：贾舒. 弹性城市研究进展：概念维度与应用评价［J］. 湖北社会科学，2020（5）：77-85.

3.弹性的定量研究方法

上述模型直观地解释了生态弹性的内涵，并从理论上描述了生态系统演替的抽象过程。随后学者对弹性理论模型进行拓展，并提出了相应的定量研究方法。

生态阈值理论是影响力较大的弹性理论的分支之一，由May（1977）首次提出，Muradian（2001）认为生态阈值是生态系统状态的突然改变，表明生态系统具有不连续性。生态阈值理论强调生态系统功能是存在限度的，当扰动超过临界条件时，生态系统发生彻底的、本质性的转变（李华和蔡永立，2010）。生态阈值方法的基本思想即寻找合理的生态系统替代因子，进行稳态转变检测，用系统转变前后的系统恢复速度或者系统的变化量度量弹性（李玉照等，2013）。一些研究发现统计指标如方差的增加和偏度可以作为系统稳态转变的标志（Rial等，2004）。此外，部分学者运用序贯T检验法进行稳态转变探测，以系统转变前后指示因子的变化量除以稳态存在周期来衡量系统弹性（Larsen和Alp，2015；Bauch等，2016）。

通过对弹性的定量研究可以实现对系统稳态转换的预警。CENTURY和GAP等计算机模型被应用到生态系统关键指标的动态监控研究中，以探测和预警生态系统转变的标识（Bruneau等，2012）。Keersmaecker等（2014）基于大数据实现对生态系统稳态崩溃的提前预警。Dakos等（2015）从时间序列数据出发，发现生态系统状态在发生重要转变之前，系统的关键指标参数有明显的减速现象，表现为时间序列参数偏度、自相关系数、方差的增加。Verbeselt等（2016）的研究也佐证了这一观点，这一现象也成为稳态转变预警监测重要的研究着手点。

另外，还有部分学者通过将弹性理论与其他理论进行集成，来对弹性进行定量研究。胡斌教授团队创新性地将突变理论和弹性理论引入认知行为研究领域（Lv等，2018；黄传超，2017），构建了认知尖点突变模型，提出了认知弹性测度方法。该研究根据个体对事件的看法、观点等，将个体认知水平分为"高水平认知"和"低水平认知"两种稳态，用尖点突变模型描述控制参数变化下个体认知水平的演变过程，将弹性定义为认知均衡态在突变过程中变化、恢复的速率，用认知水平的突变程度除以控制参数变化幅度来衡量系统弹性，弹性r的测度公式表示为$r = (f(B') - f(A))/d(B', A)$，其中$f(B') - f(A)$表示认知水平的变化，d(B′，A)表示系统控制参数的变化，如图2-3所示。

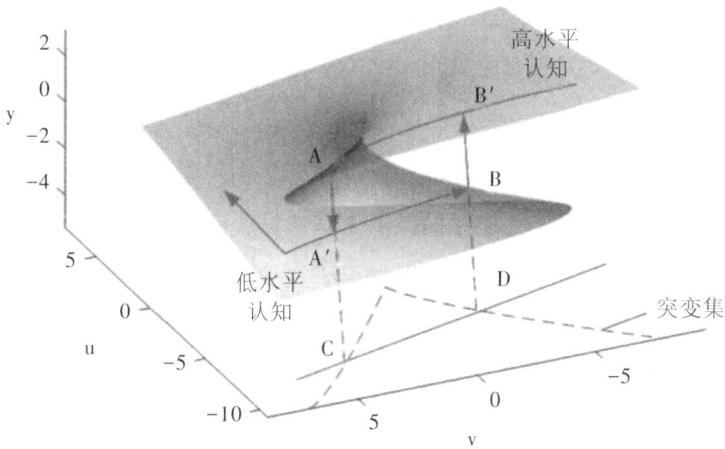

图 2-3　个体认知变化和突跳的尖点模型

可以看到，上述研究中认知水平变化过程与生态阈值理论描述的生态转换过程类似，系统在扰动因素作用下由一种稳定向另一种稳态转换，转换过程都被认为是非线性的，其本质都是对杯球模型的拓展。

目前，在监管领域的弹性研究还非常有限，且主要强调的是监管的灵活性（宋慧宇，2015；傅小随，2020；）。部分学者从生态系统的角度探究平台电商信用监管问题（张丽等，2020；周德良和徐宏玲，2021），指出平台监管过程是动态演化的且具有非线性特征（邓春生，2020），但鲜少从定量角度表述监管演化机理。关于监管演化的定量研究，还有较大的探索空间。

2.3　本章小结

本章是全文的基础章节，主要目的是厘清研究进展，追溯理论来源，为后续各章节的展开提供支撑。

（1）厘清国内外研究现状。梳理了平台电商失信的现象及原因、平台电商信用监管研究进展、电子商务领域的弹性研究进展和突变论的研究进展。相关研究成果为本书的研究提供了参考借鉴，指明了研究动向。

（2）梳理了相关理论基础。信息经济学相关理论和平台治理相关理论为本书研究框架的建立提供了学理依据，而过度自信理论、突变理论和弹性理论为本书的研究提供了研究视角。

3

平台电商信用监管体系与演化机理

3.1　平台电商信用监管体系

3.1.1　多元主体协同监管

根据第 2 章分析可知，随着平台电商发展，治理难度和治理复杂性增加，传统的以政府规制为主的一元治理模式难以适应新业态的需要。让政府、平台、用户等多元主体充分发挥各自优势，构建多元共治的协同监管体系，是治理实践的客观需要。《国务院办公厅关于促进平台经济规范健康发展的指导意见》提出建立健全协同监管机制，构建适应新业态跨行业、跨区域特点的多元共治的监管格局。国家发展和改革委员会颁布的《分享经济发展指南》也提出要"探索建立政府、平台企业、行业协会以及资源提供者和公众共同参与的分享经济多方治理机制"。

政府、平台与社会力量在平台监管中的角色、任务和责任也逐步引起关注。一方面，在监管过程中，政府的作用被认为从直接管制者转为主导者、协调者，从"划桨"转向"掌舵"，郑智航（2018）分析了网络治理过程中政府监管的局限性，提出应强化权利保障，并弱化政府管控。另一方面，平台因具备"企业"与"市场"双重身份，可以通过技术支持及交易规则制定引导交易秩序形成，且拥有比政府更显著的信息优势，平台在监管过程中的作用逐渐引起重视（You，2020）。大部分学者普遍认为，政府和平台企业共同参与监管，可以有效发挥各自的优势并提高监管效率，减少监管空白或监管过度的情况发生。此外，互联网的迅速发展也为行业组织、社会公众参与治理提供了更广阔的平台（许玉镇，2018；李梦琳，2019）。

另外，互联网环境下治理手段多样化，如政府规制下的命令、指示、规定等行政手段，平台自我规制下的契约、沟通和激励等治理手段，以及社会组织参与下的投诉和举报等手段，这些都要求树立整体性治理理念，放松政府监管，充分发挥企业（电商平台）、社会力量（行业组织、媒体）等的各自优势与作用，形成多元共治的平台监管体系。

3.1.2 多元监管主体构成

平台电商信用监管是具有多个主体的生态系统，各主体的监管手段、优势和局限性不尽相同，需要充分认识不同参与主体的特征，这样才能更好地实施信用监管。本书在借鉴已有研究的基础上，考虑政府主体、市场主体（平台企业）和社会主体（媒体、消费者、行业组织等）这三类主要参与主体，分析不同主体的监管动机、监管手段，以及监管的优势和局限性（见表3-1）。

表3-1　　　　　　　不同类型主体参与监管的比较分析

监管主体	监管动机	监管手段	监管优势	监管局限
政府主体	纠正市场失灵，提高资源配置效率，维护公共权益	行政手段（强制性的命令、指示、规定等）	更具威慑力、公信力，更好地维护公共利益	监管体制不适应，监管力量不足，监管时间滞后，监管成本较高
市场主体	提高平台收入	价格结构、支付机制、声誉机制和技术手段等	治理手段丰富，具备信息优势	监管松懈，权力有限，内部腐败
社会主体	保护自身权益，维护市场秩序	声誉机制，行业规章与自律条约等	具备信息优势，保证监管的独立性和客观性	监管渠道和监管效力有限

1.政府主体

政府主体主要指各级政府监管部门，包括市场监督管理部门，以及公安、交通、邮政、海关、网信办等相关部门，负责规范、引导和鼓励其他主体参与信用监管。一方面，政府需要确定监管的方向和标准，划分各参与主体的权责边界，构建各主体参与信用监管的制度环境；另一方面，政府也需要通过政策工具的使用提高主体的参与积极性，如通过奖惩机制提高企业的积极性，通过完善投诉机制鼓励消费者积极参与监督等。

关于监管动机，通常认为政府代表公众利益，政府监管主要是为了维护市场秩序，纠正市场失灵，提高资源配置效率，并增进社会福利（王勇和冯骅，2017）。政府主要依据法律法规实施行政手段，通过命令、指示、规定等强制性手段对市场上的交易主体和交易行为进行规制。根据交易过程可将政府监管分为事前监管、事中监管和事后监管，在交易过程前（事前），政府需要制定相应的市场准入规则，为符合要求的经营主体颁发许可证；在交易过程中（事中），政府则通过产品随机抽检以及价格管制等减少卖方道德风险，避免违规欺诈行为发生；交易过程后（事后）则通过其他主体，如消费者、媒体、行业组织的监督和反馈，对所发现的违规行为进行处罚，如果平台因没有履行对商家的核验义务和监管职责造成消费者权益受到损害，平台也需要承担相应的连带责任（王勇和冯骅，2017）。

政府的监管优势主要体现在以下三个方面：①更具威慑力。政府依据法律法规，具有采取行政强制措施和行政处罚的权力。②更具公信力。政府通过行政手段实施公共监管，而平台基于自我制定的交易规则，以及契约和沟通等正式和非正式的治理手段进行规范，相比之下政府规则更具公信力。③维护公共利益。平台在监管过程中，可能会偏袒维护商家利益，政府则更加公正客观，能够更好地维护公共利益。

政府监管也具有明显的局限性：①监管体制不适应。平台交易呈现跨行业、跨区域的特征，传统的建立在地域和部门分界、金字塔式层级控制和政府垄断信息优势的基础上的管理体制，难以适应平台监管需要，极易出现监管部门互相推诿现象，导致监管空白、监管缺失等。②监管力量不足。政府受到自身资源能力限制，难以实现对海量的参与者与交易规模的全面实时监管。③监管时间滞后。政府难以掌握平台实时交易信息，在发现、处置问题上存在极大的滞后性。④监管成本较高。政府缺乏相应技术手段和执法人员，监管难度大，监管成本高。

2.市场主体

市场主体包括平台企业、网络卖家等。平台企业作为买卖双方交易的平台和中介，负有规范并提高产品或服务质量的核心监管责任（康旺霖等，2016）。汪旭晖和任晓雪（2020）指出，平台企业作为交易媒介，应充分发挥信用监管职责，促进平台商家采取"自律"策略，维护消费者利益，另外，网络卖家作为商品和服务的提供者，在商品质量把关和服务质量把控方面承担主要责任。

平台企业是信用监管的核心主体，本书关于市场主体的探讨主要围绕平台企业展开。平台企业作为交易媒介，可以从交易中获取提成，其监管动机主要来自提高平台收入（Evans，2012）。如果市场交易秩序混乱，导致交易减少，平台企业自身利益也将受损，这使得平台企业在主观上有意愿对存在的失信行为进行监管。很多研究对平台企业的监管的动机做了梳理。Farrell和Katz（2000）比较早注意到平台企业具有一定监管作用。Rochet和Tirole（2003）发现平台企业可以通过给予准入权的方式决定哪些用户可以使用平台资源，类似于政府牌照机构。Spulber（2008）认为平台企业能够通过规则制定等手段协调参与者的行为。Boudreau 和 Hagiu（2012）认为平台企业相较于用户或政府更具信息优势。王勇和陈美瑛（2020）讨论了平台企业和政府在事前监管、事中监管和事后监管阶段的权责分工，指出应更多地借助市场机制完成平台治理，充分发挥平台私人监管作用。朱晓娟和李铭（2020）指出平台企业作为交易规则的制定者，承担一定的社会责任。唐要安（2021）指出平台企业如果充分发挥私人监管作用，有助于改善市场失灵，提高平台吸引力，实现价值创造和更大的价值外溢效应。

平台企业的监管手段包括支付机制、价格结构、声誉机制和技术手段等：①支付机制。支付机制主要指支付担保机制，可以解决平台交易中商品流、信息流和资金流分离产生的道德风险问题，但也存在平台企业擅自挪用资金的风险。王勇和冯骅（2017）提出两种改进方式，一是政府要对平台的备付金进行监管，防止备付金挪用以及携款潜逃等；二是发展数字货币，例如利用区块链技术实施分布式记账，可以克服交易中的道德风险。②价格结构。价格结构指平台企业为了活跃市场交易状况向买卖双方收取不同的费用，平台企业利用价格结构对特定行为进行奖惩，从而对机会主义行为进行监管（Church 等，2008），价格结构是监管平台的重要工具。③声誉机制。主要指在线声誉机制，是网络技术带给平台企业的独特的监管手段，消费者对商品质量和卖家服务水平进行在线评论和评分，能够弥补商家信息披露的不足，有助于改善交易中的信息不对称现象，减少逆向选择行为。在网络环境下，信息传播渠道更多，信息传递速度更快，使得声誉机制可以在更大范围内发挥作用。但需要注意的是声誉机制不仅依赖卖家的真实评价，还受到市场竞争环境的影响，当平台企业在市场处于垄断地位时，声誉的约束作用将会受到严重影响。④大数据技术。大数据技术可以帮助平台企业降低监管成本，通过用户画像可以精准定位，低成本地对刷单炒信等失信行为进行监管；基于平台交易数据，可以实现风险评估和风险预警，及时、自动地对异常交易进行限制和拦截，降低交易风险。

监管手段丰富是平台企业最主要的监管优势，另外，平台企业的监管优势还在于具备信息优势。平台企业作为交易媒介，能最及时、最全面地掌握交易相关信息，可以及时发现问题并采取相应控制措施，避免造成更不利后果。

平台企业在监管过程中也存在一定的局限性，主要体现在三个方面：①监管松懈。平台企业参与监管的根本目的是追求自身利益最大化，有可能为了自身商业利益牺牲公共利益，如网约车平台因追求规模效益放松对司机的准入限制，从而提高了平台风险水平（付淑换和石岿然，2020）。②权力有限。作为商业主体，平台不具有行政执法权，其处置行为只能以合同条款为依据，对虚假交易的打击仅限于中止交易等，处罚能力有限。③内部腐败。平台工作人员可能利用平台管理权限谋取私利。比如在利益驱使下帮助卖家删差评、刷信誉等。正是因为平台企业私人监管中存在的种种局限，平台交易中还需要政府公共监管和社会监督。

3.社会主体

社会主体主要包括公众、媒体、行业协会、第三方检测机构等。

公众，主要指消费者，作为直接购买产品或服务的群体，也是监督约束行为的直接受益者，具备社会监督的积极性和主动性（刘长玉等，2019）。消费者可以及时掌握营销信息，弥补监管部门信息滞后的弊端，目前大多数失信事件都是先经消费者投诉，后经媒体报道才引起各方的关注和重视。但囿于专业能力的制约，以及监督过程中付出的时间、精力成本，消费者的监督意愿受到一定程度的限制。

媒体在信息传递方面具有显著的优势。学者研究发现，媒体对社会事件的报道可以形成有效的信息披露机制。媒体参与下可能带来的声誉危机和舆论压力能够达到规范企业经营行为和平台监管行为的目的，是平台信用监管的重要补充（杨德明和赵璨，2012；付淑换和石岿然，2020）。但需要注意的是，当责任追究体系不完善时，在利益驱使下，媒体可能会过多追求"轰动效应"而出现失实报道，从而给企业和个人带来严重的声誉损失和经济损失（李雅萍，2019）。

对行业协会而言，随着平台企业之间的竞争日益激烈，由此引发的不正当竞争越来越频繁，为促进行业的健康发展，行业协会近年来越来越积极地参与监管，组织行业大会、制定行业规章与自律条约等。如2017年中国电子商务协会B2B行业分会牵头，中供通、中农网、快塑网等39家企业共同签署发布了《中国B2B电子商务行业自律公约》。卢安文和何洪阳（2019）研究指出，行业协会的积极参与有助于降低政府采取积极监管的成本。行业协会在监管过程中也存在一定的局限，谢康等（2016）指出行业协会是否发挥作用取决于自身能力和政府监管空间的大小，行业协会监管能力受会员单位数量、人力资源等制约，政府监管空间过大也将导致行业协会难以参与共治。

第三方检测机构是独立于平台企业和商家之外的第三方组织或机构，在一定程度上可保证检测结果的独立性和客观性，提供的产品信息更易得到消费者的认可（Maeyer和Estelami，2011）。目前，网络上涌现出一批职业打假人，能够在一定程度上弥补公众监督的不足，但也存在职业打假人威胁卖家，和卖家私下签订协议的情况。

综上所述，由于不同主体在监管过程中存在各自优势和局限性，单一主体难以满足平台信用监管需要，平台电商信用监管需要多元主体的共同参与。平台信用监管体系是由政府主体、市场主体和社会主体组成的复杂生态系统。多元主体通过有效协作形成全方位的信用监管体系，如图3-1所示，政府作为信用监管体系的引导者和协调者，为平台电商的长效治理和可持续发展奠定制度基础；市场主体（平台企业）作为交易的主要媒介，同时担负信用监管职责，在完善平台规则基础上推进网络"自治"与"自净"；社会主体（消费者、媒体、行业协会、检测机构等）开展各行业各类社会责任履责绩效评价，通过声誉机制激励平台商家自律，同时激励平台企业关注自身社会责任并积极履行监管职责。

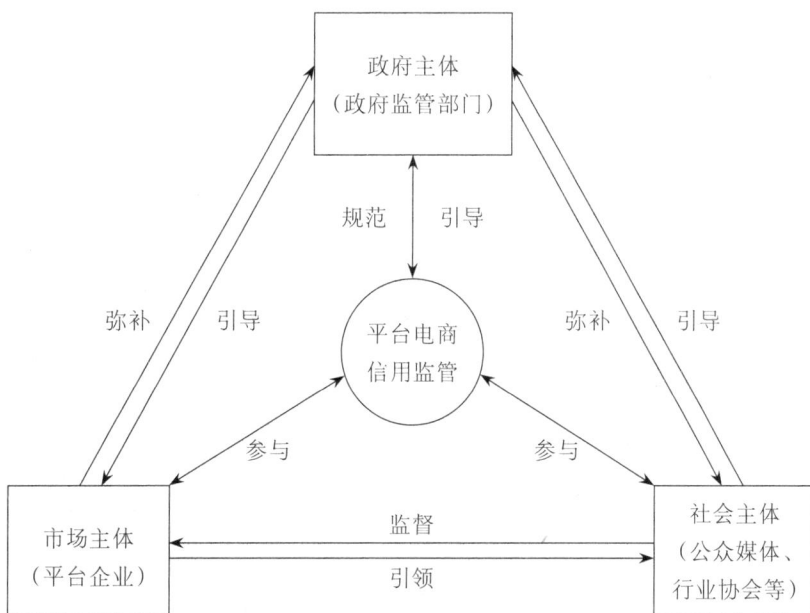

图3-1　平台电商信用监管体系构成

3.2　平台电商信用监管的特征

平台电商的生态性、开放性特征与平台治理的多元主体决定了平台电商信用监管必然是多元的、复杂的、动态的。同时，平台经济作为我国经济发展的新动能，平台电商信用监管需要在保护消费者权益的同时促进新业态新模式有序发展，监管过程呈现如下特征：

（1）动态性。依托电子商务平台，不断涌现出新技术、新产品、新业态，如在线出行、在线教育、在线医疗、直播带货等，技术变革和商业模式创新容易带来不可避免的社会风险和现实挑战，为应对出现的社会问题与挑战，监管政策随之调整，并在调整过程中进一步推动技术变革、商业模式创新，进而导致新挑战再次出现。可见，监管政策的调整是一个动态发展、持续迭代的非线性演化过程（如图3-2所示），表现出强烈的螺旋上升特征（王仁和等，2020）。针对平台电商的不同阶段，参与主体在持续互动中，在策略选择之间形成动态博弈的关系（李杰等，2018；李广乾和陶涛，2018；汪旭晖和任晓雪，2020），随着主体交互行为的进行以及环境的改变，必然会导致主体决策行为发生不同程度的变化。

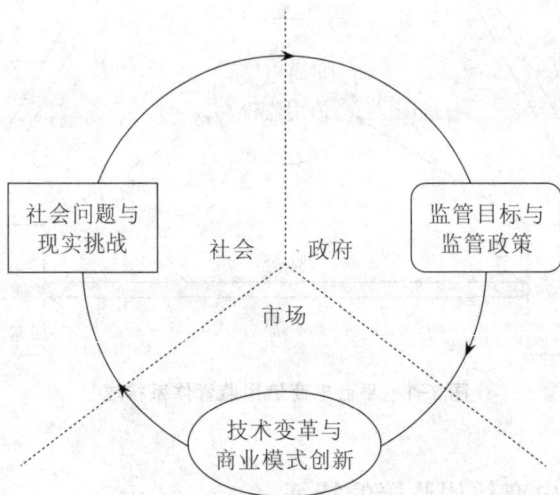

图3-2 平台信用监管政策动态调整

资料来源：王仁和，李兆辰，韩天明，等. 平台经济的敏捷监管模式——以网约车行业为例［J］. 中国科技论坛，2021（10）：84-92.

（2）回应性。平台电商信用监管强调对被监管企业的区别对待，根据风险大小对被监管对象进行分级，然后针对不同风险级别的企业或个体采取不同监管强度和监管手段（杨炳霖，2014）。为鼓励新技术、新产品和新业态的发展，平台电商信用监管强调应当量身定制审慎包容的监管模式和标准规范（傅小随，2020）。2019年8月国务院办公厅印发的《关于促进平台经济规范健康发展的指导意见》以及2019年9月国务院印发的《关于加强和规范事中事后监管的指导意见》均提出，针对新兴产业要落实和完善包容审慎监管，即反对"一刀切"式的无差别严格监管，强调对监管对象细分，然后实施分级监管。可以看到，包容审慎监管原则本质是对回应性监管理念的体现，即强调根据监管对象的不同实施分级监管，其优势在于：一方面通过分级分类监管可以把监管主体有限的资源更多地集中在失信严重的企业；另一方面，实施的差别待遇也可以更好地约束被监管对象的不良行为（杨炳霖，2014）。

（3）灵活性。平台交易呈现跨行业、跨区域的业务特征，对于牵涉多方利益关系，需要跨区域、跨部门、跨层级协调的综合性监管议题，需要围绕具体议题形成临时性监管网络，并通过鼓励不同主体积极参与监管，以更灵活的方式提升监管绩效（王仁和等，2021）。如在电商失信问题专项整治活动期间，社会信用体系建设牵头部门会同市场监督管理部门、网信办、公安、交通、海关、邮政等建立跨部门跨区域的专项治理工作组。另外，在政府相关部门的指导下，平台企业、物流企业以及互联网公司等相关电子商务企业也合作成立区域性或者跨区域的协作治理联盟，如"反炒信"联盟等，通过信息共享、联合惩戒等拓宽监管渠道，加强监测力度，提高监管效率。管理实践中，"双随机、一公开"的监管方式同样也体现了监管过程的灵活性。

（4）敏捷性。网络环境下，平台信用监管需要及时发现负面事件，动态调整监管策略，避免因信息快速传播导致的不良社会影响。另外，还需要能有预见性地发现潜在风险，并基于风险发生概率进行有效干预。这需要平台将大数据、区块链、人工智能等技术手段应用于监管过程，同时，应积极推动相关技术的研发与应用，并促进平台间信息资源共享，以增加信用监管的敏捷性。

（5）包容性。平台电商信用监管强调在社会发展之中，形成更具包容性的发展模式。一是强调对多元主体的包容，监管政策并非单一按照政府的既有目标设定，而是综合政府、平台企业和社会力量三者之间的有机联系，实现具有包容性的发展。二是对新技术、新模式的包容，大力培育新动能，持续推进科技创新和模式创新。

综上所述，平台电商信用监管过程具有显著的动态性，其中敏捷性和灵活性这两个特征本质也与动态性相契合。同时，平台经济模式下，产品的生命周期变得越来越短，这使得平台电商监管的动态性将更加突出。因此，有必要从定性和定量的角度深入探究平台信用监管的动态演化机制。

3.3　平台电商信用监管的演化机理

3.3.1　信用监管演化的非线性机制

根据前文分析可知，平台电商信用监管具有动态性，且具有非线性演化的特征。邓春生（2020）以P2P平台监管为例，指出在监管机构、平台、公众多方主体参与的情况下，监管过程具有非线性演化特征。另外，在内生动力和外在压力的影响下，监管政策的变迁过程也具有短期间断突变现象（黄新华和赵荷花，2020）。

从理论上分析，系统非线性变化通常既不是完全有序的，又不是完全随机的，一般会处于二者之间，使整个系统出现复杂的非线性特征（危小超等，2021）。即在一定条件下，监管系统的均衡状态可能稳定地由积极监管向消极监管转变，如图3-3中的演化过程。也有可能是在某些因素的影响下，如舆论环境的改变、政策的调整等，行为决策发生剧烈改变，或者在两种状态之间反复切换（积极监管⇔消极监管），如图3-4所示，可以看到这种非线性的转换关系呈现了一种S形变化趋势。这种演化特征体现了行为决策的复杂性和变化的动态性。

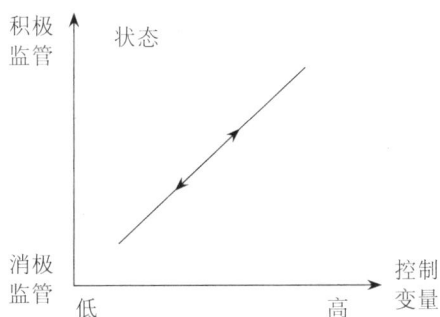

图3-3 线性演化机制

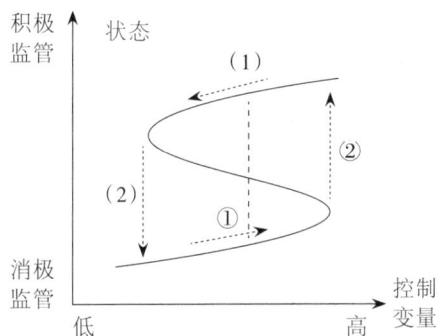

图3-4 非线性演化机制

资料来源：危小超，张虹宇，盛宁，等. COVID-19疫情下口罩转扩产联盟稳定性研究［J］. 系统工程理论与实践，2021，41（12）.

　　线性演化的复杂系统，其内部关系是单向的、静态的，演化结果往往是可预测的、确定的；而非线性演化的复杂系统，其内部关系则是循环反复的、双向的和动态的，其结果通常是难以预测的、不确定的。信用监管的非线性变化可能导致极端现象出现，如滴滴顺风车业务的突然关闭，不利于平台电商的健康有序发展。

3.3.2　信用监管演化的突变与弹性

1.信用监管演化的突变

平台电商信用监管非线性离散变化表现为监管行为的突然性、跳跃性改变，导致监管主体行为决策突变的因素有很多：可能是由于系统内部某一主导因素突然发生改变，例如企业通过合并，在市场上占据垄断地位，声誉机制的影响减弱，如滴滴与优步中国合并一年后，投诉比例相较于 2015 年突然提升 8.5 倍，也有可能是外部环境的改变，如舆论压力，这些因素可能导致监管系统的状态进入一个新的稳定状态，即发生突变。

突变论是研究系统非线性变化的理论。本书尝试引入突变论分析信用监管演化的突变现象。结合突变论，信用监管突变可表述为：随着监管环境（如政策改变）的连续变化，信用监管演化的稳定均衡态是在整体上发生突变的现象，由相对稳定的积极监管（或消极监管）状态突然演化至消极监管（积极监管）状态。通过引入突变论，可以描述监管系统均衡态的非线性演化过程，得到突变临界集合，从而为相关部门控制突变事件的发生提供依据。

2.信用监管演化的弹性

引入突变论可以描述突变发生的位置和方向，但不足之处在于不能表示突变发生的程度。事实上，不同演化轨迹下的突变程度不同，导致的后果也完全不同（江新等，2020）。如图 3-5 所示，演化路径①、演化路径②和演化路径③表示系统在内外部因素影响下的演化过程，可以看到，演化路径③由于不经过分歧点集，不发生突变。演化路径①和演化路径②经过分歧点集，导致突变发生，但轨迹和分歧点集形成的长度却不同，显然 $f_1 > f_2$，说明两种突发事件带来突变程度不同，后果和影响也不同，在实际中可能表现为专项整治或直接关闭业务等。

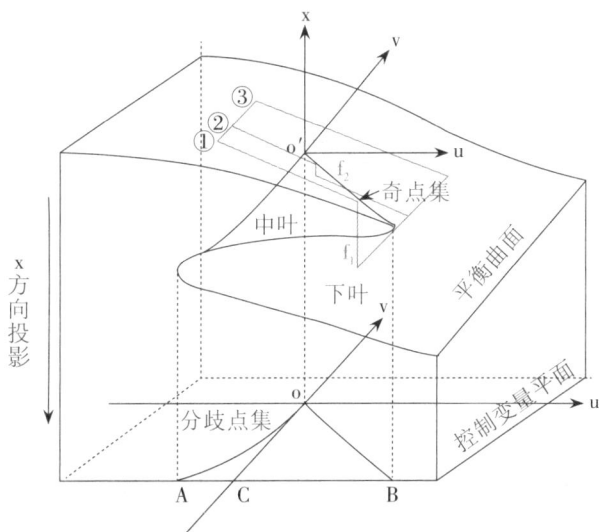

图3-5 突变路径与突变程度示意图

资料来源：江新，罗东立，李炜，等. 水利工程高危作业突发事件演化机理尖点突变模型研究［J］. 长江科学院院报，2020，37（7）：75-81.

管理实践中，为尽可能减少损失和不利影响，在制定监管策略时需要考虑效率，即还需要进一步探讨参数变化和突变程度之间的作用关系。因此，本书基于 Holling 对弹性的理解（Holling，1973），在分析平台电商信用监管突变现象的基础上，引入"弹性"指标来描述突变事件中系统参数变化和突变程度之间的作用关系。

结合突变论和 Holling 弹性理论，平台电商信用监管弹性的概念可以描述为信用监管系统突变事件发生前（均衡状态改变前）对扰动的吸收能力，重点强调系统的抗干扰能力。系统弹性越大，对扰动的吸收能力越大，意味着突变程度越小，突变速率越慢，这样就意味着影响较小，且有充足的时间来采取应对措施。

3.信用监管演化突变与弹性的关系

比较信用监管演化的突变与弹性，可以发现，突变论是从定性角度研究系统状态变量均衡点非线性变化的理论，而弹性侧重于探讨系统均衡状态改变前对扰动的吸收能力。可见，突变本质是与弹性相对应的概念，两者分别从定性与定量的角度表述系统演化机理。

突变的过程可视为弹性破裂和建立的过程，通过弹性测度可以实现对系统均衡态突变的预警，可以为预防和管理平台信用失范提供依据。

3.4　本章小结

本章首先分析了平台信用监管协同监管的必要性，进而分析了平台信用监管的构成主体，包括政府主体（政府监管部门）、市场主体（平台企业）和社会主体（公众、媒体、行业协会、第三方检测机构等）；随后分析了平台电商信用监管的特征，包括动态性、回应性、灵活性、敏捷性、包容性；最后从突变和弹性视角分析了平台信用监管的演化机制，以及信用监管突变和弹性的关系。

4

平台电商信用监管的随机演化博弈

根据第3章的分析可知，平台电商信用监管需要多元主体：政府主体（各政府监管部门）、市场主体（平台企业）和社会主体（公众媒体等）的共同参与，通过强化各主体在监管问题上的理性，形成合力和共治机制，可以有效遏制商家的机会主义行为。在监管过程中，平台企业和消费者作为交易过程的直接参与者，比政府更具信息优势，能更及时地对商家的经营行为进行监管和监督。因此，本章重点考察平台和消费者在信用监管中的作用，而政府可以通过对平台的失职惩罚间接对商家实施监管。

在研究方法上，演化博弈考虑了有限理性和时序变化，是厘清复杂博弈关系及策略演化路径的有效工具，被广泛应用于监管领域。汪旭晖和任晓雪（2020）构建了政府和平台企业的演化博弈模型，指出增加政府监管力度和奖励力度能有效促进平台企业采取"积极监管"策略。李杰等（2018）将消费者纳入电商平台信用管理体系，认为提高消费者参与度能减少失信行为发生。付淑换和石岩然（2020）构建了网约车平台和政府的演化博弈模型，指出媒体监督是政府监管的重要补充。Wu等（2020）构建了政府、平台和消费者三方参与的演化博弈模型，研究平台"大数据杀熟"问题。张丽等（2020）的研究与本章最接近，通过构建"平台—商家—消费者"三方演化博弈模型研究平台电商的信用监管机制，但不同之处在于，上述文献中的模型和方法尚未将不确定状态下策略演化中的随机干扰问题纳入研究范畴。事实上，对于任何一个复杂系统而言，策略选择过程中不可避免受到随机因素的干扰。汪旭晖和任晓雪（2020）、张丽等（2020）指出如果将电子商务市场的随机特性融入博弈模型，模型将更符合现实情形。因此，本章借鉴徐岩等（2011）、孙华丽等（2016）、李军强等（2020）、陈恒等（2020）在随机演化博弈方面的相关研究成果，引入白噪声和Ito随机微分方程，建立随机动力系统，揭示在不确定环境中，政府监管下的平台企业、商家和消费者的策略选择变化。

已有研究中的演化博弈模型大多忽视了决策主体的行为特征，然而大量心理学和行为科学的研究结果表明决策过程中的参与主体往往存在过度自信倾向（Tversky 和 Kahneman，1974；Chen 等，2015），即人们总是过高地估计自身的能力水平或者自身所掌握信息的精确性，忽略过度自信容易导致决策偏差。Ren 等（2013）研究指出导致报童模型实验中决策偏差的一个重要原因就是过度自信行为。吴士健等（2019）研究发现众创投资平台过度自信降低了创业企业的道德风险，助长了投资平台的违约倾向。于长宏和原毅军（2015，2018）指出，管理者过度自信会影响企业创新投入和企业创新战略选择。结合演化博弈和过度自信来研究平台监管的文献较少，Wei 等（2021）采用演化博弈与过度自信理论研究了社交网络舆情扩散问题，考虑了收益过度自信和成本过度自信，可为本章研究提供一定借鉴。若将过度自信引入平台信用监管随机动力系统，可以在一定程度上修正偏差，得到更符合现实特点的结论。

综上所述，已有信用监管的相关研究对系统随机性考虑不足，具体到博弈主体的心理与行为方面的研究更为缺乏。由此，本章基于现有文献对决策者过度自信倾向进行探讨，用过度自信刻画参与主体的行为特征，构建平台电商信用监管的演化博弈模型。同时，引入白噪声反映演化过程的随机干扰，建立随机动力系统，探讨随机干扰环境下监管主体策略的稳定条件与演化特征，通过仿真分析从定量角度揭示各关键变量对博弈主体策略选择的方向性及程度性影响，提出监管策略调控优先级，以期为平台电商信用监管的策略选择与优化提供理论依据和思路借鉴。

4.1 问题描述与模型假设

4.1.1 基本假设

本章探究如图4-1所示的平台电商信用监管系统。其中，平台企业和消费者作为主要的监管主体直接监督商家行为。当平台放任商家的失信行为时，消费者可向政府部门举报，政府通过惩罚平台的失职行为实现间接监管。

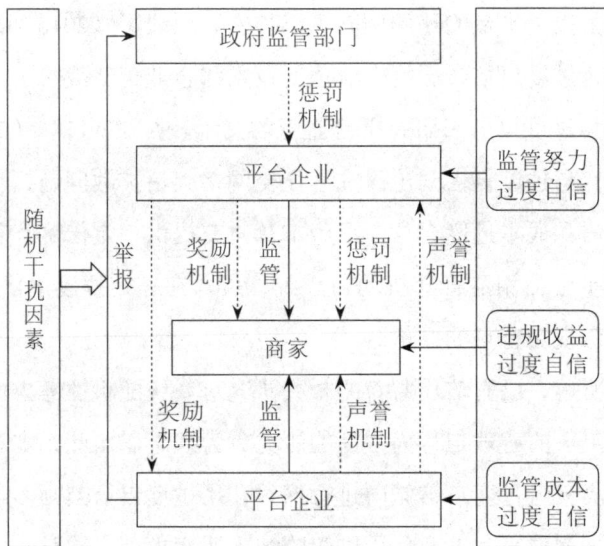

图 4-1　平台电商信用监管系统

本书借鉴已有研究和监管实践，考虑声誉机制（卢安文和何洪阳，2019）、奖励机制（张丽，2020）、惩罚机制（汪旭晖和任晓雪，2020）等常用规制手段，同时考虑参与主体的行为特征，将过度自信引入监管机制进行设计。

（1）博弈主体。本章分析政府监管下的平台企业、商家和消费者的监管决策过程。根据演化博弈理论，博弈主体均采取两种策略，平台的行为策略为积极监管或消极监管，商家的行为策略为自律或不自律，消费者的行为策略为监督或不监督。

（2）声誉机制。声誉机制是网络技术带给平台企业的独特的激励手段（王勇等，2020）。相比传统经济，平台经济中的信息传递通常更为通畅，这使得声誉机制可以在很大的范围内发挥作用（Dellarocas，2003），不但可以对交易价格和交易数量产生影响（Li，2010），甚至成为很多交易的先决条件。①若平台实施积极监管策略，在消费者监督下将获得公信力提升、流量增加等声誉收益 J_p；反之，当平台实施消极监管策略时，导致公信力下降、流量降低等声誉损失 L_p；②商家采取自律策略时，在消费者监督下获得网络口碑增加、消费者忠诚度提高等声誉收益 J_s；当商家采取不自律策略时，被消费者发现将导致声誉损失 L_s。

（3）奖励机制。现实中，奖励机制包括对商家的守信奖励和对消费者的监督奖励（张丽等，2020）。当平台在监管过程中发现商家严格自律，将通过销售额抵扣、现金补贴、服务费减免等方式给予商家奖励 I_s；当消费者参与监督时，平台通过发放优惠券、红包等方式给予消费者奖励 I_g。

（4）惩罚机制。惩罚机制包括平台对商家的失信惩罚和政府对平台的失职机制（汪旭晖和任晓雪，2020）。

平台对商家的失信惩罚包括：①保证金扣除制。平台企业作为交易媒介和信用监管主体，当发现商家的不自律行为时，将扣除一定比例的保证金 F_s 作为惩罚。②累计扣分制。平台企业根据商家失信程度，对商家实施扣分处理，为商家带来流量降低、账户权限下降等损失 S_1。

政府对平台企业的失职惩罚：平台对不自律商家的消极监管行为

被消费者投诉或举报时带来惩罚 L_1。

（5）监管成本。平台实施积极监管策略时需花费时间和物质成本 C_P；当消费者采取监督策略时，付出时间、精力等成本 C_g。

（6）监管成功率。平台企业通过定期抽查和消费者投诉等手段对商家的信用行为进行监管，用监管成功率表示对商家不自律行为的有效识别概率，假设平台单独监管时的成功率为 α，消费者单独监督时的成功率为 β，平台和消费者合作监管时的成功率为 γ，其中 $\gamma = 1 - (1 - \alpha)(1 - \beta)$，即平台和消费者合作监管时监管成功率增加。

（7）其他参数。商家采取不自律策略时获得超额利润 R_s；消费者不参与监督且平台消极监管时因商家不自律遭受损失 L_g。

4.1.2 参与主体的过度自信描述

近年来，过度自信行为发展为一门新兴的心理学理论，受到决策领域研究学者的广泛关注。大量心理学和行为科学的研究结果表明决策过程中的参与主体往往存在过度自信倾向（Tversky 和 Kahneman，1974；Bondt 等，1994；Wu 和 Chen，2014；Chen 等，2015），这是有限理性的一种表现（Moore 和 Healy，2008），也是出现决策偏差的重要原因（Gervais 和 Odean，2001）。

过度自信被认为是最经得起考验的认知偏差。主要表现在人们对自身的知识和能力水平的过高估计或者对未来发生不确定性事件的风险的过低估计，忽略过度自信将会导致决策偏差。本章考虑三个方面的过度自信，具体如下：

（1）平台对自身监管能力水平的过度自信。参考雷丽彩等（2020）的研究思路，将平台过度自信刻画为不能正确认识自身监管水平，即高估了监管成功率 α，用 k_1 表示平台过度自信水平，$k_1 \in [0, 1]$，则过度自信影响下，平台认为的监管成功率为 $\alpha(1 + k_1)$。

实践调研发现，电商平台，尤其是规模较大的平台往往相信自己的信息收集技术和大数据处理技术足够成熟，相信自己掌握的信息足够准确（徐鹏，2020），换言之，平台高度相信自己的监管水平，这种表现与"过度自信"行为特点高度吻合。

（2）商家对违规收益的过度自信。参考于长宏和原毅军（2018）的研究思路，将商家过度自信刻画为对违规收益预测的过度乐观，即对超额收益的过高估计，用 k_2 表示商家过度自信水平，$k_2 \in [0, 1]$，则过度自信影响下，商家预期的违规超额收益为 $R_s(1 + k_2)$。

数据显示，虚假宣传、数据造假等违规行为在美妆、营养保健、黄金等高毛利品类中尤为突出，这本质是一种机会主义行为，是对违规收益的过度自信。究其原因，一是数据造假成本低，例如5元即可购买3万个赞；二是直播营销中的社会临场感导致线上从众消费倾向和冲动消费更加显著（谢莹等，2019），容易激发商家对违规收益的过度自信。

（3）消费者对监督成本的过度自信。参考Wei等（2021）的研究思路，将消费者过度自信刻画为对监督成本的感知偏差，用 k_3 表示过度自信水平，$k_3 \in [0, 1]$，则过度自信影响下，消费者感知的监督成本为 $C_g(1 + k_3)$，且 k_3 越大，感知成本越高。

目前，消费者维权困难问题始终存在，2020年《直播电商购物消费者满意度在线调查报告》显示，37.3%的受访消费者在直播购物中遇到过消费问题，但仅有13.6%的消费者遇到问题后进行投诉，其原因是觉得投诉处理流程比较复杂或耗费时间，本质是对监督成本的过度自信。另外，由于互联网经济的粉丝效应，举报者还可能遭受网络暴力，如2020年糖水燕窝事件的曝光者曾遭受主播粉丝的恐吓与谩骂，这些都有可能导致消费者对监督成本的过度自信。

4.2 平台电商信用监管的随机演化博弈模型

4.2.1 确定性演化博弈模型构建

基于以上模型假设和参数设置，令平台的积极监管概率和消极监管概率分别为 x 和 1 − x（0 ≤ x ≤ 1），商家的自律概率和不自律概率分别为 y 和 1 − y（0 ≤ y ≤ 1），消费者的监督概率和不监督概率分别为 z 和 1 − z（0 ≤ z ≤ 1）。构建平台—商家—消费者的三方演化博弈收益支付矩阵，见表4-1。

表4-1　　　　平台企业、商家和消费者的三方博弈支付矩阵

主体策略	平台积极监管		平台消极监管	
	消费者监督	消费者不监督	消费者监督	消费者不监督
商家自律	$J_p - C_p - I_s - I_g$	$-C_p - I_s$	$-L_p$	0
	$J_s + I_s$	I_s	J_s	0
	$I_g - C_g$	0	$-C_g$	0
商家不自律	$J_p - C_p - I_g + \gamma F_s$	$-C_p + \alpha F_s$	$\beta F_s - L_p - \beta L_1$	0
	$R_s - \gamma(F_s + S_1) - L_s$	$R_s - \alpha(F_s + S_1)$	$R_s - L_s - \beta(F_s + S_1)$	R_s
	$I_g - C_g - (1 - \gamma)L_g$	$-(1 - \alpha)L_g$	$-C_g - (1 - \beta)L_g$	$-L_g$

其中，平台效用受到监管成本、声誉效益、奖励支出、保证金扣取力度和政府惩罚力度的共同影响，商家效用受到声誉效益、自律奖励、违规收益、保证金扣除比例和扣分损失的影响，消费者效用受到损失感知、监管奖励和监督成本的共同影响。

根据表4-1中的博弈矩阵，令平台企业采取"积极监管"与"消

极监管"策略情况下的期望收益分别为 E_x、E_{1-x}，平均期望为 $\overline{E_x}$，则：

$$E_x = (1 - y)(z\gamma F_s - z\alpha F_s + I_s + \alpha F_s) + z(J_p - I_g) - C_p - I_s$$

$$E_{1-x} = (1 - y)z(\beta F_s - \beta L_1) - zL_p$$

$$\overline{E_x} = xE_x + (1 - x)E_{1-x}$$

平台企业的复制动态方程为：

$$F(x) = \frac{dx}{dt} = x(E_x - \overline{E_x}) = x(1 - x)[(1 - y)(z\beta L_1 - z\alpha\beta F_s + I_s + \alpha F_s) + z(J_p + L_p - I_g) - C_p - I_s] \quad (4-1)$$

同理可得，商家的复制动态方程 $F(y)$ 和消费者的复制动态方程 $F(z)$ 为：

$$F(y) = \frac{dy}{dt} = y(1 - y)[(x\alpha + z\beta - xz\alpha\beta)(F_s + S_1) + xI_s + zJ_s + zL_s - R_s] \quad (4-2)$$

$$F(z) = \frac{dz}{dt} = z(1 - z)[(1 - y)(\beta L_g - x\alpha\beta L_g) + xI_g - C_g] \quad (4-3)$$

由于 x，y，$z\in[0，1]$，故 $1-x$，$1-y$，$1-z$ 均是非负数，对策略演化的结果不会产生影响，因此对三方的复制动态方程进行如下改动，改动后平台企业、商家和消费者的复制动态方程分别为：

$$F(x) = \frac{dx}{dt} = x[(1 - y)(z\beta L_1 - z\alpha\beta F_s + I_s + \alpha F_s) + z(J_p + L_p - I_g) - C_p - I_s] \quad (4-4)$$

$$F(y) = \frac{dy}{dt} = y[(x\alpha + z\beta - xz\alpha\beta)(F_s + S_1) + xI_s + zJ_s + zL_s - R_s] \quad (4-5)$$

$$F(z) = \frac{dz}{dt} = z[(1 - y)(\beta L_g - x\alpha\beta L_g) + xI_g - C_g] \quad (4-6)$$

在上述模型的基础上，引入过度自信参数 k_1、k_2 和 k_3，将三方演化博弈模型扩展为过度自信下的演化博弈模型，则过度自信下平台、商家和消费者的复制动态方程分别为：

$$F(x) = \frac{dx}{dt} = x[(1 - y)(z\beta L_1 - z(1 + k_1)\alpha\beta F_s + I_s + (1 + k_1)\alpha F_s) + z(J_p + L_p - I_g) - C_p - I_s] \quad (4-7)$$

$$F(y) = \frac{dy}{dt} = y\left[(x\alpha + z\beta - xz\alpha\beta)(\lambda F_s + S_1) + xI_s + zJ_s + zL_s - (1 + k_2)R_s\right] \quad (4-8)$$

$$F(z) = \frac{dz}{dt} = z\left[(1 - y)(\beta L_g - x\alpha\beta L_g) + xI_g - (1 + k_3)C_g\right] \quad (4-9)$$

4.2.2 随机演化博弈模型构建

上述模型属于确定性的动力学，但作为有人参与的系统，平台电商信用监管系统必然为复杂系统，表现之一就是系统演化的动力机制具有不确定性（徐岩等，2011），即平台电商信用监管系统的演化虽然取决于声誉效益、奖惩力度、监管成本、过度自信等因素，但一些未知的扰动同样会影响参与主体的策略选择。从人群工作互动的角度来看，一方面，博弈主体的风险偏好和性格的不可预测会直接影响主体策略行为，在演化过程中各主体未必能够总是理性地向收益较大的方向演进。另一方面，互动环境中，消费者和商家的交互，以及消费者之间的互动都会对主体策略选择产生影响，而实际情况与预期效益的对比也会影响主体策略改变。再者，电商相关法律法规不完善，平台和商家的权责划分还不够明确，平台监管力度、商家自律程度和消费者的参与度也可能会因为社会舆论的变化而宽严不一。总之，平台电商信用监管过程中存在不确定性，所以随机演化博弈模型更契合现实世界。为此，这一节在借鉴已有研究的基础上（徐岩等，2011；李军强等，2020），引入高斯白噪声随机干扰项，将确定性动力学模型（4-7）、（4-8）和（4-9）扩展为随机动力学模型，得到一维的Itô随机微分方程：

$$dx(t) = \left[(1 - y)(z\beta L_1 - z(1 + k_1)\alpha\beta F_s + I_s + (1 + k_1)\alpha F_s) + z(J_p + L_p - I_g) - C_{p_j} - I_s\right]x(t)dt + \delta\sqrt{x(t)(1 - x(t))}\,d\omega(t) \quad (4-10)$$

$$dy(t) = \left[(x\alpha + z\beta - xz\alpha\beta)(F_s + S_1) + xI_s + zJ_s + zL_s - (1 + k_2)R_s\right]y(t)dt + \delta\sqrt{y(t)(1 - y(t))}\,d\omega(t) \quad (4-11)$$

$$dz(t) = [(1 - y)(\beta L_g - x\alpha\beta L_g) + xI_g - (1 + k_3)C_g]z(t)dt +$$
$$\delta\sqrt{z(t)(1 - z(t))}\,d\omega(t) \tag{4-12}$$

式（4-10）、式（4-11）、式（4-12）分别表示平台企业、商家和消费者受到随机扰动的复制动态方程。其中，$\omega(t)$ 是一维的标准 Brown 运动，Brown 运动是一种无规则的随机涨落现象，能够很好地反映博弈主体如何受到随机干扰因素的影响，$d\omega(t)$ 表示高斯白噪声，当 t>0 时，步长 h>0，其增量 $\Delta\omega(t) = \omega(t+h) - \omega(t)$ 服从正态分布 $N(0, \sqrt{h})$，从而使得式（4-10）、式（4-11）、式（4-12）构成了随机动力系统。δ 表示随机扰动的强度，一般用常数表示。$\sqrt{x(t)(1 - x(t))}$ 决定了当且仅当 $1 - x(t) = x(t)$ 时，$\sqrt{x(t)(1 - x(t))}$ 达到最大值，即扰动影响最大，这表明当采用两种策略的比例相当时，扰动最大（徐岩等，2011）；相反，当两者比例相差很大时，扰动较小，反映了从众心理带来的对扰动的矫正。$\sqrt{y(t)(1 - y(t))}$ 和 $\sqrt{z(t)(1 - z(t))}$ 同理。

4.3　模型求解与稳定性分析

4.3.1　演化均衡求解

式（4-10）、式（4-11）、式（4-12）为非线性 Ito 随机微分方程，不能直接求出其解析解，因此结合随机泰勒展开式和 Ito 随机公式对上式展开求解。为方便起见，先对随机微分方程求解的一般过程进行讨论。针对以下随机微分方程：

$$dx(t) = f(t, x(t))dt + g(t, x(t))d\omega(t) \tag{4-13}$$

其中，$t \in [t_0, T]$，$x(t_0) = x_0$，$x_0 \in R$，$\omega(t)$ 是一维标准 Brown 运动，

服从正态分布 $N(0，t)$，而 $d\omega(t)$ 服从正态分布 $N(0，\Delta t)$。令 $h = (T - t_0)/N$，$t_n = t_0 + nh$，将式（4-13）进行随机泰勒展开，可得：

$$x(t_{n+1}) = x(t_n) + K_0 f(x(t_n))dt + K_1 g(x(t_n)) + K_{11} M^1 g(x(t_n)) + K_{00} M^0 g(x(t_n)) + R \tag{4-14}$$

其中，R 表示展开式的余项，且满足：

$$M^0 = f(x)\frac{\partial}{\partial x} + \frac{1}{2}g^2(x)\frac{\partial^2}{\partial x^2}; \quad M^1 = g(x)\frac{\partial}{\partial x}; \quad K_0 = h; \quad K_1 = \Delta\omega_n;$$

$$K_{00} = \frac{1}{2}h^2;$$

$$K_{11} = \frac{1}{2}[(\Delta\omega_n)^2 - h]$$

基于此，采用 Milstein 方法对随机微分方程进行数值求解，可得

$$x(t_{n+1}) = x(t_n) + hf(x(t_n))dt + \Delta\omega_n g(x(t_n)) + \frac{1}{2}[(\Delta\omega_n)^2 - h] g(x(t_n))g'(x(t_n)) \tag{4-15}$$

根据式（4-15）可以实现对微分方程（4-10）至（4-12）的数值求解，得到相应的演化均衡解。

4.3.2 演化稳定性分析

针对存在的均衡解，根据随机微分方程稳定性判别定理对平台企业、商家和消费者的策略选取进行稳定性分析（孙华丽等，2016），稳定性判别定理如下：

给定随机微分方程：$dx(t) = f(t, x(t))dt + g(t, x(t))d\omega(t)$，$x(t_0) = x_0$，假设存在函数 $V(t, x(t))$ 与常数 c_1 和 c_2 使得 $c_1|x|^p \leqslant V(t, x) \leqslant c_2|x|^p$，$t \geqslant 0$。

（1）若存在正常数 μ，使得 $LV(t, x(t)) \leqslant -\mu V(t, x(t))$，$t \geqslant 0$，则随机微分方程的零解 P 阶矩指数稳定，且成立 $E|x(t, x_0)|^p < (\frac{c_2}{c_1})|x_0|^p e^{-\mu t}$，$t \geqslant 0$；

（2）若存在正常数 μ，使得 $LV(t, x(t)) \geqslant \mu V(t, x(t))$，$t \geqslant 0$，则随机微分方程的零解 P 阶矩指数不稳定，且成立 $E|x(t, x_0)|^p \geqslant (\frac{c_2}{c_1})|x_0|^p e^{-\mu t}$，$t \geqslant 0$。

依据上述定理对平台企业、商家和消费者的策略选取进行稳定性分析，得到针对式（4-10）、式（4-11）和式（4-12）的稳定性判别依据。

命题 1　针对微分方程（4-10），令 $V(t, x(t)) = x(t)$，$x(t) \in [0, 1]$，$c_1 = c_2 = 1$，$p = 1$，$\mu = 1$，$x(t) \in [0, 1]$，则式（4-10）满足零解 P 阶矩指数不稳定的条件为：

A_1：$z \in [0, 1]$，$y \leqslant \dfrac{(1+k_1)\alpha F_s - C_p - 1}{(1+k_1)\alpha F_s + I_s}$ 且 $C_p < (1+k_1)\alpha F_s - 1$

A_2：$y \in [0, 1]$，$z \geqslant \dfrac{C_p + I_s + 1}{J_p + L_p - I_g}$ 且 $C_p < J_p + L_p - I_g - I_s - 1$

证明：针对式（4-10），取 $c_1 = c_2 = 1$，$p = 1$，$\mu = 1$，$V(t, x(t)) = x(t)$，有：

$$LV(t, x(t)) = f(t, x(t)) = [(1-y)(z\beta L_1 - z(1+k_1)\alpha\beta F_s + I_s + (1+k_1)\alpha F_s) + z(J_p + L_p - I_g) - C_p - I_s] x(t)$$

式（4-10）零解 P 阶矩指数不稳定，需满足：

$[(1-y)(z\beta L_1 - z(1+k_1)\alpha\beta F_s + I_s + (1+k_1)\alpha F_s) + z(J_p + L_p - I_g) - C_p - I_s] x(t) \geqslant x(t)$ 即 $(1-y)(z\beta L_1 - z(1+k_1)\alpha\beta F_s + I_s + (1+k_1)\alpha F_s) + z(J_p + L_p - I_g) - C_p - I_s - 1 \geqslant 0$。

①因为 $z \in [0, 1]$，且 $z(J_p + L_p - I_g) > 0$，$z\beta L_1 - z(1+k_1)\alpha\beta F_s > 0$，于是有 $-y(I_s + (1+k_1)\alpha F_s) + (1+k_1)\alpha F_s - C_p - 1 \geqslant 0$，可得条件 A_1 为 $y \leqslant \dfrac{(1+k_1)\alpha F_s - C_p - 1}{(1+k_1)\alpha F_s + I_s}$ 且 $C_p < (1+k_1)\alpha F_s - 1$；

②因为 $y \in [0, 1]$，且 $z\beta L_1 - z(1+k_1)\alpha\beta F_s + I_s + (1+k_1)\alpha F_s >$

0，于是有 $z(J_p + L_p - I_g) - C_p - I_s - 1 \geqslant 0$，得到条件 A_2 为 $z \geqslant \dfrac{C_p + I_s + 1}{J_p + L_p - I_g}$ 且 $C_p < J_p + L_p - I_g - I_s - 1$。

命题1表明：

①当商家采取自律策略的概率低于一定临界值或消费者采取监督策略的概率高于一定临界值，且平台实施积极监管策略的收益大于消极监管的收益时，平台的积极监管策略为占优选择，平台在动态博弈过程中稳定收敛于积极监管策略；②控制奖励力度和监管成本，提升声誉效益（包括正向声誉收益和负向声誉损失）、监管成功率和保证金扣除力度，有利于条件 A_1 和 A_2 实现，使平台更倾向选择积极监管策略；③平台的过度自信水平影响其积极监管策略选择，过度自信水平越高的平台越倾向于选择积极监管策略。

比较条件 A_1 和条件 A_2，不难发现条件 A_1 的实现更依赖保证金 F_s 的增加，而条件 A_2 的实现受声誉收益 J_p 和声誉损失 L_p 影响较大。在平台电商发展初期，声誉机制尚不健全，失信惩戒是一种有效的约束手段，但需要注意的是，惩罚力度持续过大时也容易导致平台舍本逐末，降低自身的监管能力和激励水平（王勇等，2020）。因此，为促进平台电商持续稳定发展，在实施惩罚机制的同时还需完善声誉机制，通过多种工具的协同使用，激励平台积极履行监管责任。

命题2 针对微分方程（4-11），取 $c_1 = c_2 = 1$，$p = 1$，$\mu = 1$，$V(t, y(t)) = y(t)$，$\mu = 1$，$y(t) \in [0, 1]$，则式（4-11）满足零解 P 阶矩指数不稳定的条件为：

B_1：$x \in [0, 1]$，$z \geqslant \dfrac{(1 + k_2)R_s + 1}{\beta(F_s + S_1) + J_s + L_s}$ 且 $J_s + L_s \geqslant (1 + k_2)R_s - \beta(F_s + S_1) + 1$

B_2：$z \in [0, 1]$，$x \geqslant \dfrac{(1 + k_2)R_s + 1}{I_s + \alpha(F_s + S_1)}$ 且 $I_s \geqslant (1 + k_2)R_s - \alpha(F_s + S_1) + 1$

命题2证明过程同命题1。

命题2表明：

①当消费者采取监督策略的概率或平台采取积极监管策略的概率高于一定临界值，且商家采取自律策略的收益大于采取不自律策略的收益时，商家自律策略为占优选择，商家在动态博弈过程中稳定收敛于自律策略；②提升声誉效益、监管成功率、奖励力度、保证金扣除力度，可以促进条件 B_1 和 B_2 实现，使商家更倾向自律策略；③商家的过度自信水平影响其自律策略选择，过度自信水平越高的商家越倾向于选择不自律策略。

比较条件 B_1 和条件 B_2，不难发现，当惩罚力度一定时，条件 B_1 的实现受声誉收益 J_s 和声誉损失 L_s 影响较大，而条件 B_2 的实现更依赖奖励 I_s 的增加。在现实中，一方面，由于声誉机制具有滞后性，短时期内自律时的声誉效益往往小于不自律时的超额利润。另一方面，过高的奖励也会增加平台治理压力，所以，当商家过度自信水平较高时，短期内的现实条件不利于条件 B_1 和 B_2 的单独实现，即仅依靠平台积极监管或消费者监督，难以达到理想监管状态，需要平台和消费者共同参与，通过合作监管促使商家达到自律状态。

命题3 针对微分方程（4-12），取 $c_1 = c_2 = 1$，$p = 1$，$\mu = 1$，$V(t, z(t)) = z(t)$，$\mu = 1$，$z(t) \in [0, 1]$，则式（4-12）满足零解P阶矩指数不稳定的条件为：

C_1：$x \in [0, 1]$，$I_g + (\gamma - \beta)L_g \geq \alpha L_g$，$y \leq \dfrac{\beta L_g - (1 + k_3)C_g - 1}{\beta L_g}$ 且 $C_g < \dfrac{\beta L_g - 1}{1 + k_3}$

C_2：$y \in [0, 1]$，$x \geq \dfrac{(1 + k_3)C_g + 1}{I_g}$ 且 $C_g < \dfrac{I_g - 1}{1 + k_3}$

命题3证明过程同命题1。

命题3表明：

①当商家采取自律策略的概率小于一定临界值或平台采取积极监

管策略的概率高于一定临界值，且消费者采取监督策略的收益大于不监督的收益时，消费者的监督策略为占优选择，消费者在动态博弈过程中稳定收敛于监督策略。②降低消费者的监督成本，增大监管成功率和对消费者的奖励力度，可以促进条件 C_1 和条件 C_2 的实现，使消费者更倾向监督策略；同时，损失感知越大，消费者越倾向于采取监督策略。③消费者的过度自信水平影响其监督策略选择，过度自信水平越高的消费者越倾向于选择不监督策略。

比较条件 C_1 和条件 C_2，不难发现监督成本对消费者影响较大，只有当监督成本小于一定临界值时，消费者才有可能选择监督策略。

综上，若要平台企业、商家和消费者在动态博弈过程中分别选取积极监管策略、自律策略和监督策略，式（4-10）、式（4-11）和式（4-12）需要满足零解P阶矩指数不稳定，则系统需要满足的条件是：

$$(A_1 \cup A_2) \cap (B_1 \cup B_2) \cap (C_1 \cup C_2) \tag{4-16}$$

4.4 数值仿真

根据式（4-16）可知，演化系统在不同条件下的稳定性，但难以详细刻画不同参数对演化过程的方向性及程度性影响。因此，本节进一步采用数值分析方法并通过对模型参数进行取值，模拟"平台企业—商家—消费者"之间演化博弈的变动趋势，揭示各主体决策的一般规律。其中，合理设置仿真模型的参数取值范围是有效仿真的关键，根据汪旭晖和任晓雪（2020）、谢康等（2017），参数取值设置主要有两方面的依据：

（1）文献和现实调研。根据淘宝网各类目保证金额度要求，保证金额度从 1 000 元到 5 万元不等，其中大多数类目缴纳额度为 1 000 元至 3 000 元，因此，设定 $F_s \in [10, 30]$，根据王勇等（2020）的平台责任强度设置，政府对平台失职行为的惩戒力度一般应不小于平台对失信行为的惩戒力度，因此，设定 $L_1 \in [10, 30]$。淘宝的惩罚机制包括保证金扣除制和累计扣分制，但目前仍以保证金扣除为主，可认为目前累计扣分的影响相对较小，据此设定 $S_1=10$。根据张丽等（2020）的参数设置，惩罚力度一般不低于违规所得，据此设定 $R_s = 20$。参考汪旭晖和任晓雪（2020）的平台抽检概率设置，设定 $\alpha = 0.3$。根据2020年3月中国消费者协会发布的《直播电商购物消费者满意度在线调查报告》，约40%的消费者在直播购物中遇到过消费问题。但平台抽检不合格率一般在10%~20%，据此，认为 $\beta > \alpha$，设定 $\beta = 0.5$，另外，报告显示只有约1/3的消费者遇到问题后选择投诉，据此，设定消费者监督的初始概率 $z=0.3$。根据张丽等（2020）对平台的监管概率和商家守信概率的设置，设定 $x=0.6$，$y=0.5$。

（2）等式平衡原则。基于上述参数取值，结合式（4-16）的约束条件，设定 I_g，$I_s \in [3, 6]$，$C_p \in [3, 5]$，$C_g \in [1, 3]$，J_p，J_s，L_p，$L_s \in [8, 12]$。消费者的损失感知应大于监管成本，且与商家违规收益相差不大（张丽等，2020），据此设定 $L_g=15$。

考虑无过度自信、平台过度自信、商家过度自信和消费者过度自信这四种过度自信场景，根据雷丽彩和高尚（2020）、陈其安和刘星（2005）的研究，过度自信程度一般小于1，又据《2020年中国直播电商行业研究报告》，直播电商平均退货率高达50%，高于传统电商退货率的10%~15%，据此将过度自信参数设定为0.5。

4.4.1 过度自信参数的仿真分析

在满足基本假设前提和取值约束下，令 $F_s=15$，$I_s=I_g=5$，$J_s=L_s=10$，$J_p=L_p=10$，$L_1=16$，$S_1=10$，$L_g=15$，$C_p=5$，$C_g=2$，$\sigma=0.5$。改变过度自信参数的取值对系统策略演化过程进行仿真和对比分析，如图4-2所示。

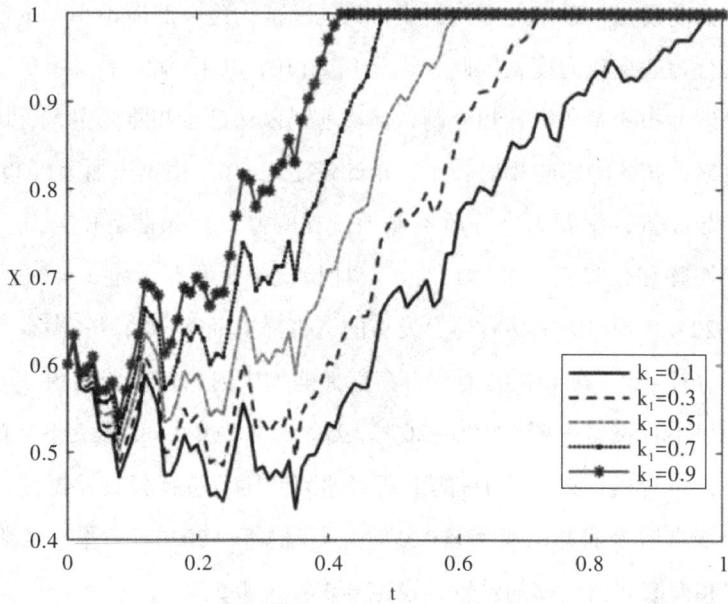

（a）过度自信对平台的影响

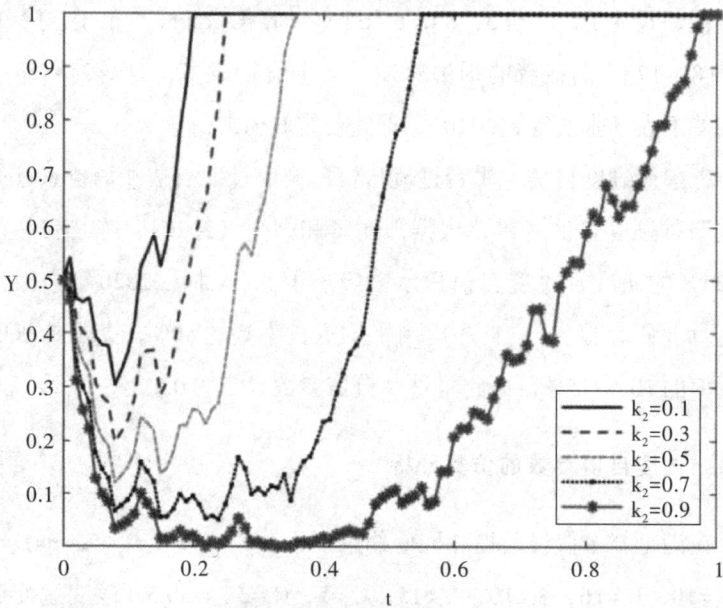

（b）过度自信对商家的影响

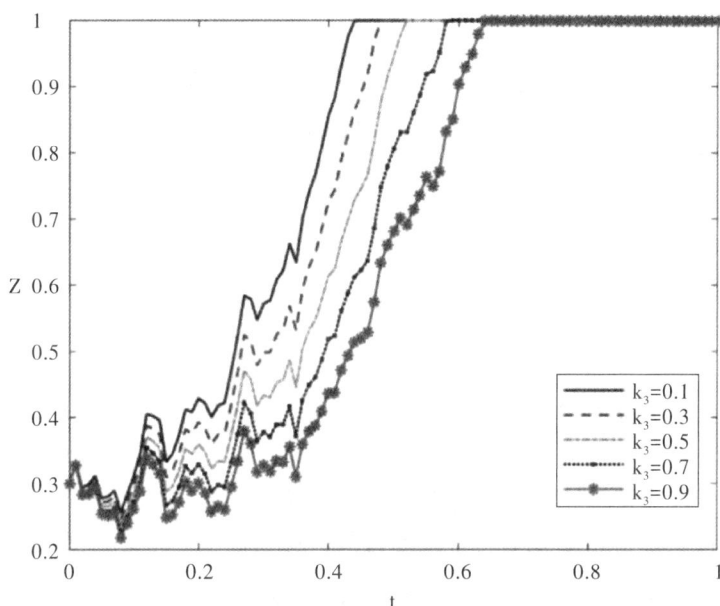

（c）过度自信对消费者的影响

图4-2　过度自信参数对主体策略选择的影响

可以看出，平台企业的过度自信对其积极监管策略选择有正向影响，商家的过度自信对其自律策略选择有负向影响，消费者的过度自信对其监督策略选择有负向影响。由实验结果可知，平台、商家和消费者的过度自信都会影响其策略选择。这与实际情况相符，以平台为例，据2020年第3季度和第4季度的直播带货销售额数据，淘宝占比44%~55%，抖音占比16%~24%，但同期淘宝的投诉量更少，说明规模大的平台对其监管能力更自信，也更倾向于采取积极监管策略。另外，据全国12315平台2020年前三季度统计数据，在针对网络购物的投诉中，单价较高的首饰类的投诉最多（2 749件），远超销售最多的服装鞋帽类（1 643件），在高额收益诱导下，商家更倾向消极监管策略。

因此，上级主管部门可以尝试通过影响参与主体的过度自信水平来提高监管效率。具体而言，对平台，可以积极推动科技监管和数据共享，以增强平台监管能力自信；对商家，应注意控制舆论导向，重视声誉效益，将流量向信誉良好的商家倾斜。当前，在评价标准缺失的情况下，商家的知名度和流量支持往往也主要与业绩挂钩，容易激发商家的机会主义行为。此外，还可以通过帮助商家降低运营成本来降低商家的违规动机。对消费者，适度增加消费者监督奖励，减轻消费者监督成本，也有助于减轻消费者成本自信。

4.4.2 扰动强度的仿真分析

图 4-3、图 4-4、图 4-5 和图 4-6 分别为无过度自信、平台过度自信、商家过度自信和消费者过度自信四种场景下，扰动强度系数 δ 变化对主体策略选择的影响。由实验结果可知：

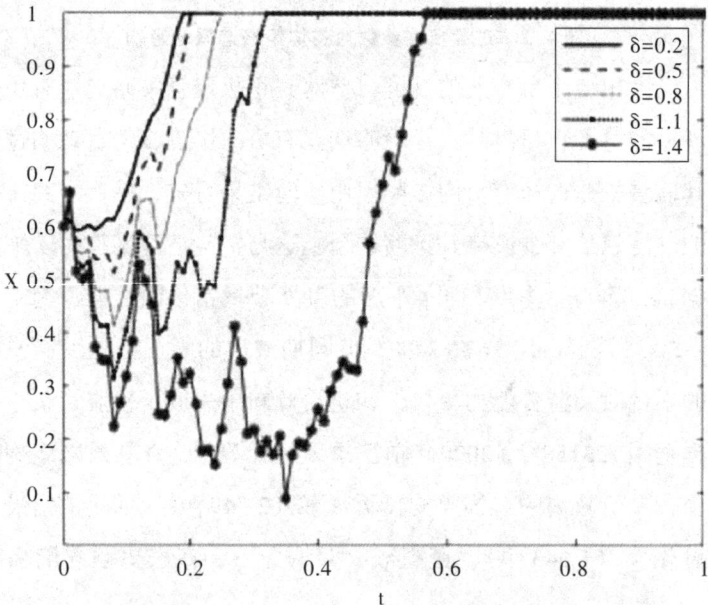

（a）扰动对平台的影响

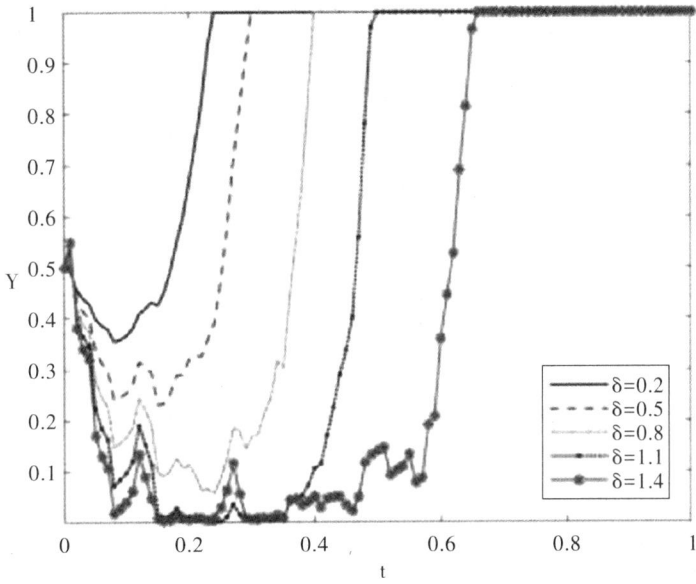

（b）扰动对商家的影响

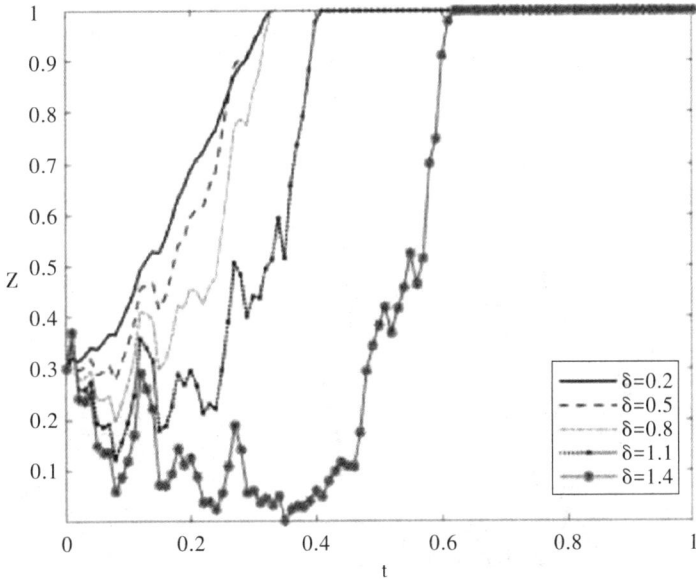

（c）扰动对消费者的影响

图4-3 无过度自信下扰动强度对主体策略选择的影响

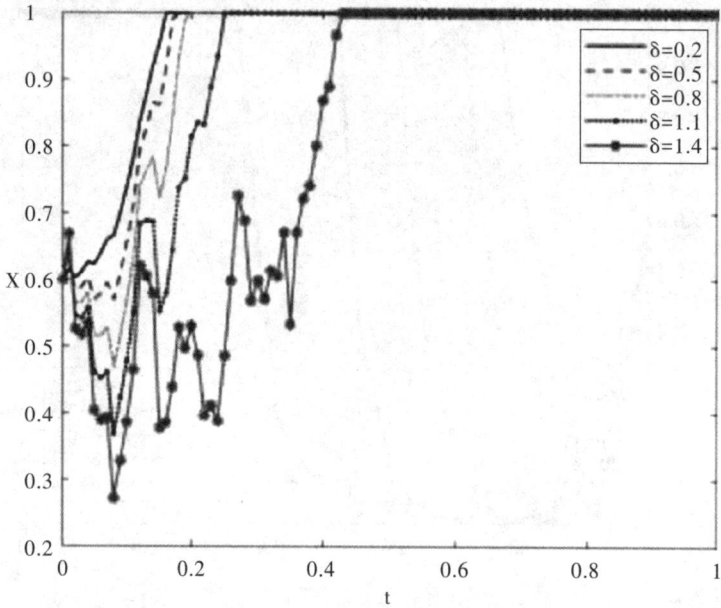

（a）扰动对平台的影响

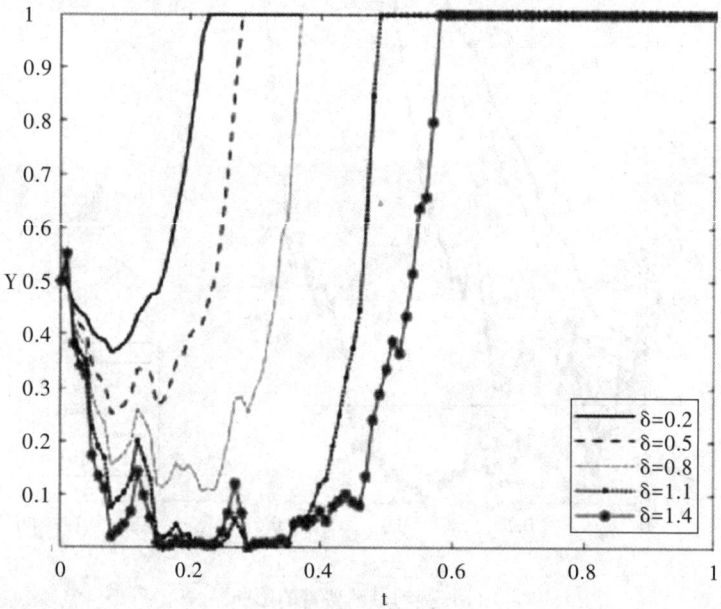

（b）扰动对商家的影响

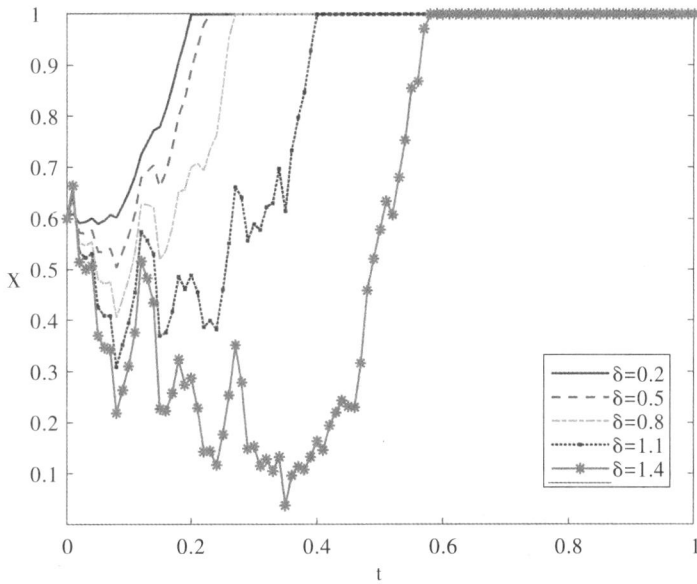

（c）扰动对消费者的影响

图4-4　平台过度自信下扰动强度对主体策略选择的影响

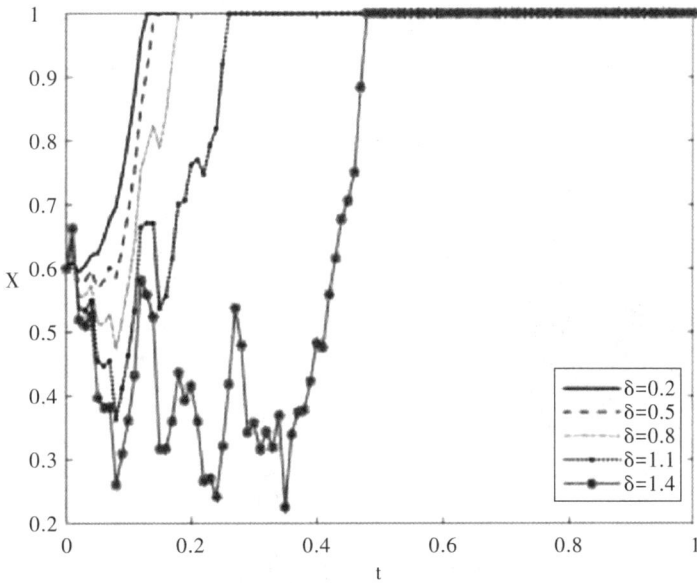

（a）扰动对平台的影响

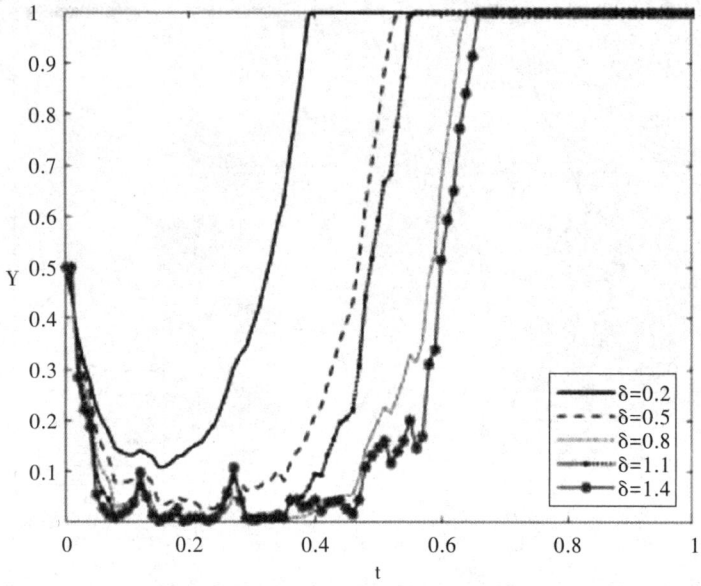

（b）扰动对商家的影响

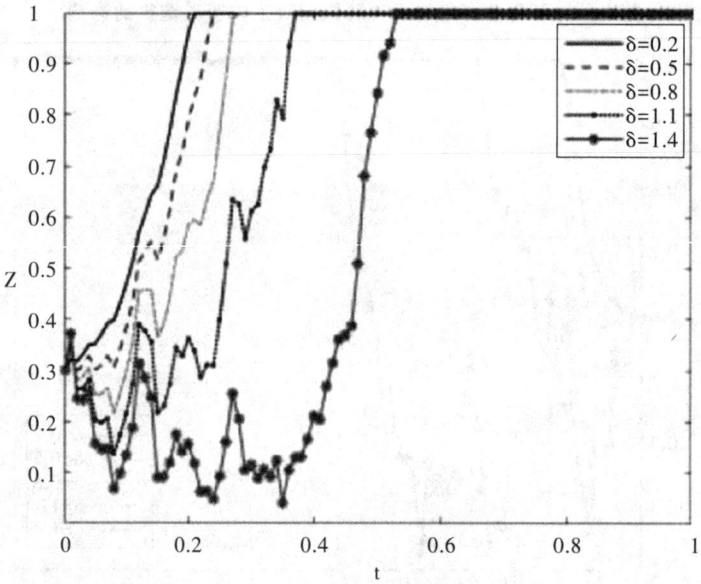

（c）扰动对消费者的影响

图4-5　商家过度自信下扰动强度对主体策略选择的影响

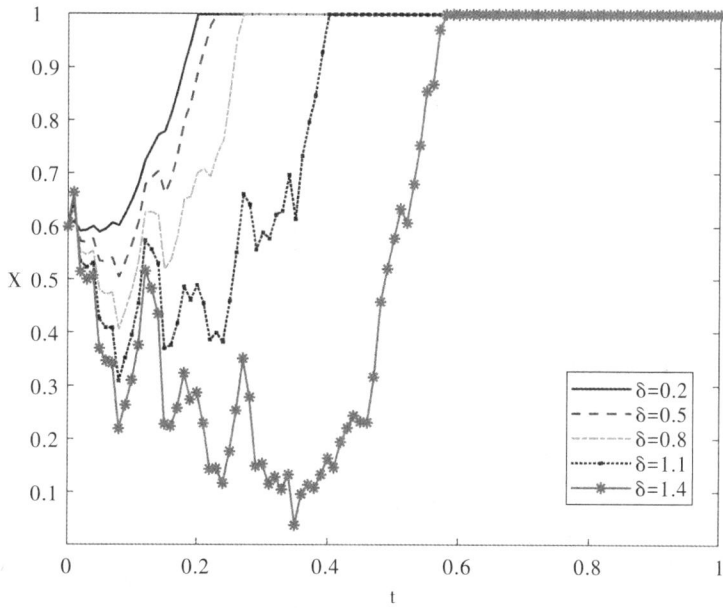

（a）扰动对平台的影响

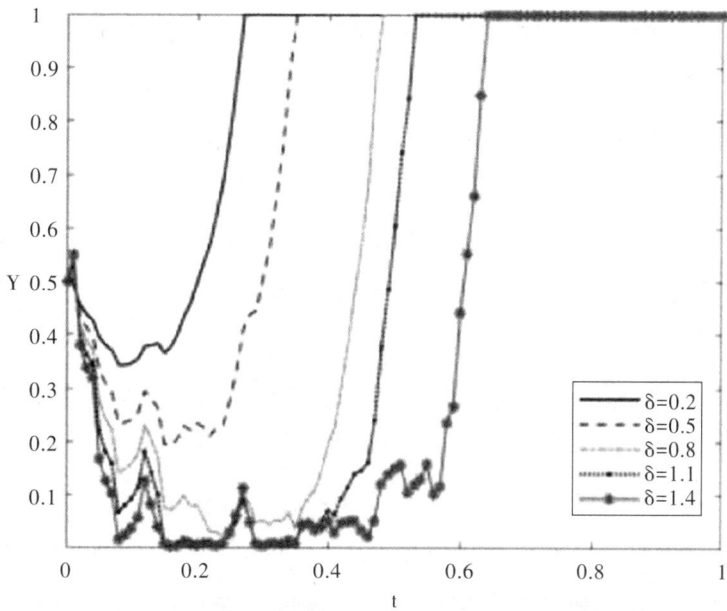

（b）扰动对商家的影响

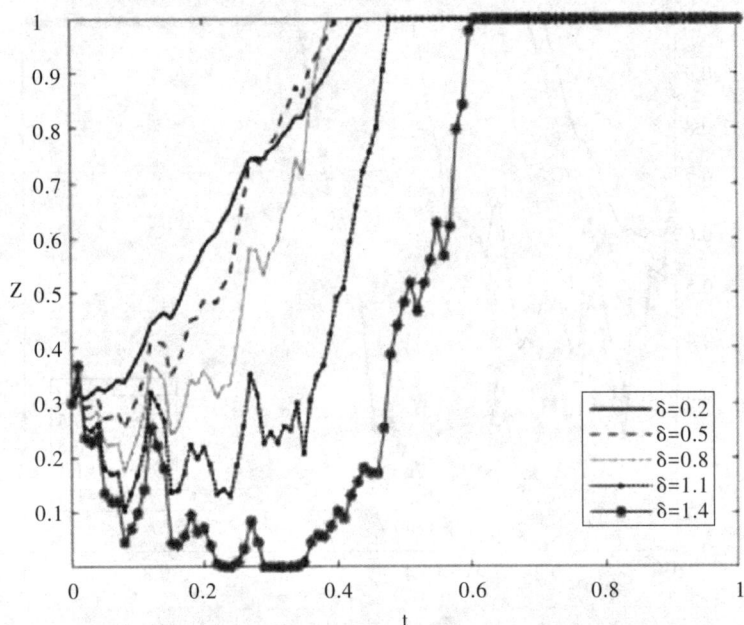

（c）扰动对消费者的影响

图4-6　消费者过度自信下扰动强度对主体策略选择的影响

（1）在随机干扰因素影响下，平台、商家和消费者的策略选择均呈现出一定幅度的波动，且扰动强度越大，波动幅度越大，收敛速度越慢。说明环境的不确定性会对主体策略选择产生不利影响。当前，电子商务相关法规政策还不完善，现有的平台监管技术也难以适应平台电商监管需要，这些因素都增加了平台电商信用监管的不确定性和监管难度。

（2）参与主体的过度自信降低了随机扰动的负向影响，即无过度自信场景下随机扰动的影响最为显著。具体而言，对平台，随着扰动强度增加（从0.2增加至1.4），平台演化至积极监管状态的时间增加，且无过度自信场景下增加最为显著（从0.19增加至0.55），而在平台过度自信场景下收敛时间增加最少（从0.16增加至 0.42）。

同理，对商家，无过度自信场景下收敛时间增加最显著（从 0.24 增加至 0.65），商家过度自信场景下收敛时间增加最少（从 0.39 增加至 0.65）；对消费者，无过度自信场景下收敛时间增加最显著（从 0.33 增加至 0.62），消费者过度自信场景下收敛时间增加最少（从 0.44 增加至 0.6）。

4.4.3 效用参数的仿真分析

1. 声誉机制对主体策略选择的影响

电子商务环境下，网络口碑以互联网为传播载体，信息来源广，传播范围大，反应速度快，这使得声誉机制可以在很大范围内发挥作用。图 4-7 为声誉效益变化对主体策略选择的影响。

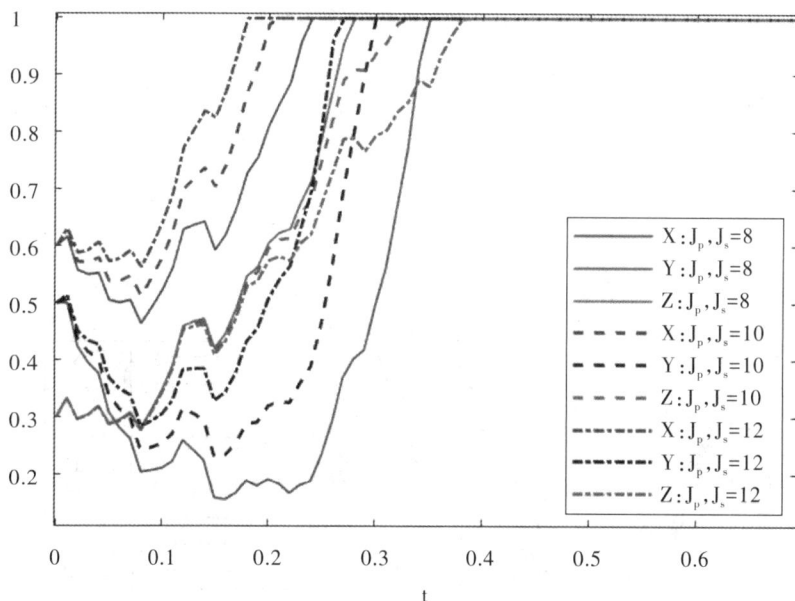

（a）无过度自信场景下

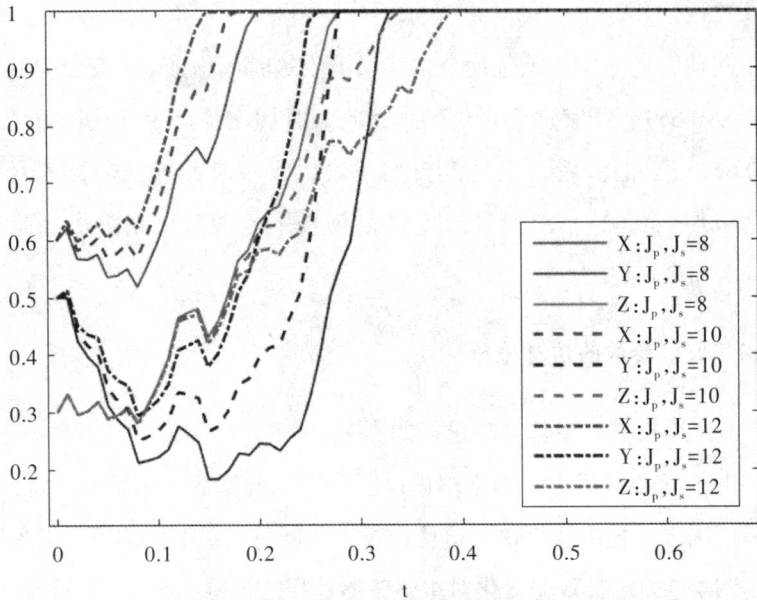

（b）平台过度自信场景下

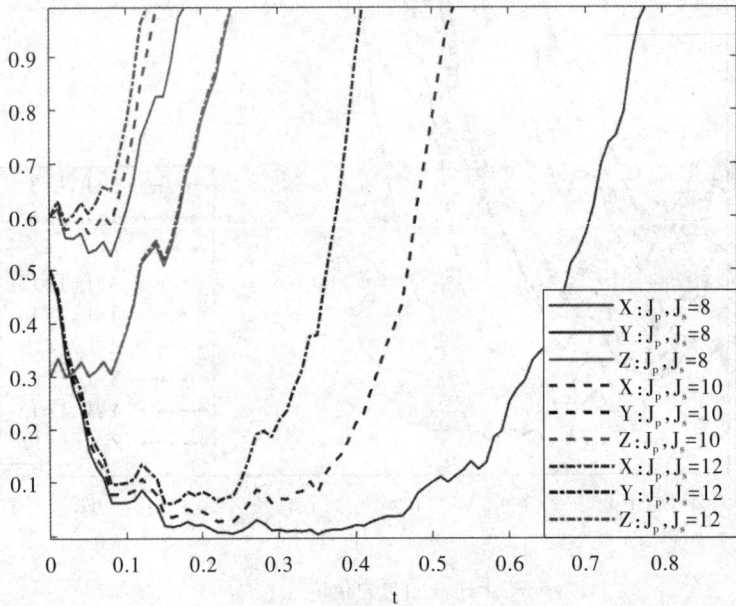

（c）商家过度自信场景下

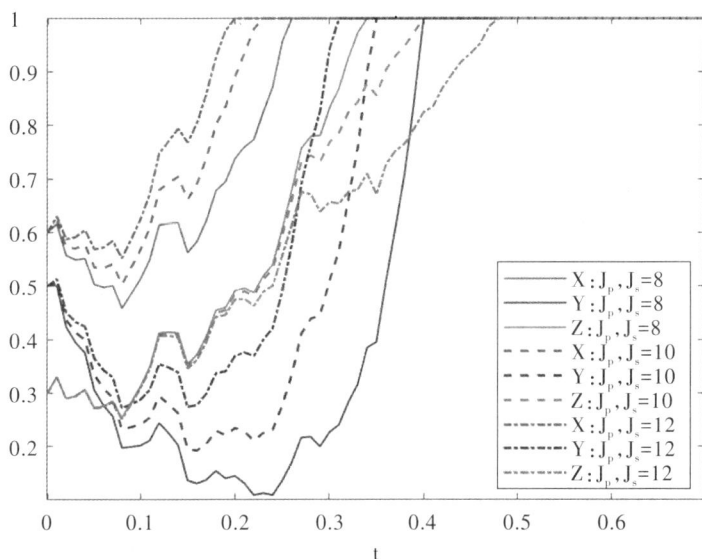

（d）消费者过度自信场景下

图4-7 声誉机制对主体策略选择的影响

由实验结果可知，声誉机制对不同场景下的平台和商家均能产生有效的激励作用，且对商家的影响更显著。随着声誉效益增加，平台和商家的演化速度加快，而消费者的监督策略选择概率因与商家自律概率负相关，演化速度降低。

实践中，完善的声誉机制，不仅影响交易过程，甚至可以成为交易的先决条件，但声誉机制的完善不仅依赖于足够信息量的真实反馈，还面临数据造假、声誉操纵等问题。目前主要通过科技与制度相结合的方式推进信用评价，一方面，利用大数据、区块链等科技手段赋能信用监管，如区块链取证APP"市监保"的推出有效解决了信用监管中的数据取证难题。另一方面，通过激励和惩戒机制促进信用体系建设，如跨平台联合建立黑名单制度，同时，可以给予声誉较好的商家流量支持和保证金减免，通过补贴或奖励的形式激励消费者和第三方机构积极参与监督与反馈等。

2.奖励机制对主体策略选择的影响

图4-8是奖励力度变化对主体策略选择及均衡状态的影响。从中可见：①奖励力度越大，平台越倾向于选择消极监管策略，而商家和消费者越倾向于选择自律策略和监督策略；②在无过度自信、平台过度自信和消费者过度自信场景下，奖励力度增加对消费者的影响更显著，而在商家过度自信场景下，奖励力度增加对商家的影响更大。

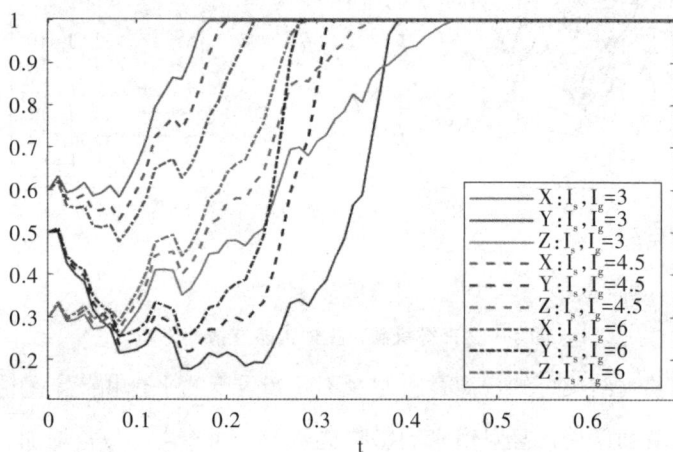

（a）无过度自信场景下

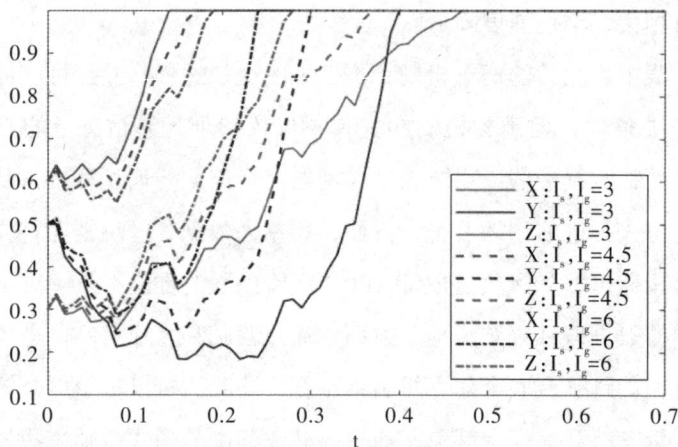

（b）平台过度自信场景下

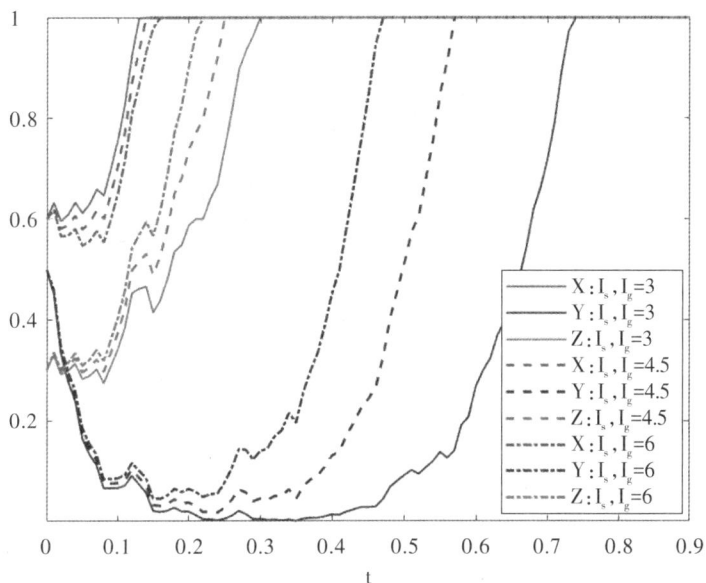

（c）商家过度自信场景下

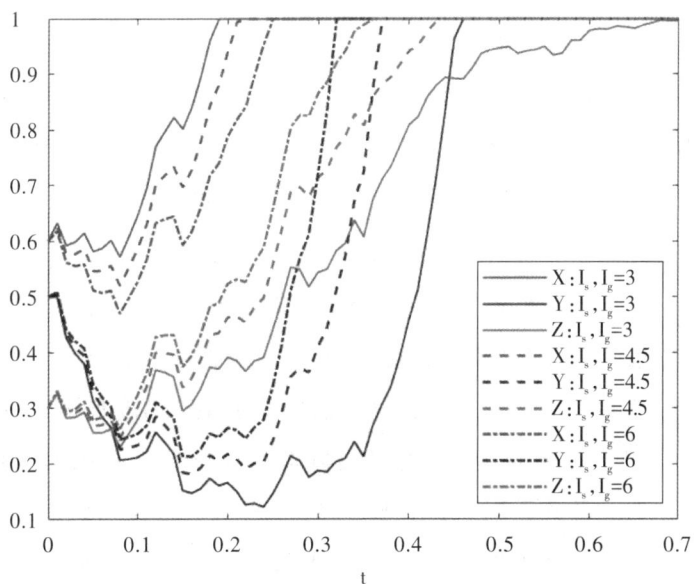

（d）消费者过度自信场景下

图4-8 奖励力度对主体策略选择的影响

实验结果表明，奖励机制对主体策略选择的影响呈现方向性和程度性差异，虽然奖励力度增加对商家和消费者的策略选择具有正向影响，但过大的奖励力度也会使平台面临较大的治理压力，减少其积极监管意愿。现实中，不乏因补贴力度过大致使资金链断裂，进而倒闭的平台，如淘集集等。因此，多数平台倾向于采取较保守的奖励机制，如快手根据抽取到的店铺佣金设立"商户成长奖励金"，相当于用商家的钱去奖励商家。另外，平台对消费者的监督奖励一般是短期的，如快手平台2020年9月启动的用户举报激励活动持续2周时间。因此，可以结合商家性质来实施奖励政策，一方面充分发挥奖励机制对过度自信商家的积极作用；另一方面，在无过度自信、平台过度自信和消费者过度自信场景下，将奖励力度向消费者倾斜，通过促进消费者监督来间接促进商家采取自律策略，可以在缓解平台治理压力的同时提升监管效果。

3.惩罚机制对主体策略选择的影响

目前，平台企业（如淘宝、快手等）对商家的惩罚主要以风险保证金为主，在一般违规情况下，商家可以通过缴纳保证金来代替扣分。图4-9是保证金扣除力度变化，也即平台对商家的失信惩罚对主体策略选择的影响。从图中可看出：

（1）当保证金扣除力度 F_s 增加时（从10增加至20），平台和商家的演化速度加快，说明在一定范围内，惩罚机制对不同场景下的商家均能产生有效的激励作用；但是，当保证金扣除力度 F_s 进一步增加到30时，平台和消费者的演化速度降低，这与崔萌（2020）的结论一致，这种"监管困局"的出现是因为当平台对商家的罚金过高时，容易使平台过于重惩罚而减少自身的监管努力和监管激励。同时由于平台在监管系统中处于主导地位，激励机制的减少进一步抑制了消费者的监督意愿。

（2）在商家过度自信场景下，惩罚机制对平台和商家影响更显著。实验结果表明，可以结合商家性质因地制宜地出台更为详细的惩罚细则来约束商家行为，重点加强对过度自信水平高的商家的惩罚力度。

实践中，惩罚机制是一种有效的约束手段，其内在逻辑是因为随着保证金扣除力度增加，平台的监管收益和商家的违规成本也随之增加，能有效激发平台的积极监管意愿和商家的自律意愿。但罚金过高时，容易使平台过于重惩罚而减少自身的监管努力和监管激励，如拼多多对商家的10倍惩罚曾饱受诟病。另外，部分商家为了规避惩罚甚至威胁消费者删除差评，影响消费者对平台和商家的信任。因此，需要结合商家性质，重点加强对监管难度大、投诉率高的商家的惩罚力度。如淘宝规定，根据商家违规程度和违规次数的不同，收取不同额度的风险保证金，以增加高过度自信商家的违规成本，遏制其机会主义行为。

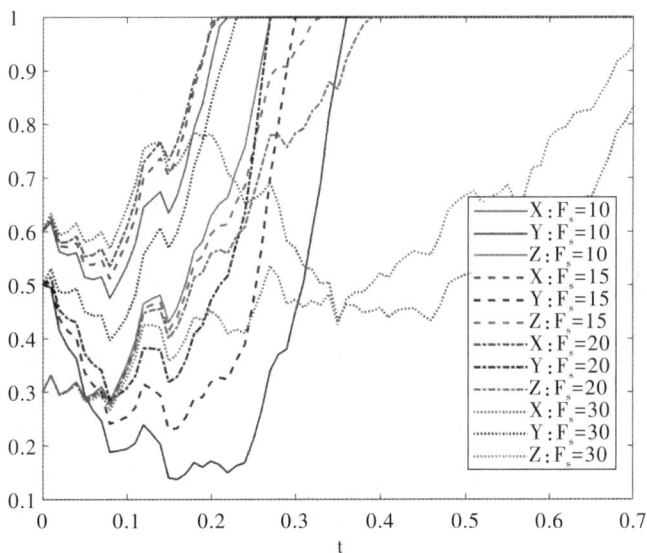

（a）无过度自信场景下

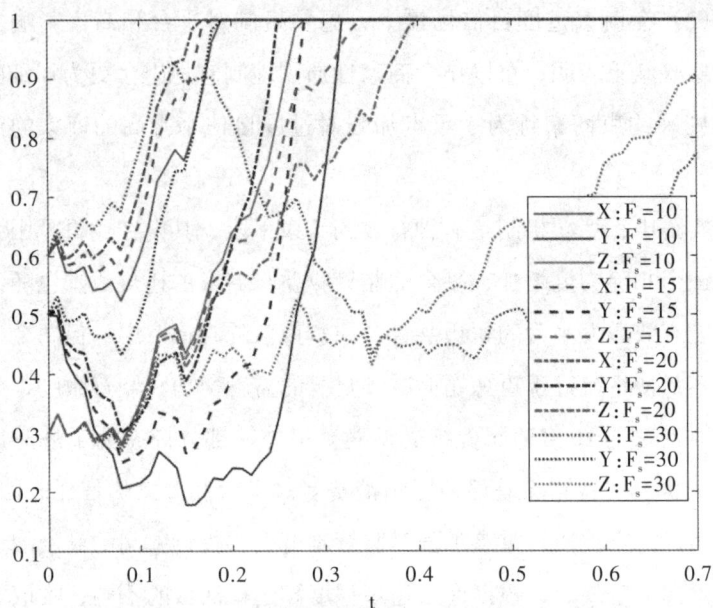

（b）平台过度自信场景下

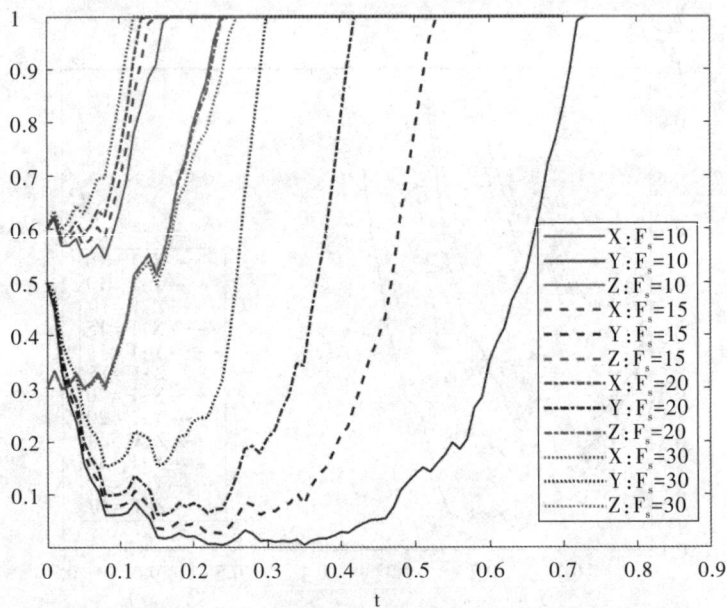

（c）商家过度自信场景下

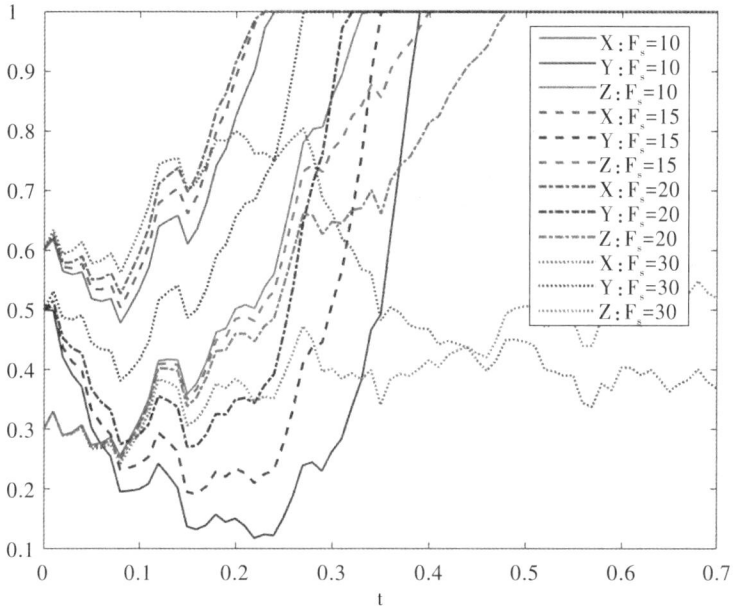

（d）消费者过度自信场景下

图 4-9　保证金扣除力度对主体策略选择的影响（失信惩罚）

图 4-10 是政府监管力度变化对主体策略选择的影响。可以看到，对平台而言，随着政府惩罚力度的增加，平台选择积极监管策略的收敛速度加快，且图 4-10 中的增加幅度高于图 4-9 中的增加幅度，说明强化失职惩罚比增加失信惩罚对平台的影响更大。对商家而言，政府惩罚力度增加对商家的自律策略选择也有一定的正向影响，但影响程度明显低于图 4-9 所示失信惩罚对商家的影响程度，这与王勇等（2020）的结论是一致的，当平台监管成功率高于政府的情况下，平台企业私人监管下的商品质量将高于政府公共监管的质量水平，说明在平台电商信用监管过程中，应强化平台监管职责。

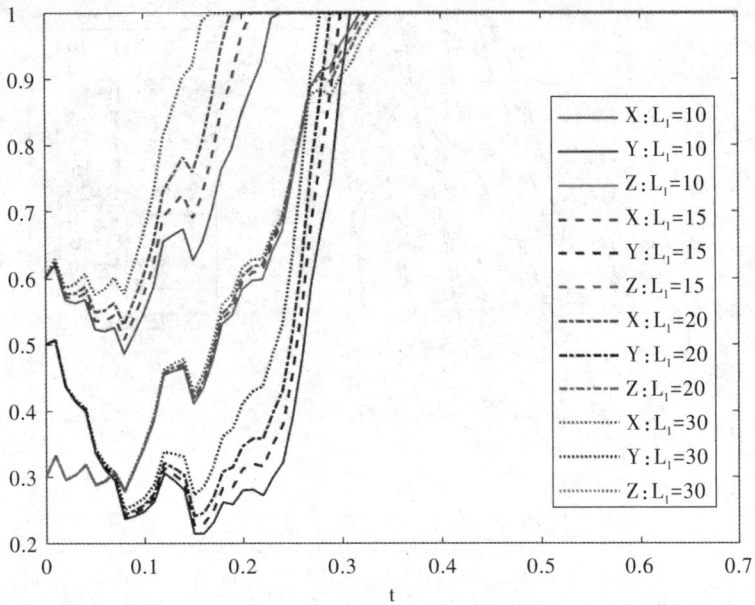

（a）无过度自信场景下

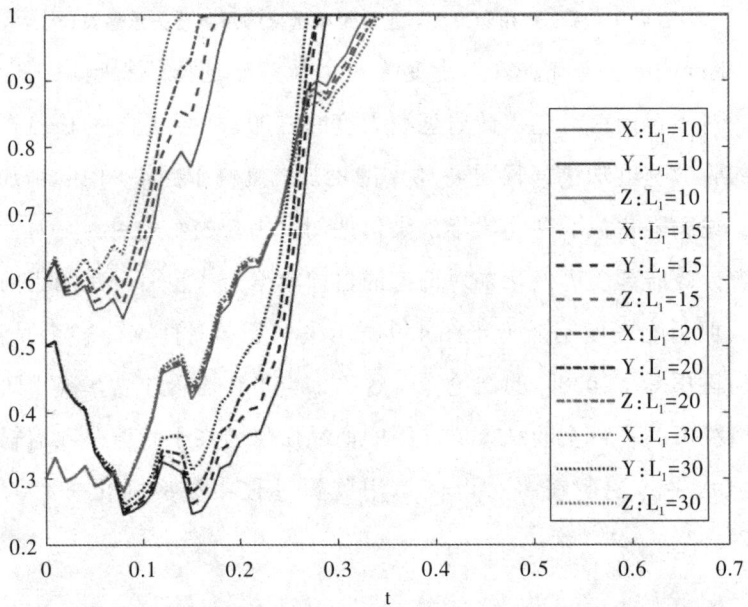

（b）平台过度自信场景下

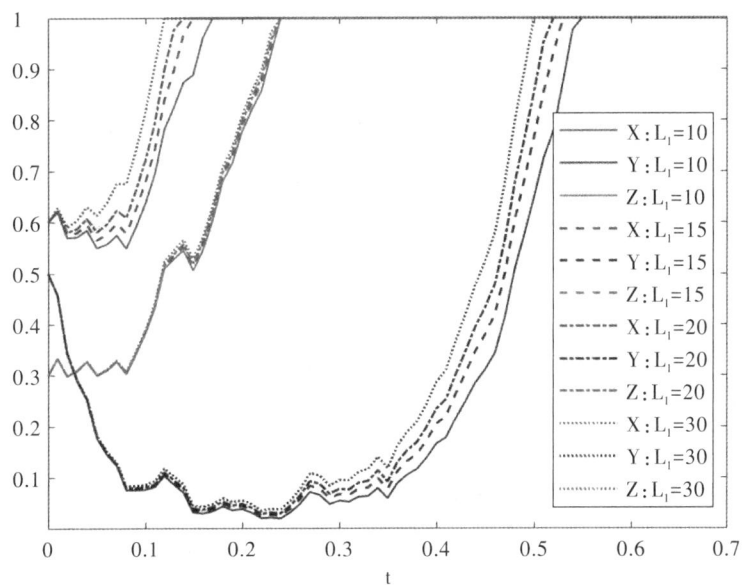

（c）商家过度自信场景下

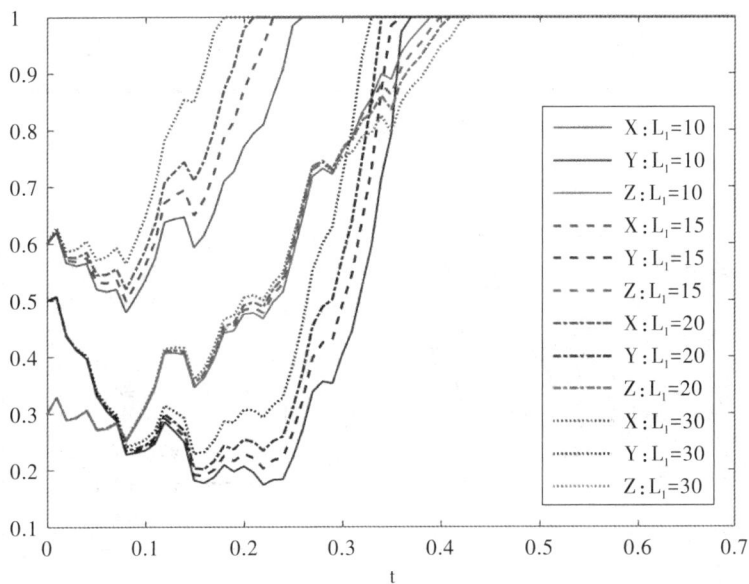

（d）消费者过度自信场景下

图4-10 政府惩罚力度对主体策略选择的影响（失职惩罚）

由此可见，对于平台电商信用监管而言，需在增加对商家失信惩罚的同时强化对平台的失职惩罚。一方面，平台对商家的失信惩罚机制是影响商家自律策略选择的关键因素，这也进一步说明，在平台监管过程中，需要强化平台的监管责任；另一方面，在没有政府强有力约束下，平台企业可能出现重惩罚而轻监管的行为倾向，说明政府的规制同样意义重大。在实践中，需要通过政策工具的协同来实现更有效的监管。

4.成本对主体策略选择的影响

成本是影响平台监管行为和消费者监督行为进而影响商家自律行为的重要参数。从图4-11中可以看出，当监管成本和监督成本降低时，平台、商家和消费者的演化速度增加，且当消费者损失感知较小时，降低成本对消费者影响更大。实验结果表明，降低监管成本和监督成本能有效激发平台的积极监管意愿和消费者的监督意愿，应重点控制并改善消费者监督成本。同时还要注意交易额度对消费者监督意愿的影响。

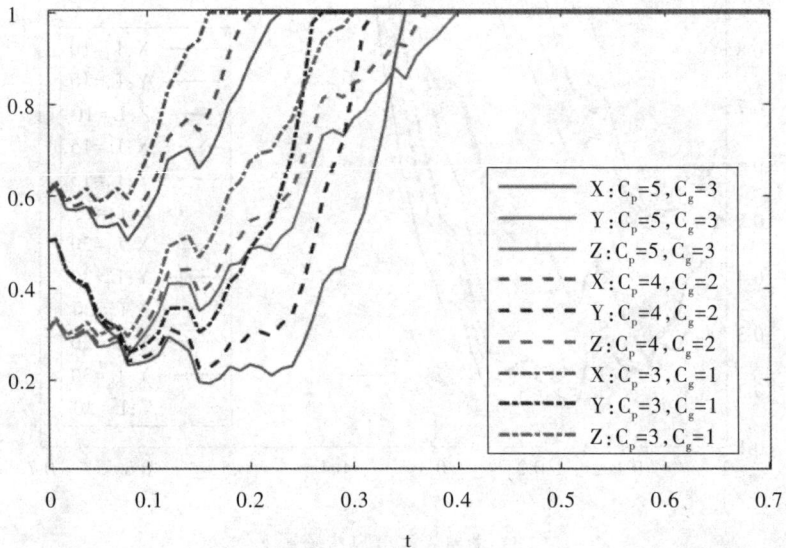

$X: C_p=5, C_g=3$
$Y: C_p=5, C_g=3$
$Z: C_p=5, C_g=3$
$X: C_p=4, C_g=2$
$Y: C_p=4, C_g=2$
$Z: C_p=4, C_g=2$
$X: C_p=3, C_g=1$
$Y: C_p=3, C_g=1$
$Z: C_p=3, C_g=1$

（a）无过度自信场景下

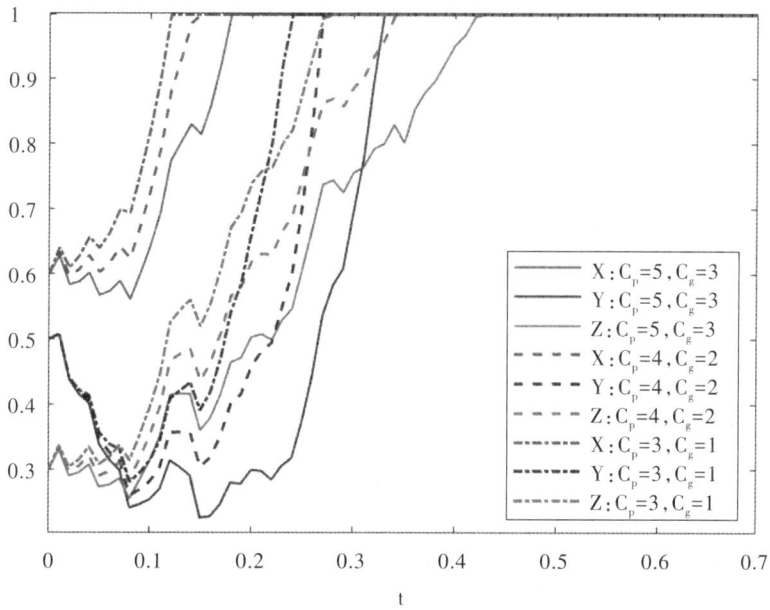

（b）平台过度自信场景下

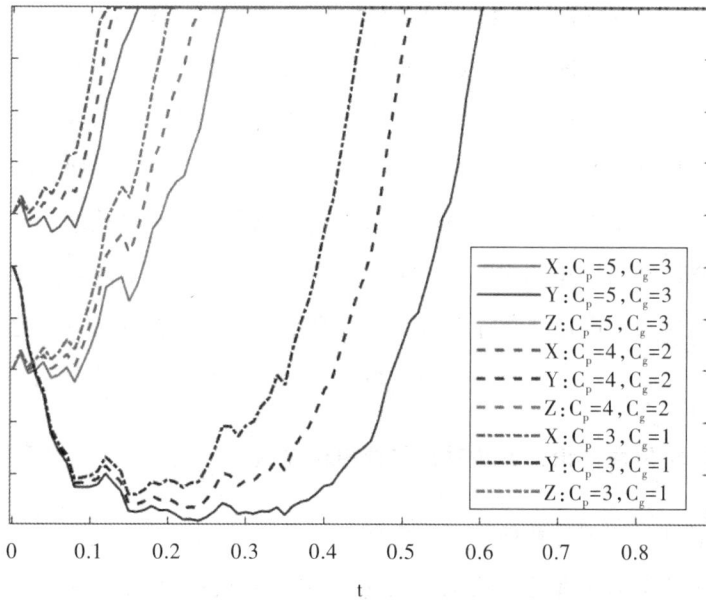

（c）商家过度自信场景下

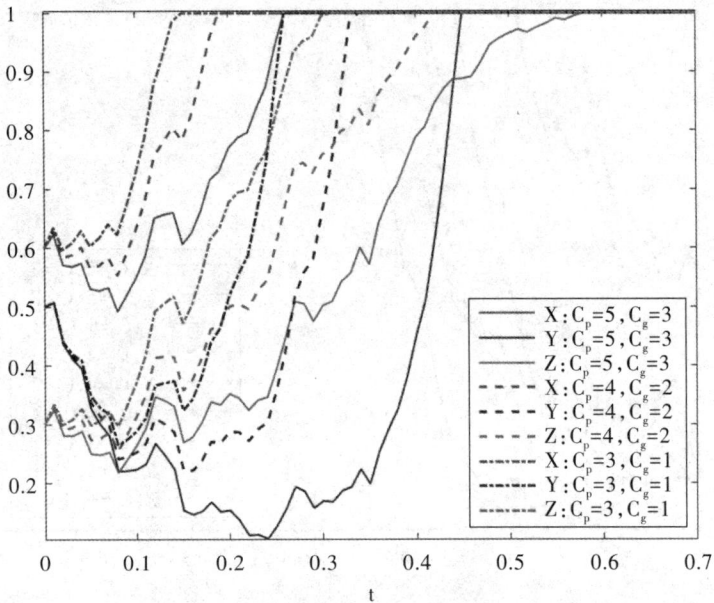

（d）消费者过度自信场景下

图4-11　监管成本和监督成本对主体策略选择的影响

目前，政府部门一般通过税收优惠的方式给予平台补贴，这一方面在一定程度上帮助平台降低了成本，使平台更倾向于采取积极监管策略。另一方面，平台或者上级主管部门还应努力建立便捷、高效的消费者投诉反馈机制，以降低消费者监督成本。如网经社电子商务研究中心运营有"电诉宝"、电商"3·15曝光台"、"电子商务法律求助服务平台"、"电商法规库"等业内知名平台，就是在这一方面的积极尝试。

4.4.4　扩展性讨论：参数对比与调控优先级

通过对关键参数仿真可以发现，在不同过度自信场景下，效用参数对主体策略选择的影响呈现不同形态。但上述分析主要从定性的角度进行分析，要直观反映参数变化对主体策略选择的影响程度，提出监管政策的调控优先级，还需从定量角度对比分析不同参数的影响程度。

李军强等（2020）基于演化博弈模型仿真结果，提出了量化分析方法和政策优化思路，可以为本章研究提供借鉴。李军强等（2020）根据策略选择的收敛速度和变化程度来比较分析效用参数变化对演化过程的影响。其中，对比参数取值不同时策略选择概率首次达到1时对应的 Time 值差值，作为判断收敛速度的依据。对比策略选择比例的最高值与最低值的"峰值差"，作为判断策略变化程度的依据。

由于本书中信用监管的根本目的是促进商家自律，因此，这一节重点考察不同参数取值下商家的演化状态（见表4-2）。并且，关于惩罚机制，据4.4.3的分析可知，增加失信惩罚比强化失职惩罚对商家影响更显著，因此，在这一节中，主要考虑对商家的失信惩罚。另外，根据4.4.3的仿真结果，测算发现当 t=0.24 时，峰值差显著，可据此判断博弈主体的策略变化程度，因此，在测算商家自律策略选择概率的峰值差时，取 t=0.24。

表4-2　　　　　　　　不同参数取值下的演化状态

讨论变量	参数取值变化	商家自律策略选择概率首次达到1时对应的 Time 值差值				商家自律策略选择概率的峰值差（t=0.24）			
		无过度自信	平台过度自信	商家过度自信	消费者过度自信	无过度自信	平台过度自信	商家过度自信	消费者过度自信
声誉	J_p, J_s ↑	0.09	0.08	0.55	0.11	0.4539	0.5143	0.0746	0.316
奖励	I_s, I_g ↑	0.11	0.14	0.38	0.14	0.2986	0.56	0.054	0.1551
惩罚	F_s ↑	0.09	0.09	0.50	0.08	0.5412	0.5296	0.0738	0.2735
成本	C_p, C_g ↓	0.07	0.10	0.32	0.23	0.3502	0.4718	0.02	0.3888

根据效用参数对演化过程的影响程度设置调控优先级，则有：①无过度自信场景下，从策略选择的收敛速度来看，奖励机制的影响更显著，其次是惩罚机制、声誉机制和成本；从策略选择的变化程度来看，惩罚机制对商家的影响更大，其次是声誉机制、成本和奖励。因此，综合两方面的影响来看，奖励机制和惩罚机制相结合监管效果更好。②平台过度自信场景下，从策略选择的收敛速度和变化程度来看，奖励机制的影响均是最显著的，即在平台过度自信场景下奖励机制的调控优先级更高。③按照类似的逻辑，商家过度自信场景下，惩罚机制的影响最显著，调控优先级更高。④消费者过度自信场景下，监管成本和监督成本的作用效果更明显，调控优先级更高。

4.5 研究结论与管理启示

基于上述仿真分析，可以得出以下结论：

（1）商家的自律策略选择与平台的监管力度和消费者参与度紧密相关，提高平台的积极监管概率和消费者的监督概率，可以促进商家采取自律策略。可以通过提高平台声誉效益和失职惩罚力度、降低监管成本，将奖惩力度控制在合理范围内，提高平台积极监管时的收益，强化平台积极监管行为。对商家来说，通过提高声誉效益、自律奖励力度和失信惩罚力度，能够增加商家自律收益，加大违规成本，促进商家选择自律策略。对消费者，降低监督成本的同时增加监督奖励，有助于提高消费者参与度。

（2）平台企业的过度自信对其积极监管策略选择有正向影响，商家和消费者的过度自信对其自律策略选择和监督策略选择有负向影响。究其原因，参与主体的过度自信影响其预期收益，平台对监管能力水平的过度自信会使其高估监管成功概率以及积极监管收益。而商家对违规收益的过度自信使商家过高估计违规超额收益，从而激发商家的机会主义行为。消费者对监督成本的过度自信则使消费者的感知成本偏高，导致监督意愿降低。

（3）随机扰动对平台、商家和消费者的策略选择均有负向影响，扰动强度越大，波动幅度越大，收敛速度越慢，且在无过度自信场景下影响更显著。究其原因，平台过度自信的正向影响能够部分中和随机扰动的负向影响；而在商家过度自信和消费者过度自信场景下，过度自信和随机扰动同时对主体行为决策产生负向影响，致使随机扰动的影响程度相对降低。

（4）从影响商家自律策略选择的演化速度和变化程度来看，无过度自信场景下，奖惩相结合监管效果更好；平台过度自信场景下，奖励机制的调控优先级更高，商家过度自信场景下，惩罚机制的调控优先级更高；消费者过度自信场景下，降低监管成本和监督成本的效果更好。这说明应根据参与主体的性质实施分类监管，精准施策，以提高监管效率。

根据研究结论，可以得到如下管理启示：

（1）上级主管部门可以尝试通过影响参与主体的过度自信水平来提高监管效率。对平台而言，可以积极推动科技监管和数据共享，以增强平台监管能力自信；对商家而言，应重视声誉效益而避免对带货金额的过度宣传。另外，还可以通过治理天价坑位费和高额佣金等方式，帮助商家降低成本，降低商家的违规动机。对消费者而言，适度增加消费者监督奖励，减轻消费者监督成本，也有助于减轻消费者成本自信。

（2）应尽快补齐法律制度短板，规范平台监管流程，明确权责关系，尽量减少外部环境的不确定性。同时，演化结果还表明扰动强度对主体决策的影响程度还与过度自信程度相关，说明在制定监管政策时，需要结合交易场景和主体类型来综合考虑。

（3）从长期视角来看，可通过多方面措施的齐抓共管实现预期监管目标，如强化声誉效应、完善奖惩机制、降低监管成本，保护消费者合法权益，维护诚信市场环境。从短期视角来看，主管部门可基于交易规模、主体过度自信水平和效用参数影响程度的不同，以影响主体策略选择的收敛速度和变化程度为调控目标设置监管路径与调控优先级，在实现监管目标的同时提高监管效率。

（4）根据不同过度自信场景进行分类监管，即根据主体类型和应用场景的不同设置不同的监管优化路径，精准施策。通过将多元主体协同监管与分类精准监管相结合，满足不同场景需求，实现监管效率的有效提升。

4.6 本章小结

平台电商在快速繁荣的同时也面临着信任危机。如何实现对平台电商的科学有效监管，促进平台经济健康发展，成为亟待解决的关键问题。本章探究了随机扰动、过度自信程度、效用参数变化对监管系统演化结果方向性和程度性影响，从微观机制层面探究了监管主体的行为动机和演化机理，根据效用参数对演化过程的影响程度提出了不同过度自信场景下的调控优先级。

5

平台电商信用监管的随机突变分析

　　根据第4章的研究可知，平台电商信用监管的演化过程同时受到系统内部因素（过度自信程度、奖励力度、惩罚力度等）和外部环境（随机扰动）的影响，导致监管主体的策略选择产生波动，这些波动表现出非线性特征，如随着失信惩罚力度的增加，平台策略选择出现急剧变化，又或监督成本的微小改变导致消费者监督策略选择出现较大波动。目前，平台监管演化中的非线性变化逐渐引起重视，黄新华和赵荷花（2020）指出，在内生动力和外在压力的影响下，监管政策的变迁过程具有短期间断突变现象。邓春生（2020）以P2P平台监管为例，指出在监管机构、平台、公众多方主体参与的情况下，监管过程具有非线性演化特征。在实践中也存在类似现象，例如滴滴与优步中国合并一年后，投诉比例相较于合并前的2015年突然提升8.5倍，对于类似现象，传统的演化博弈模型很难解释。而许多研究表明Thom提出的突变论（Thom，1972）适用于分析具有非线性、突跳等特征的现象、行为和系统。如，徐岩和胡斌（2012）将突变理论和演化博弈相结合，分析了战略联盟演化的非线性特征。姜凤珍和胡斌（2019）采用演化博弈和突变论研究劳资冲突问题。

　　因此，本章引入突变论，研究信用监管非线性演化机制，以克服博弈模型局限性，并期望能通过突变论这一全新视角来解释平台电商信用监管的非线性演化现象，以及分析这种变化的内在机制。首先，本章运用博弈思想建立了平台信用监管动态演化模型，在此基础上引入白噪声刻画随机扰动对监管策略的影响；借助突变论探讨信用监管决策中的突变性问题，从理论层面论述信用监管突变现象产生的原因、临界条件和突变过程，为控制平台电商信用监管突变提供可靠的理论依据。

5.1　问题描述与模型假设

第4章考虑了由政府、平台、商家和消费者构成的信用监管系统，从理论上分析，在多方因素的影响下，不同主体的策略选择过程均具有非线性特征，都可能出现突变，但不同主体策略选择的影响因素不同，应加以区分并进行针对性分析。由第4章研究可知，平台在信用监管中占据主导地位，其积极监管概率和奖惩机制是影响商家自律策略和消费者监督策略的决定性因素，有必要优先对平台的监管行为进行分析。因此，这一章将从监管主体的层面探讨监管系统演化，并着重探讨平台的监管决策过程。

根据第4章的研究，平台的监管决策受到政府规制和消费者声誉激励的共同影响。根据付淑换和石岿然（2020）、王旭辉和任晓雪（2020）、卢安文和何洪阳（2021）的研究，平台企业和政府监管部门由于共同具有监管权限和执行能力，二者的行为决策相互影响，形成一个动态博弈的过程，消费者、媒体等社会主体则通过声誉激励间接影响政府和平台的监管策略。因此，本章将着重考虑政府和平台之间的博弈关系，构建政府和平台的演化博弈模型。另外，公众媒体作为独立于监管部门和平台企业的第三方，也是平台监管的直接受益者，通过声誉机制反向激励平台履行监管职能，是平台信用监管的有效补充。上级政府通过抽检和公众媒体举报的方式对监管过程进行监督，并结合惩罚策略规范主体行为。

5.2 平台电商信用监管演化的突变模型

5.2.1 信用监管演化的非线性突变分析

在数学中，突变是指由于系统控制变量的连续变化导致的系统的状态变量的均衡点的跳跃性变化。突变现象表现为：多模态性、突跳性、滞后性、不可达性和发散性。根据突变理论可知，当研究问题满足以上两种特征时，就可以考虑应用突变模型进行定性分析。

结合本书的研究来看，平台信用监管具有"多模态"和"突跳性"。①多模态。平台信用监管表现为"积极监管"或"消极监管"，且在两种状态之间转换。具体地，在新业务发展初期，为鼓励新模式新业态发展，往往采取宽松监管，也即消极监管策略。但是，随着新业态新模式的发展，一方面，新模式不可避免对传统商业模式带来冲击，发展面临阻力；另一方面，新模式的野蛮生长也往往导致平台乱象突出；同时，相应的法律法规也逐步健全，监管将逐步从"消极监管"进入"积极监管"状态，如直播电商、在线出行、网贷平台的发展均遵循这一规律。②突跳性。在网络环境下，信息传播速度更快，而众多的参与者也导致事件的演变更难以预期，监管决策的变化过程可能并不是渐进的，而是突然变化的，如滴滴和优步合并一年后，投诉率突然上升8.5倍。这种监管状态的改变过程也即本书所述的突变过程。可以看出，平台信用监管演化过程表明了多稳态和突跳性质的存在性，因此，本章将引入突变论描述平台电商信用监管非线性演化过程，并将结合突变模型进一步验证信用监管演化的"滞后性"和"发散性"。

5.2.2　信用监管演化的突变模型构建

本章主要从监管主体层面探讨信用监管系统的非线性演化机制。根据周德良和徐宏玲（2011）的研究，随着平台和政府监管部门之间的密切合作，如江苏省工商局分别与京东集团等国内大型电商平台签署战略协作备忘录，政府和平台之间逐渐形成平行监管关系，二者通过资源共享、分工合作和利益协调等方式来实现协同监管，都为问题的解决做出实际贡献，并对决策结果负责。可用对称博弈描述其博弈情形。

将监管部门和平台企业分别记为博弈方1和博弈方2，每一个博弈方有相同的策略集｛积极监管，消极监管｝，见表5-1。其中，b代表了监管主体选择积极监管策略时的收益，c是监管成本（包括人力和物力成本），p表示两个主体之间的协同度（$0 \leqslant p \leqslant 1$），根据王勇和陈美瑛（2020）的研究，当政府和平台协同度较高时，通过信息共享等可以降低监管成本，协同度越高，每个监管主体所分担的成本越小。d表示上级政府对消极监管行为的惩罚，q是上级政府单独监管时的监管成功概率（$0 \leqslant q \leqslant 1$），$\theta$表示公众媒体的参与度（$0 \leqslant \theta \leqslant 1$），用$\lambda$表示公众媒体参与下的监管成功概率，则有$\lambda = q + \theta(1 - q)$。w表示当两方监管主体均采取消极监管策略时，由于放松对商家的约束而带来超额收益，R表示因消极监管行为带来的潜在声誉风险，且公众参与度越高，声誉损失越大。

表5-1　　　　　**监管部门和平台企业的收益支付矩阵**

（政府，平台）	积极监管	消极监管
积极监管	b − c/(1 + p), b − c/(1 + p)	b − c, b − λd
消极监管	b − λd, b − c	b + w − λd − θR, b + w − λd − θR

用x表示监管主体采取积极监管策略的概率，用1−x表示监管主

体采取消极监管策略的概率。则监管主体采取监管策略时的期望收益是：

$$E_1 = x(b - c/(1 + p)) + (1 - x)(b - c) \qquad (5-1)$$

监管主体采取不监管策略时的期望收益是：

$$E_2 = x(b - \lambda d) + (1 - x)(b + w - \lambda d - \theta R) \qquad (5-2)$$

监管系统的整体收益为：

$$\overline{E} = xE_1 + (1 - x)E_2 \qquad (5-3)$$

监管主体的复制动态方程为：

$$F(x) = \frac{dx}{dt} = x(E_1 - \overline{E}) = x(1 - x)[(cp/(1 + p) + w - \theta R)x + \lambda d + \theta R - c - w]$$

$$(5-4)$$

令

$$\begin{cases} \alpha = \theta R - w - cp/(1 + p) \\ \beta = c + cp/(1 + p) - \lambda d + 2w - 2\theta R \\ \gamma = \lambda d + \theta R - c - w \end{cases} \qquad (5-5)$$

代入式（5-4）可得：

$$F(x) = \frac{dx}{dt} = \alpha x^3 + \beta x^2 + \gamma x \qquad (5-6)$$

式（5-6）给出了平台信用监管系统在确定条件下的演化描述。但是，根据第4章的分析可知，对于任何一个有多元主体参与的复杂系统而言，参与主体的决策行为必然受到各种内外部因素的随机干扰，其演化具有随机性。例如，平台可能受到短期超额收益驱使，采取消极监管策略。同时，也可能因为社会舆论的改变而在某一时期选取积极监管策略。因此，为了反映不确定性因素的扰动，与第4章类似，参考徐岩等（2011）、孙华丽等（2016）在随机演化博弈上的相关研究，引入白噪声反映随机干扰，将动力学（5-6）扩展为随机动力学。从而生成一个Ito形式的随机微分方程式：

$$dx = (\alpha x^3 + \beta x^2 + \gamma x)dt + \varepsilon(x)dw(t) \tag{5-7}$$

式（5-7）为一维的Ito随机微分方程，表示监管主体受到随机扰动的复制动态方程。其中，w(t)是一维的标准Brown运动，dw(t)表示高斯白噪声，刻画由多种微小因素造成的随机干扰，从宏观上反映了监管过程中的不确定性（徐岩等，2011）。当 t > 0 时，步长 h > 0，其增量 $\Delta\omega(t) = \omega(t+h) - \omega(t)$ 服从正态分布 $N(0, \sqrt{h})$，这使得式（5-7）构成了随机动力系统，与式（5-6）有本质不同。$\varepsilon(x)$ 为扩散系数，表示所受干扰强度。

传统的经典突变理论以系统固定取值的均衡点作为研究工具，它的研究对象就是形如式（5-6）的常微分方程。在式（5-7）的随机系统中，由于 x（t）被作为随机过程来处理，有无数种可能的演化轨迹，而非原来的由式（5-6）刻画的一条轨迹，因而研究单个点的静止态已经失去意义，必须从统计意义上进行说明（徐岩和胡斌，2012）。

假设随机系统中随机变量的初始值为 x_0，则式（5-7）在时间点 t 处的概率密度函数为：

$$f(r, t, x_0) = \frac{d}{dr}Prob\{x(t) < r | x(0) = x_0\} \tag{5-8}$$

用 V(x，g) 为系统势函数，g 表示控制变量，则：

$$V(x, c) = \int_{x_0}^{x}(\alpha r^3 + \beta r^2(t) + \gamma r)dr \tag{5-9}$$

式（5-7）可以写成如下随机突变模型表达式：

$$dx(t) = \frac{\partial V(x, g)}{\partial x}dt + \varepsilon(x)dw(t) \tag{5-10}$$

根据Cobb对随机突变理论的研究（Cobb，1978；Cobb，1980；Cobb，1981），随机过程 x（t）的概率密度在当 t 趋向于无穷大时，满足 $f(r, t, x_0) \to f^*$，则极限概率密度函数表达式为：

$$f^*(x) = N_a \exp[-V_{sto}(x)] \tag{5-11}$$

其中，$V_{sto}(x) = -2\int_a^x \dfrac{\dfrac{-\partial V(z, g)}{\partial z} - \dfrac{1}{2}[\varepsilon^2(z)]'}{\varepsilon^2(z)}dz \tag{5-12}$

式（5-11）中，a 为变量 x 状态空间内的任一点，N_a 为依赖于 a 的常数且不为 0，其作用是保证上式函数在状态空间中的积分为 1。$f^*(x)$ 不依赖于时间 t，定义为静态概率密度函数或者极限概率密度函数，它反映了随机过程 x（t）的统计表现。

此外，为方便运算，假设监管系统中所受到的扰动来源、强度或其他因素是一致的，所以将 $\varepsilon(x)$ 设为常数 ε，则式（5-11）可以简化为：

$$f^*(x) = N_a \exp\left[-2\int_a^x \dfrac{\dfrac{-\partial V(z, g)}{\partial x}}{\varepsilon^2}dz\right] \tag{5-13}$$

根据上式，可以得到以下两个结论：

定理 1：当 $\alpha \neq 0$，即 $\theta R - w - cp/(1+p) \neq 0$ 时，平台电商信用监管演化符合尖点突变模型。

证明：对式（5-13）求导，并令一阶导为 0，可得：

$$\dfrac{-\partial V(z, c)}{\varepsilon^2}\Big|_{z=x} = 0 \tag{5-14}$$

化简可得：

$$\alpha x^3 + \beta x^2 + \gamma x = 0 \tag{5-15}$$

令 $y = x + \dfrac{\beta}{3\alpha}$，带入式（5-15），可得：

$$y^3 + uy + v = 0 \tag{5-16}$$

其中 $u = \dfrac{\beta^2}{3\alpha^2} - \dfrac{\gamma}{\alpha}$，$v = \dfrac{2\beta^3}{27\alpha^3} - \dfrac{\beta\gamma}{3\alpha^2}$，$\alpha = kR - w - cp/(1+p)$，$\beta = c + cp/(1+p) - \lambda d + 2w - 2\theta R$，$\gamma = \lambda d + \theta R - c - w$。

根据突变理论，式（5-16）符合标准的尖点突变模型，定理 1 得到验证。其中，y 为监管系统状态变量，衡量监管系统的协同状态。u 和 v 分别为系统的控制变量，u 为分歧变量，决定突变位置，v 为正则变量，决定突变程度。

定理 2：平台电商信用监管系统势函数的均衡点与极限概率密度的众数存在一一对应关系，两者在实质上是一致的。

证明：当扰动项 $\varepsilon(x)$ 为不依赖于随机过程 $x(t)$ 的常数时，根据式（5-7），势函数的极值取决于：

$$\alpha x^3 + \beta x^2 + \gamma x = 0 \tag{5-17}$$

而根据式（5-11）和式（5-12），极限概率密度函数可微的众数点取决于：

$$f^{*\prime}(x) = -N_a \exp[-V_{sto}(x)]V'_{sto}(x) = 0 \Leftrightarrow]V'_{sto}(x) = 0 \tag{5-18}$$

其中，$V'_{sto}(x) = -\dfrac{-\dfrac{\partial V(x,\ c)}{\partial x} - \dfrac{1}{2}[\varepsilon^2(x)]'}{\varepsilon^2(x)} = \dfrac{\dfrac{\partial V(x,\ c)}{\partial x}}{\varepsilon^2(x)} = 0 \Leftrightarrow$

$\dfrac{\partial V(x,\ c)}{\partial x} = 0$。

式（5-18）与式（5-17）一致。此时式（5-7）极限概率密度函数的众数和反众数，分别重合于势函数的极小值点和极大值点，定理 2 得到验证。定理 2 说明研究系统行为演化的随机过程 $x(t)$ 的突变问题，可以通过研究它的极限概率密度函数关于众数的突变来实现。当众数发生了突变后，表现在随机过程上是时间序列的演化发生了均衡上的突变。

根据第 4 章的分析可知，过度自信影响博弈主体决策，忽略过度自信将会导致决策偏差。本章分别设计无过度自信、超额收益过度自信和声誉损失过度自信这三个过度场景。

在式（5-7）的基础上，引入超额收益过度自信参数 k_1、声誉损失过度自信参数 k_2，将随机动力系统扩展为过度自信下的随机动力系统，则过度自信下：

$$dx = (\alpha_1 x^3 + \beta_1 x^2 + \gamma_1 x)dt + \varepsilon(x)dw(t) \tag{5-19}$$

其中，$\begin{cases} \alpha_1 = \theta(1 + k_2)R - (1 + k_1)w - cp/(1 + p) \\ \beta_1 = c + cp/(1 + p) - \lambda d + 2(1 + k_1)w - 2(1 + k_2)\theta R \\ \gamma_1 = \lambda d + (1 + k_2)\theta R - c - (1 + k_1)w \end{cases}$

根据5.2中的拓扑同胚变换方法，同样可将式（5-7）的随机动力系统转换为随机尖点突变模型，有：

$$y^3 + u_1 y + v_1 = 0 \tag{5-20}$$

其中 $y = x + \dfrac{\beta_1}{3\alpha_1}$，$u_1 = \dfrac{\beta_1{}^2}{3\alpha_1{}^2} - \dfrac{\gamma_1}{\alpha_1}$，$v_1 = \dfrac{2\beta_1{}^3}{27\alpha_1{}^3} - \dfrac{\beta_1\gamma_1}{3\alpha_1{}^2}$。

5.3 信用监管演化的突变规律分析

5.3.1 信用监管演化的突变分歧点集合

根据定理1的论述可知，当监管决策演化过程满足一定条件时，系统突变就会发生。进一步讨论突变发生时刻的控制参数分歧点集合，可得到如下结论：

定理3：电商平台信用监管演化博弈过程中，当参数满足 $\lambda d + \theta R = c + w$ 或 $c/(1 + p) = \lambda d$ 时，监管主体的决策行为将发生突变。

证明：依据突变理论，式（5-9）关于均衡态，即众数发生突变的临界集取决于：

$$\begin{cases} f^{*\prime}(x) = y^3 + uy + v = 0 \\ f^{*\prime\prime}(x) = 3y^2 + u = 0 \end{cases} \tag{5-21}$$

同时，由于只是考虑可微的众数和反众数的性质，常数 N_a 的取值对研究没有影响，此处不作考虑。对上式化简可得：

$$3y^2 + u = 0 \tag{5-22}$$

代入式（5-16），有：

$$4u^3 + 27v^2 = 0 \tag{5-23}$$

式（5-23）即为突变模型的分歧点集合，是判别监管系统稳定性的判别式。由此可以分析参数取值变化对信用监管系统演化的影响：

（1）当 $u > 0$ 时，式（5-23）无实数解，即监管系统势函数无实数解。表明此时无论超额收益、惩罚力度、监管主体协同度和公众媒体参与度如何取值，监管系统也不会出现突变现象。

（2）当 $u < 0$ 时，此时存在可达到的分歧点集合。当 u、v 变量组合经过分歧点集合时，系统发生跃迁，监管状态改变。

将式（5-16）中的参数关系代入式（5-23），分歧点集表达式可化简为：

$$\alpha^2 \gamma^2 (\beta^2 - 4\alpha\gamma) = 0 \tag{5-24}$$

由定理1可知，突变模型中满足 $\alpha \neq 0$。根据式（5-5）中 α、β、γ 含义，进一步化简可得：

$$\lambda d + \theta R = c + w \text{ 或 } c/(1 + p) = \lambda d \tag{5-25}$$

因此，演化过程中，随着参数连续变化，当满足 $4u^3 + 27v^2 = 0$，即 $\lambda d + \theta R = c + w$ 或 $c/(1 + p) = \lambda d$ 时，动力学模型（5-7）的极限概率密度函数的众数发生突变。定理3得到验证。定理3说明非线性系统（5-7）中存在着自组织突变问题，随着参数（超额收益、惩罚力度、监管主体协同度和公众媒体参与度）的连续变化，当满足条件（5-25）时，监管主体的行为状态可能发生突然变化。

同理，可得过度自信下的分歧点集合为：

$$\lambda d + (1 + k_2)\theta R - (1 + k_3)c - (1 + k_1)w = 0 \text{ 或 } c/(1 + p) - \lambda d = 0 \tag{5-26}$$

根据上述平台电商信用监管突变模型的推导，由式（5-16）和式（5-20）可以得到信用监管系统突变的示意图，如图5-1所示。该图表示监管系统的均衡性质随着控制参数连续变化而发生离散变化的机制。上面部分为系统的均衡曲面，分为上、下两叶，分别代表监管主体的两种策略选择——"消极监管"和"积极监管"。u-v平面为系统的控制平面，表示参数不同取值状态下的u-v组合。尖形线OP、OQ即为分歧点集合。

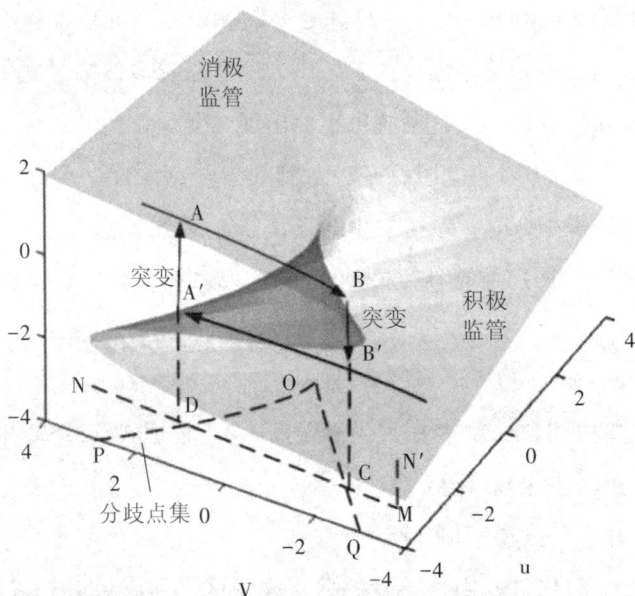

图5-1　平台电商信用监管演化突变示意图

在平台电商信用监管演化过程中，当相关参数组合连续变化并在u-v平面通过分歧点集合时，监管主体的行为决策发生突变。如2020年10月，桂林市市场监督管理局联合美团、京东、饿了么签署网络市场监管合作备忘录，政企双方通过加强信息共享、在线协同处置投诉举报、建立信用治理对接机制等进行深度合作，加大了治理力度。随着合作不断拓展加强，当满足一定临界时，监管主体的行为决策将发生改变，由消极监管变为积极监管。

由于分歧点集合仅说明突变发生位置，无法表示突变发生路径和程度。因此，本章将进一步分析电商平台信用监管演化中的结构性突变及扰动性突变现象。

5.3.2 信用监管演化的结构性突变

图5-2中右图是左图在u-v平面的投影，尖形线OP、OQ即为分歧点集合。由经典突变理论可知，在随机干扰较小的情况下，当u-v组合经过分歧点集合时，系统出现结构性突变。根据定理3，系统突变的条件为 $\lambda d + (1 + k_2)\theta R - (1 + k_3)c - (1 + k_1)w = 0$ 或 $c/(1 + p) - \lambda d = 0$，因此，给定控制参数 w、d、p、θ 的一系列取值，根据参数组合是否经过分歧点集合，有三种不同的演化路径 M→N、N→M、M→N′。

①M→N路径。随着控制参数 w、d、p、0 连续变化，当 u-v 组合沿着路径 MN 演进时，系统的均衡点的变化就会沿着曲面中的 B′A′A 发生离散的变化。具体来看，当 C 为初始点，状态变量 y 位于曲面下叶时，系统处于消极监管状态。随着控制参数连续变化，继续演化到达 D 时，进入突变临界区，此时控制变量的微小变化都会导致系统发生突跳，从平衡曲面的下叶跳跃到上叶，具体的策略选择由"积极监管"策略转变为"消极监管"策略。

上述结构性突变是系统参数的连续变化引起的，并非随机扰动的影响，是系统自组织选择的结果。

②N→M路径。随着控制参数 w、d、p、θ 连续变化，当 u-v 组合沿着路径 N→M 演进时，系统的均衡点的变化就会沿着曲面中的 ABB′ 发生离散的变化。具体来看，当参数组合在点 D 处时，状态变量 y 位于曲面上叶，系统处于消极监管状态。随着控制参数连续变化，继续演化到达 C 时，到达分歧区域，系统出现结构性突变，从曲面上叶突跳至下叶，进入积极监管状态。

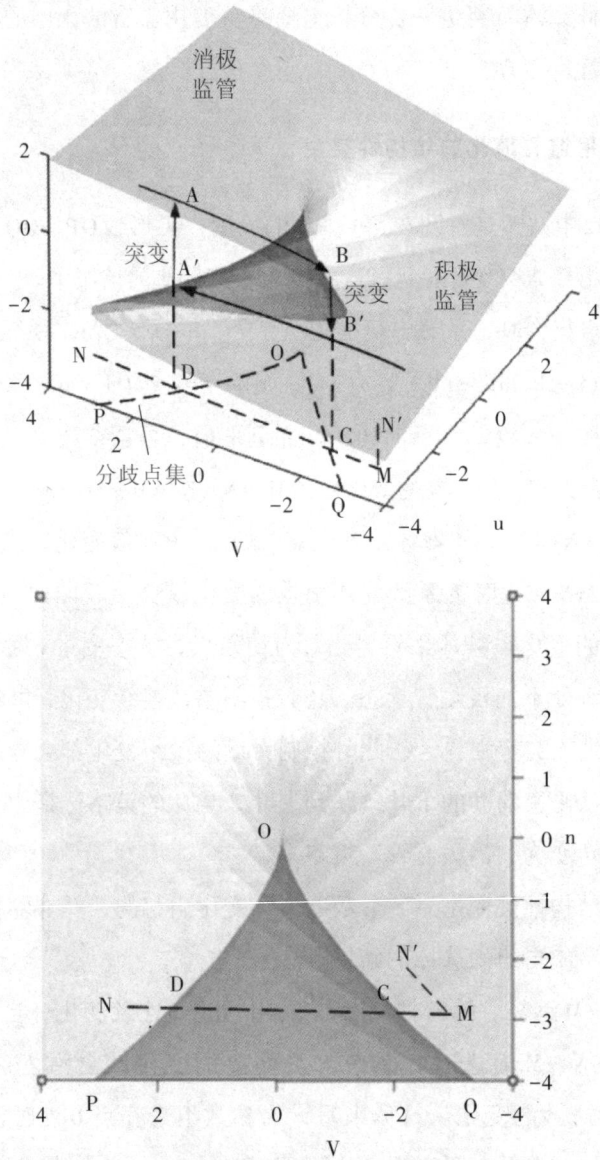

图 5-2 结构性突变示意图

可以发现，两次突变的位置并不相同，说明状态变量从不同方向发生突变的状态是不同的。这也符合突变理论的滞后性。这说明当主体的监管行为一旦发生改变，需要付出更高的代价才能让平台企业和政府监管部门重新选择积极监管策略或消极监管状态。例如，在滴滴顺风车事件后，面对舆论压力，滴滴关闭顺风车业务，从消极监管状态迅速转变为积极监管状态。尽管顺风车业务具有存在的合理性，但面临已经存在的信任危机，监管主体很难放松监管，不太可能达到初始监管状态。

③M→N′路径。随着控制参数 w、d、p、θ 连续变化，当 u-v 组合沿着路径 M→N′ 演进时，不经过分歧点集合，系统未出现结构性突变。

比较演化路径①和③，可以发现，虽然起点都是 M，但演化的结果却恰恰相反，这种现象刚好验证了平台电商信用监管突变机制符合突变理论的发散性：分歧点附近控制变量的微小变化会导致最终状态的巨大差异。

5.3.3　信用监管演化的扰动性突变

上述结构性突变是由于系统参数的连续变化引起的，但在随机干扰的影响下，还存在扰动性突变这一独特的离散变化行为。

L_1、L_2 路径。随着控制参数的连续变化，当参数组合满足 $4u^3 + 27v^2 < 0$，即在图中在分歧点集合内部（区域 OPQ）时，此时系统演化存在双模态现象，如图 5-3 所示。具体来看，同一参数组合下，信用监管决策的均衡态可以有两个选择：积极监管或者消极监管，并在随机干扰因素的影响下，在两种状态之间来回切换。

扰动性突变并非参数的变化导致，而是受到外界干扰因素的影响。这就意味着当遇到一些好的刺激，如技术变革，国家政策支持力度加大，或是消费者接受度提高时，监管主体可能由消极监管行为转变为积极监管行为，通过积极干预提高平台吸引力；反之，当遇到不好的外部刺激时，如竞争环境改变，或者因其他不利因素使平台业务

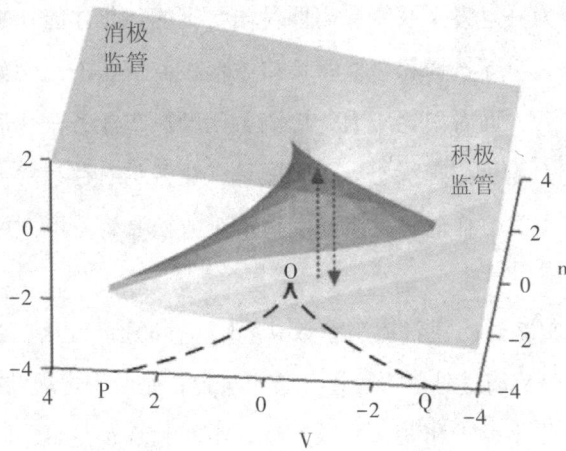

图 5-3 扰动性突变示意图

受到严重影响时，监管主体可能由积极监管行为转变为消极监管行为。因此，对于平台信用监管的研究不能仅仅关注于超额收益、惩罚力度等主要因素的影响，还需要对环境中一些不确定性因素引起足够的重视。一方面需要重点加强监管系统应对外界突发事件的能力；另一方面也需要建立有效的风险预警机制，以更好地预防和控制突变事件发生。

5.4 数值仿真

为了直观地反映本模型以及相关结论的有效性，本部分针对平台信用监管演化动力学式（5-19）进行数值模拟实验。探讨监管演化中存在的结构性突变与扰动性突变现象。并结合实践说明相关结论的含义。

5.4.1 控制参数对信用监管的扰动作用分析

根据徐岩和胡斌（2012）、赵旭和胡斌等（2016）的研究可知，结构性突变是系统控制参数连续变化下状态变量的非线性离散变化。因此，考虑超额收益、惩罚力度、监管主体协同度和公众媒体参与度这四个控制参数的连续变化。基于第 4 章中的参数取值，设定 $w \in [0，20]$，$d \in [10，30]$，$q=0.5$。根据条件假设，设定 $p \in [0，1]$，$\theta \in [0，1]$。结合式（5-26）所示突变临界条件，设定 C=10，R=10。参考徐岩（2012）的研究，设定随机扰动强度 $\varepsilon=0.2$，步长 h=0.01，设计四类场景，研究参数组合穿过分歧点集合时所带来的结构性突变问题，见表 5-2。

表 5-2   平台信用监管的四个场景

Scenario	w	d	p	θ	C	R	q
1	[0，20]	20	0.5	0.5	20	30	0.5
2	10	[10，30]	0.5	0.5	20	30	0.5
3	10	20	[0，1]	0.5	20	30	0.5
4	10	20	0.5	[0，1]	20	30	0.5

1.场景 1：超额收益 w 连续变化

图 5-4、图 5-5、图 5-6 分别是无过度自信、超额收益过度自信和声誉损失过度自信场景下，超额收益 w 变化对监管行为决策的影响。根据式（5-25）和式（5-25）可以计算得出随机动力系统式的状态 x（t）发生突变的条件分为是 w=12、w=8 和 w=19.5，接下来将通过数值模拟验证该结论是否正确。

首先考虑无过度自信模型，如图 5-4（a）随机演化曲线所示，当超额收益 w=10、11 时，监管主体选择积极监管策略的比例一直在 1 附近波动；而当 w 取值为 12 时，演化轨迹从 1 的领域突然跃迁到 0，中间没有任何过渡。这种"跳跃性"变化即为"结构性"突变，是在系统自组织作用下发生的。说明在实际监管过程中，存在"临界边界"，一旦超额收益超过这个临界值，监管主体的策略选择将会发生显著变化，表现出"突变"现象。

　　接下来，根据式（5-13）计算得到如图 5-4（b）所示极限概率
密度函数。从整体来看，图像呈明显的"双尾高跷"。具体地，当 w=
10 时，表明监管主体以较高的概率选择积极监管。随着 w 增大，监管
主体选择积极监管策略的概率逐渐减小。可见，在 w 逐渐增大的过程
中，极限概率密度函数也发生了明显的"突变"现象，与图 5-4（a）
系统状态动态演化图所表现出来的突变现象吻合。

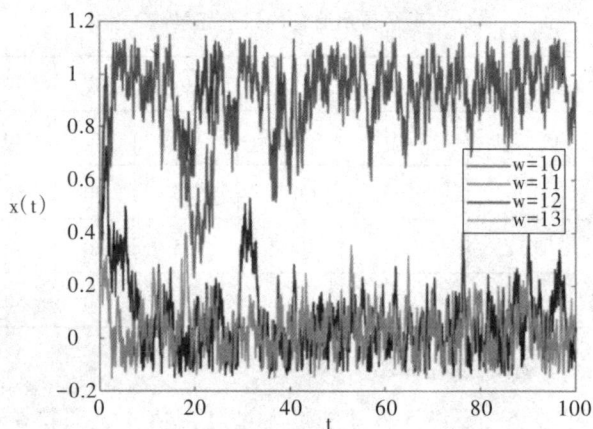

（a）监管行为演化图

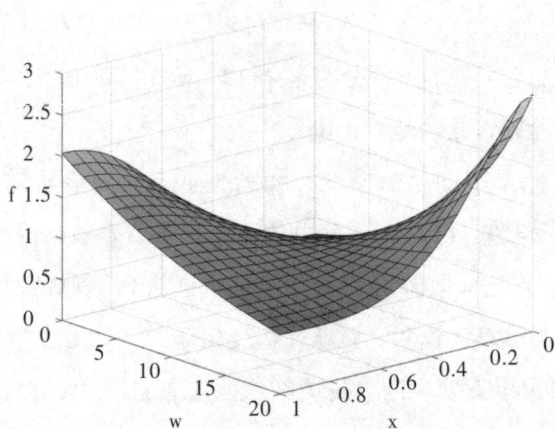

（b）极限概率密度图

图 5-4　w 变化下的动态演化（无过度自信）

接着，考察超额收益过度自信下的动态演化。如图5-5（a）所示，w=8时达到突变的临界状态，并且，突变临界值相对图5-4（a）更小，说明当监管主体对超额收益过度自信时，会更倾向选择消极监管策略。另外，根据图5-5（b）可以看出，极限概率密度图呈现显著的"右尾高跷"，说明超额收益过度自信下监管主体更容易选择消极监管策略，与图5-5（a）结论一致，验证了模型的有效性。

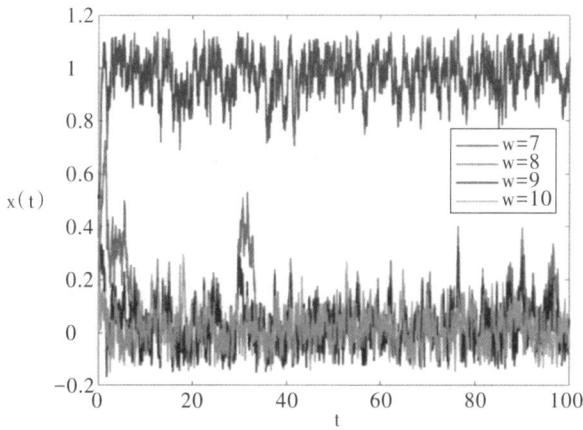

（a）监管行为演化图

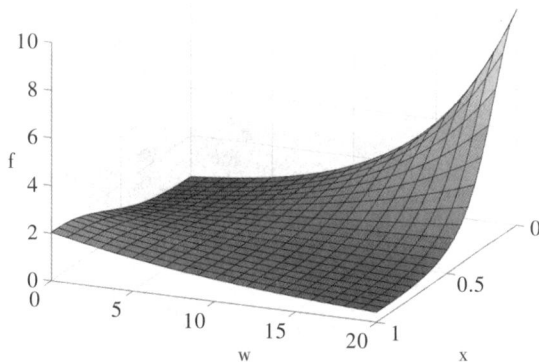

（b）极限概率密度图

图5-5　w变化下的动态演化（超额收益过度自信）

最后，考察声誉损失过度自信下的动态演化。如图5-6（a）所示，w取值在19与20之间时达到突变的临界状态，与结论一致，而临界值的增加说明当监管主体对声誉损失过度自信时，由于损失感知增加，会更倾向于采取积极监管策略。另外，根据图5-6（b）可以看出，极限概率密度图呈现显著的"右尾高跷"，说明声誉损失过度自信下监管主体更容易选择积极监管策略，与图5-6（a）结论一致。

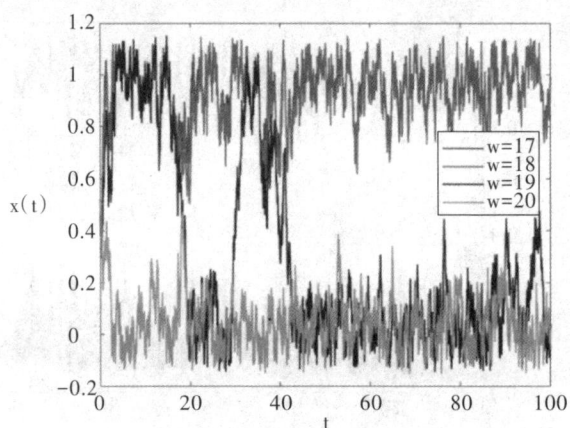

（a）监管行为演化图

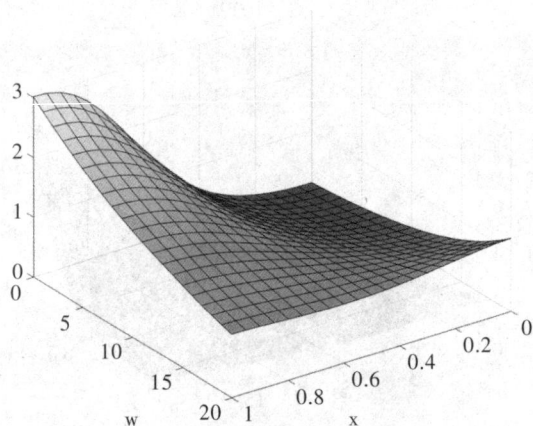

（b）极限概率密度图

图5-6　w变化下的动态演化（声誉损失过度自信）

综上，随着超额收益 w 的不断增加，当满足突变临界条件时，会发生突变现象，从积极监管状态突跳至消极监管状态。而且，超额收益过度自信对主体的积极监管行为有负向影响，声誉损失过度自信对积极监管行为有正向影响。

2. 场景 2：惩罚力度 d 连续变化

图 5-7、图 5-8、图 5-9 分别是无过度自信、超额收益过度自信和声誉损失过度自信场景下，惩罚力度 d 变化对监管行为决策的影响。

首先考虑无过度自信模型。根据定理 3，当 d=17.78 或 20 时满足突变条件。但根据图 5-7 可以发现，当 d 的取值从 17 增加到 18 的过程中，系统并未出现显著的突变现象。究其原因，当 d 的取值小于 20 时，监管主体之间的博弈构成了"囚徒困境"。而当 d 的取值超过 20 时，监管主体之间的博弈则构成了雪堆博弈。与囚徒困境相比较，雪堆博弈中更容易出现稳定的合作行为。

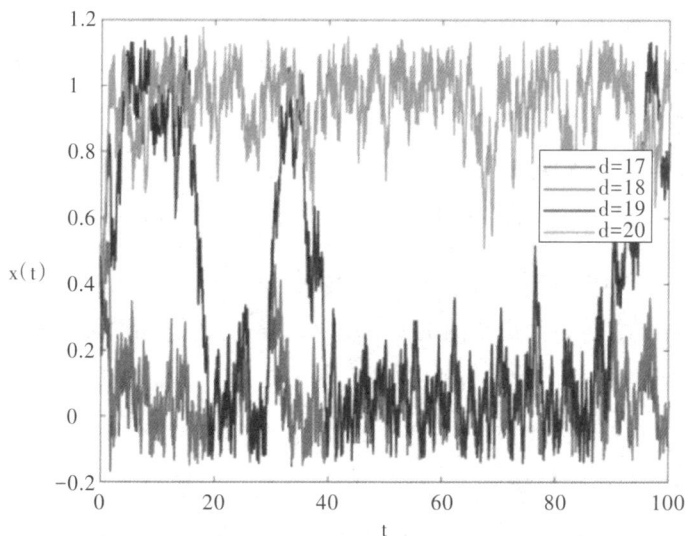

（a）监管行为演化图

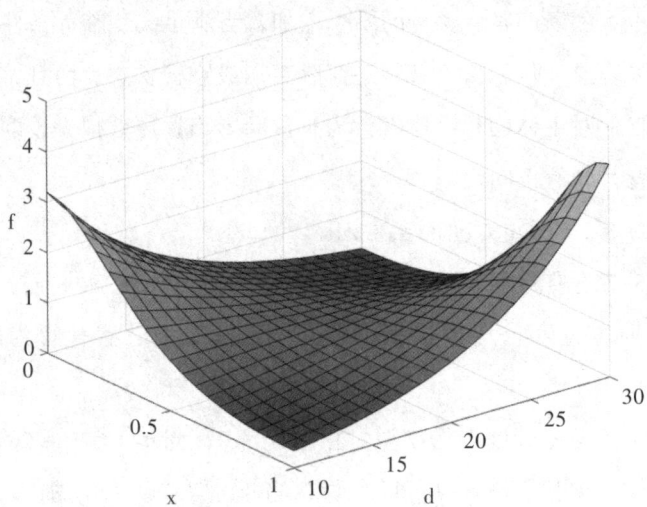

（b）极限概率密度图

图5-7　d变化下的动态演化（无过度自信）

　　进一步分析超额收益过度自信下的结构性突变现象。与上文的分析类似，关于惩罚力度d，有两个不同的突变临界值，但根据图5-8可以看出，当d的取值从17增加到18的过程中，监管主体仍以较大的概率选择消极监管策略。当d增加到25时，如图5-8（a）所示，系统的监管状态才会发生结构性突变，从消极监管状态突跳（x（t）=0）至积极监管状态（x（t）=1）。

　　声誉损失过度自信情况下，根据式（5-26），结构性突变需要满足的条件为d=10、d=17.78。根据图5-9（a）、图5-9（b）可以看出，随着d的增加，系统经历了两次突变现象，第一次是当d的取值从10连续变化到13，系统从完全的消极监管（x（t）=0）至一定比例的积极监管状态（x（t）=0.4）。第二次是当d的取值从14变化到20时，系统从一定比例的积极监管状态（x（t）=0.4）至完全积极监管。由图5-9（c）也可以看出，当d=10时，监管主体仍以一定的比例选择积极监管策略，并且随着d的逐渐增加，选择积极监管策略的概率迅速增加。

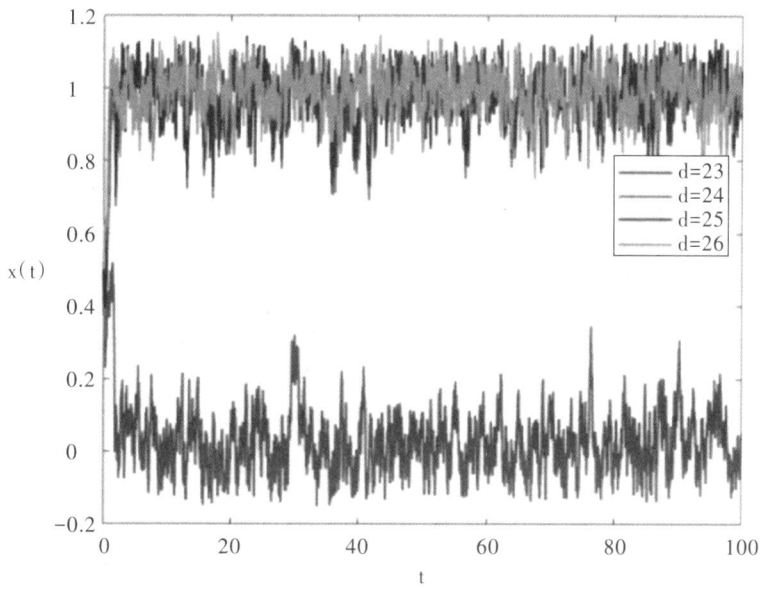

（a）监管行为演化图

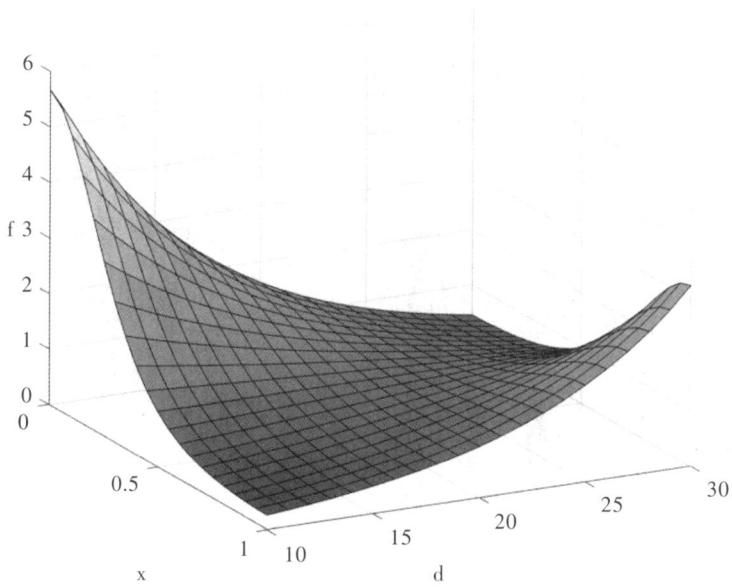

（b）极限概率密度图

图 5-8 d 变化下的动态演化（超额收益过度自信）

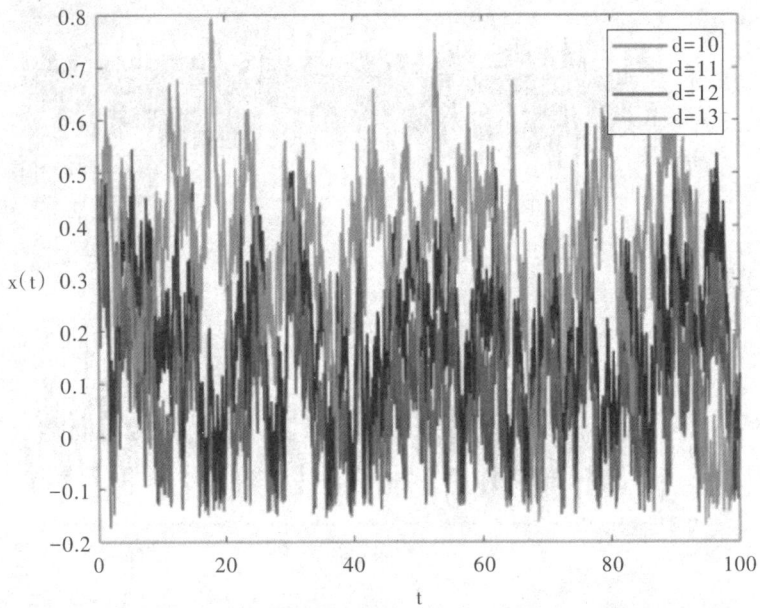

（a）监管行为演化图 1

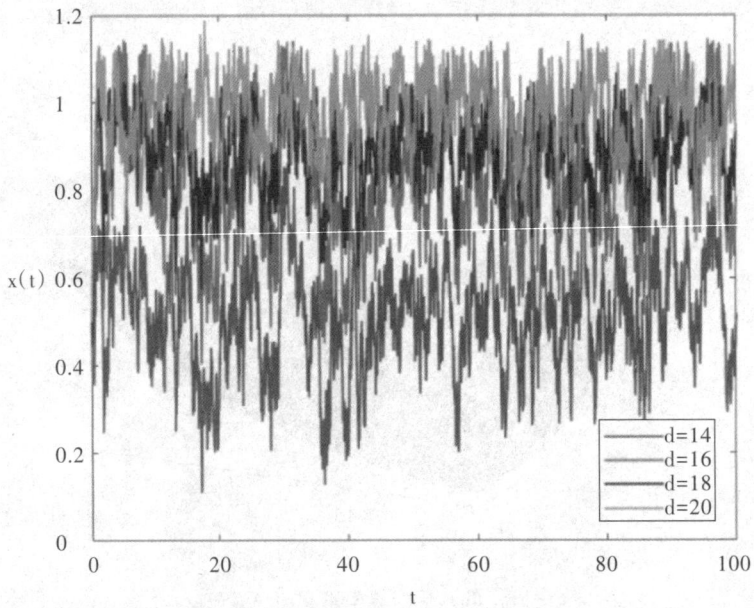

（b）监管行为演化图 2

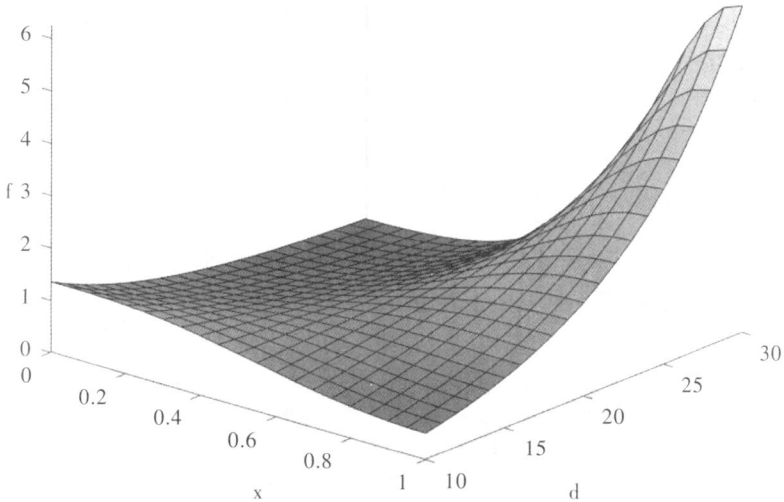

（c）极限概率密度图

图5-9　d变化下的动态演化（声誉损失过度自信）

综上，随着惩罚力度d的增加，监管主体会更倾向于选择积极监管行为。并且，当过度自信程度不同时，同样的激励政策效果不一样。超额收益过度自信下，需要加大惩罚力度。

3.场景3：监管主体协同度变化下的结构性突变

图5-10、图5-11、图5-12分别是无过度自信、超额收益过度自信和声誉损失过度自信场景下，监管主体协同度p变化对监管行为决策的影响。

根据定理3可知，关于监管主体协同度p，系统突变需要满足的条件为p=0.33。从图中可以看到，随着p的连续变化，在无过度自信模型下，系统在突变临界点处出现了明显的突变现象，在5-10（a）中表现为从消极监管状态x（t）=0突跳至积极监管状态x（t）=1。而超额收益过度自信模型下，由于监管主体之间构成囚徒困境，图

5-11（a）中并未没有明显的突变，监管主体仍然以较大概率选择消极监管策略。在声誉损失过度自信模型下，随着p的连续增加，图5-12（a）中表现为以一定比例选择积极监管（x（t）=0.7）至完全选择积极监管（x（t）=1）。

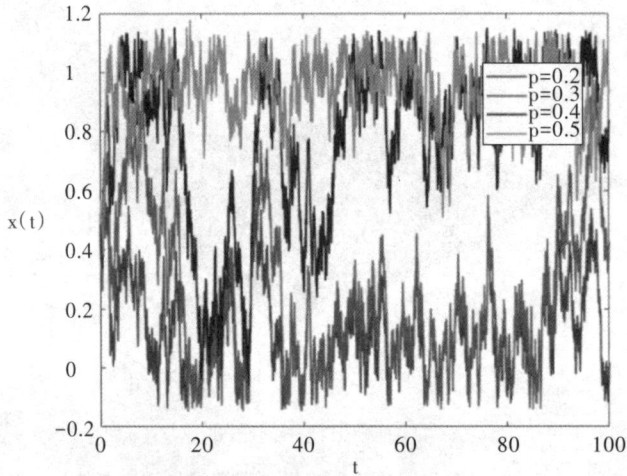

（a）监管行为演化图

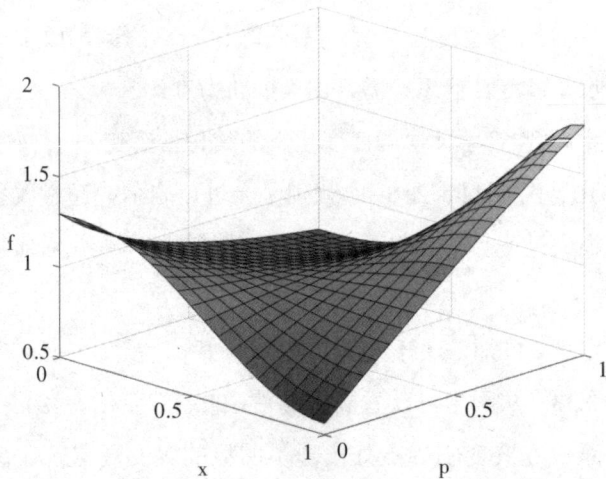

（b）极限概率密度图

图5-10　p变化下的动态演化（无过度自信）

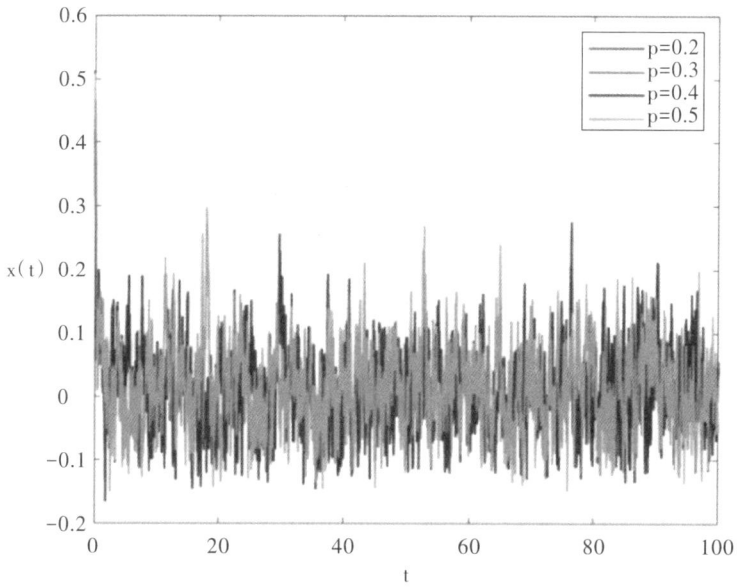

（a）监管行为演化图

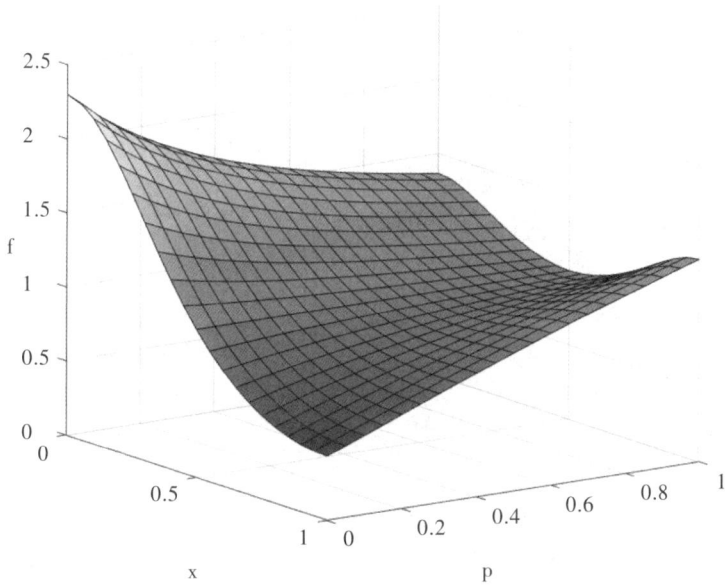

（b）极限概率密度图

图5-11　p变化下的动态演化（超额收益过度自信）

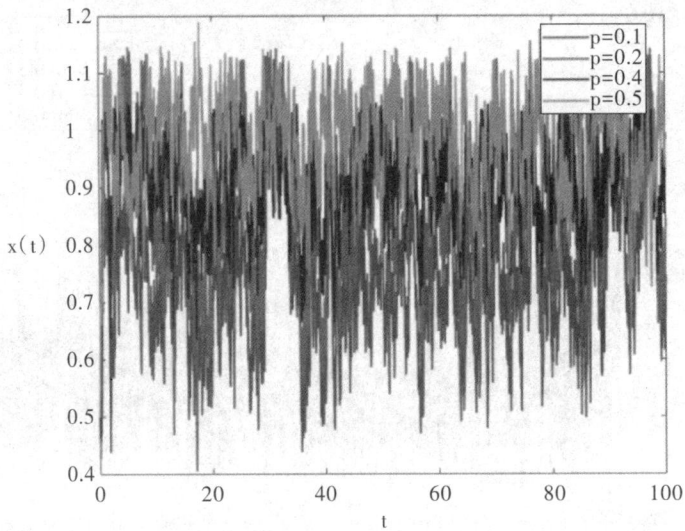

（a）监管行为演化图

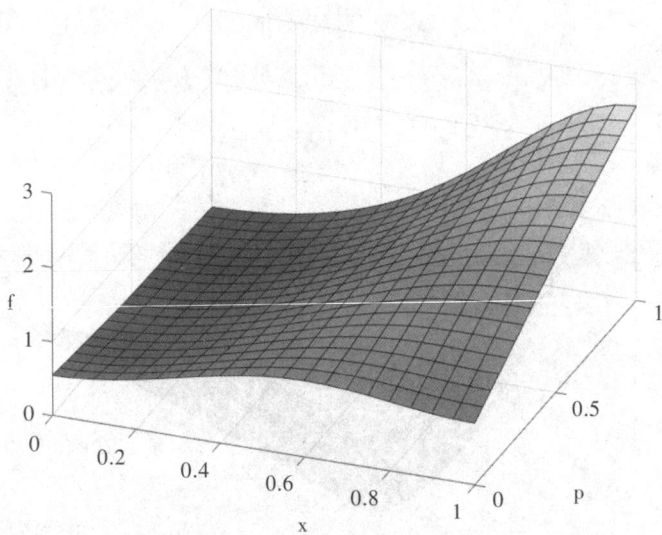

（b）极限概率密度图

图5-12 p变化下的动态演化（声誉损失过度自信）

结合极限概率密度图对上述突变现象作进一步分析，可以看到，图5-10（b）中突变现象较为明显，即当p较小时，左尾突出，表明监管主体以较高的概率选择消极监管，随着p的增加，右尾突出，表明监管主体以较高的概率选择积极监管。图5-11（b）和图5-12（b）中突变现象不明显，且图5-11（b）中左尾高跷更明显，而图5-12（b）中右尾高跷更明显。说明在声誉损失过度自信下，监管主体会更倾向于采取积极监管策略。与上述随机演化图的结论一致。

综上，监管主体协同度对监管主体的积极监管行为具有正向影响，但影响程度因主体属性的不同而存在差异。在无过度自信模型下，随着协同度的增加，出现了明显的突跳现象，但在超额收益过度自信和声誉损失过度自信下，策略选择概率变化幅度较小。实验结果说明在提高参与主体协同度的同时，控制监管主体的超额收益过度自信、提高声誉损失过度自信才能更好地促进监管主体采取积极监管策略。

4.场景4：公众媒体参与度变化下的结构性突变

图5-13、图5-14、图5-15分别是无过度自信、超额收益过度自信和声誉损失过度自信下场景下，公众媒体参与度θ变化对监管行为决策的影响。

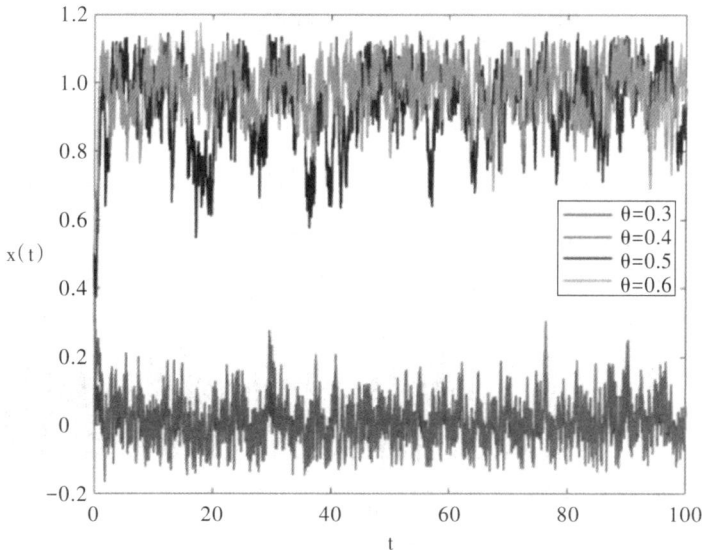

（a）监管行为演化图

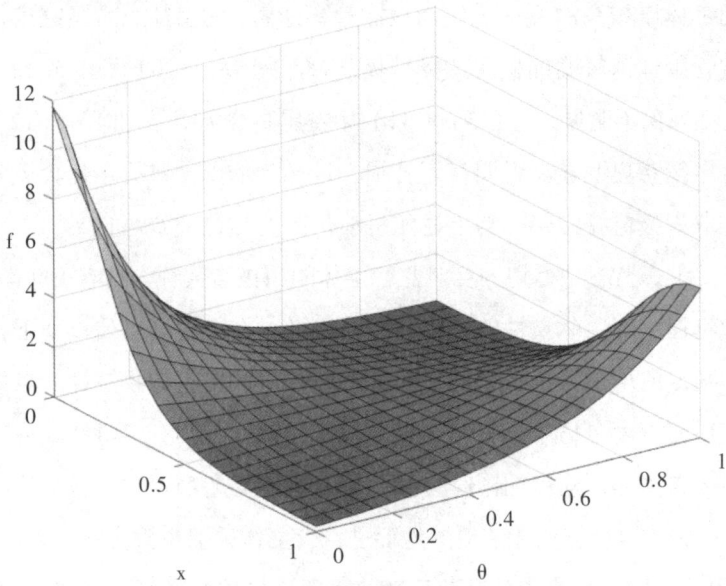

（b）极限概率密度图

图 5-13　θ 变化下的动态演化（无过度自信）

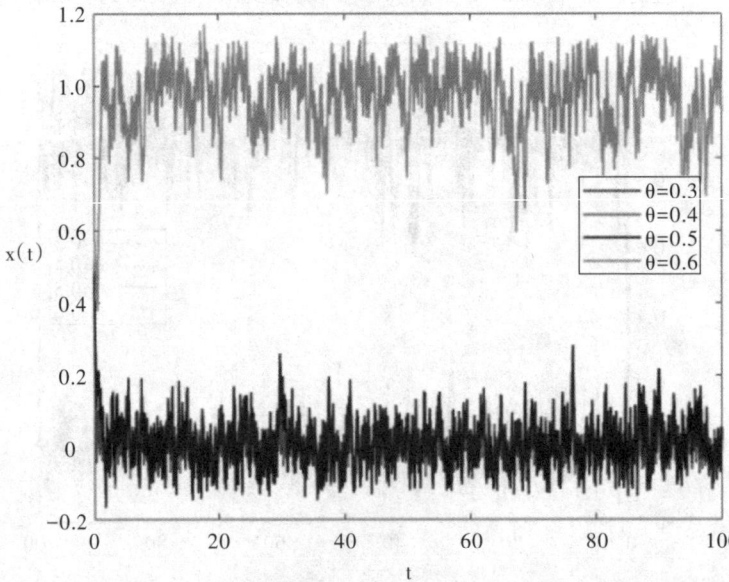

（a）随机演化图

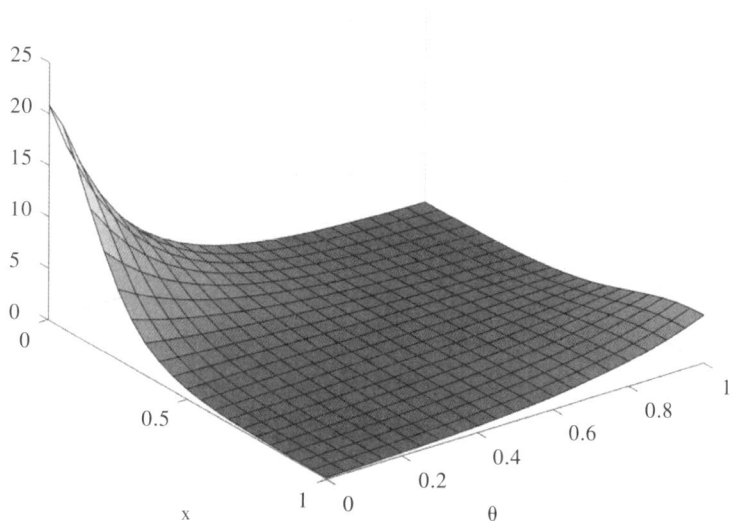

（b）极限概率密度图

图5-14 θ变化下的动态演化（超额收益过度自信）

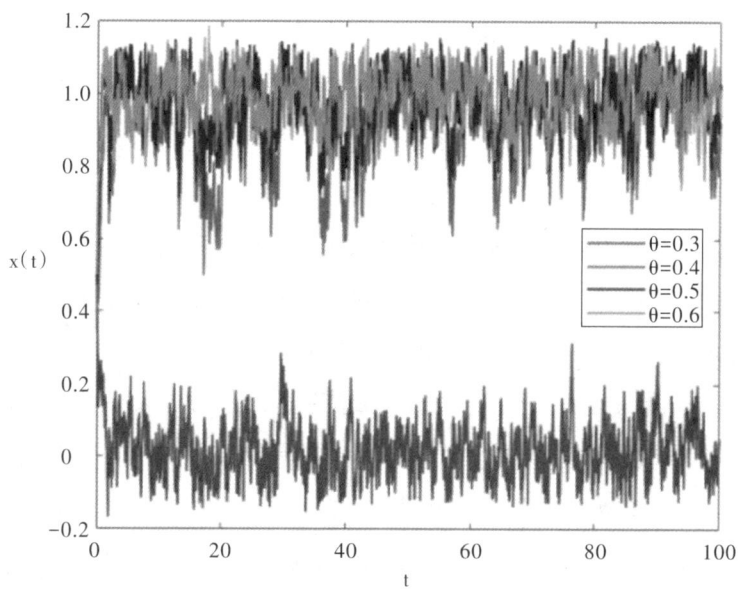

（a）监管行为演化图

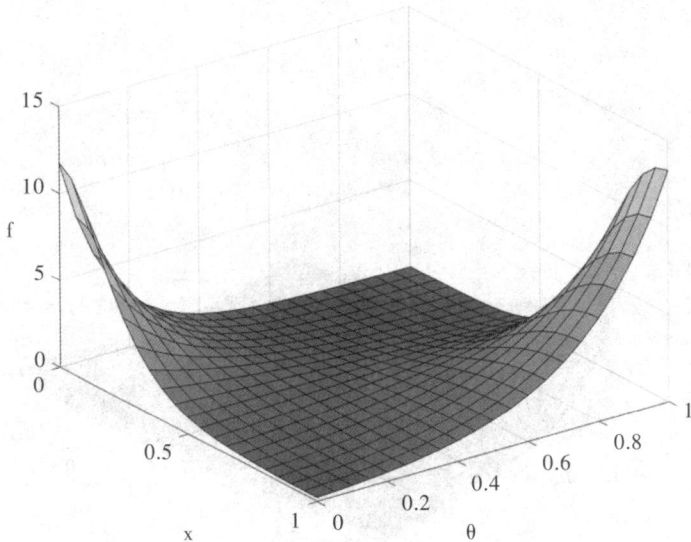

（b）极限概率密度图

图5-15　θ变化下的动态演化（声誉损失过度自信）

可以看到，随着参与度θ的增加，系统均出现了结构性突变现象，从消极监管状态突跳至（x（t）=0）积极监管状态（x（t）=1）。但三种模型下的突变临界条件不同，分别为θ=0.5，θ=0.625，θ=0.36时，可见，超额收益过度自信下更容易出现消极监管行为，而声誉损失过度自信下更容易出现积极监管行为。

进一步，结合极限概率密度图对上述突变现象进行验证。可以看到，图5-13（b）、图5-15（b）呈现明显的"双尾高跷"，说明随着θ的增加，出现了明显的突变现象。并且图5-15（b）中右尾更明显，表明声誉损失过度自信下，监管主体选择更倾向于采取积极监管策略。图5-14（b）中虽然也出现了从"左尾高跷"到"右尾高跷"的变化，但"左尾高跷"程度更明显，表明在超额收益过度自信下，监管主体更倾向于采取消极监管策略，只有当参与度较高时，才会出现积极监管行为。该结论与上述一致，验证了突变现象。

综上，公众媒体对监管主体的积极监管行为具有正向影响，随着参与度的增加，监管系统从消极监管状态突跳至积极监管状态。并且，过度自信程度也会影响系统突变条件，超额收益过度自信下更容易出现消极监管行为，而声誉损失过度自信情况下更容易出现积极监管行为。

5.4.2　干扰强度对信用监管的扰动作用分析

给定 c=20，w=19，R=30，p=0.5，q=0.5，θ=0.5，k_1=0，k_2=0.5。可以看到，在扰动因素的影响下，监管系统表现出双模态性，在积极监管和消极监管这两种状态下来回变动。

双模态现象表现出对外部随机干扰的敏感性，进一步改变随机扰动强度，如图5-16所示，随着扰动强度的增加，突跳现象更明显，也进一步验证了系统对外部随机干扰的敏感性。因此，上级主管部门或相关决策人员应尽量避免信用监管外部环境的不确定性，从而避免这一离散变化的出现。

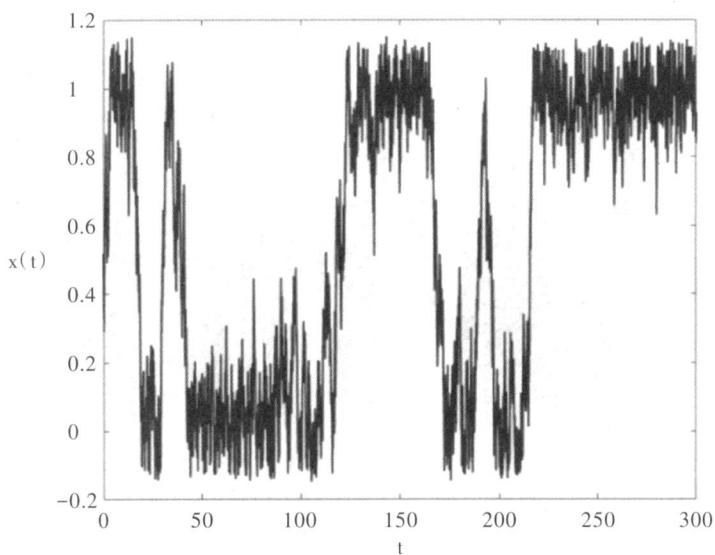

（a）ε = 0.2

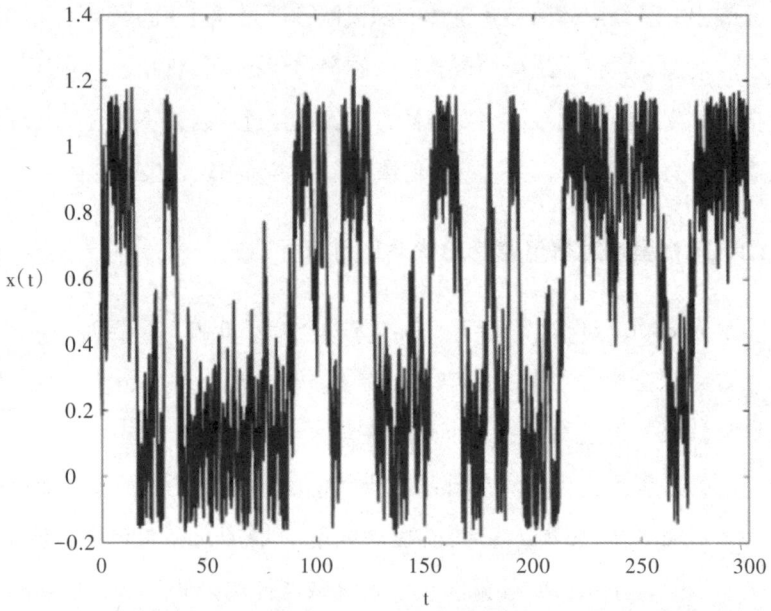

（b）ε = 0.3

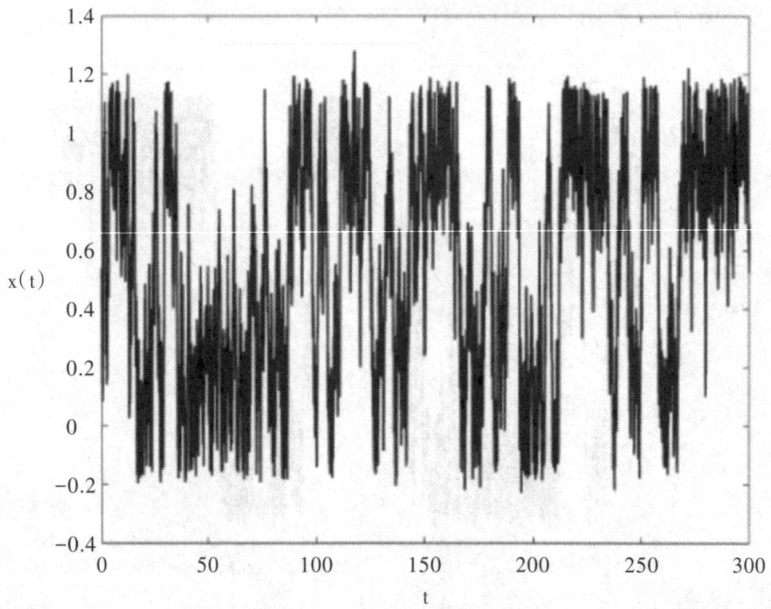

（c）ε = 0.4

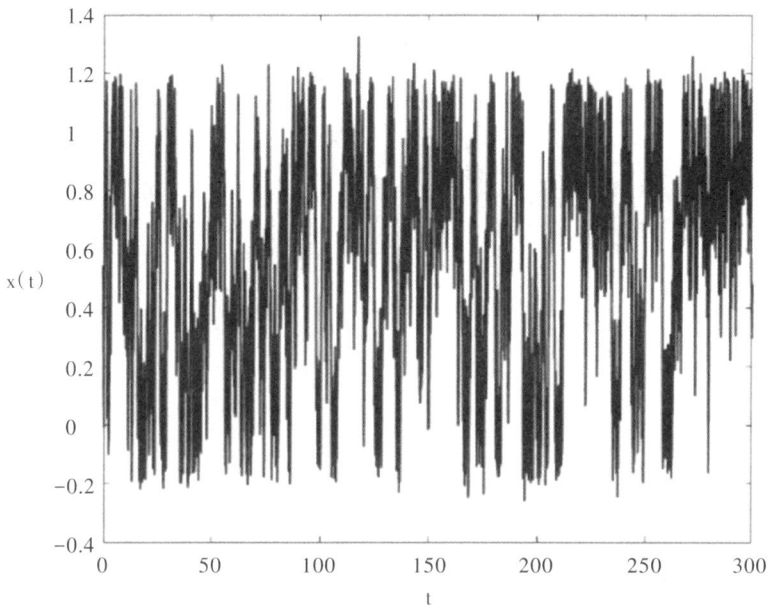

（d）$\varepsilon = 0.5$

图 5-16　扰动强度变化下的结构性突变

　　另外，系统参数取值不同时，扰动性突跳状态也存在差异。给定 $c=20$，$R=30$，$p=0.3$，$q=0.5$，$\theta=0.5$，$k_1=0$，$k_2=0$。对比图 5-17（a）和图 5-17（b）可以看到，当 $w=9$ 时，监管主体选择积极监管策略的比例主要在 0.5 到 1 之间突跳。而当 $w=10$ 时，监管主体选择积极监管策略的比例主要在 0 到 0.5 之间突跳。说明超额收益不同时，突跳范围也不一样，且超额收益对监管主体的策略选择有负向影响，这与上文的结论一致。

　　进一步改变扰动随机扰动强度，对比 $\varepsilon = 0.2$ 和 $\varepsilon = 0.4$ 的扰动性突跳现象，可以发现，随着扰动强度的增加，扰动性突跳现象更明显，这与图 5-16 中的结论是一致的，进一步验证了系统对随机扰动的敏感性。并且，当 $w=10$ 时，监管系统还是更容易出现消极监管，也验证了系统自身状态对突跳行为的影响。

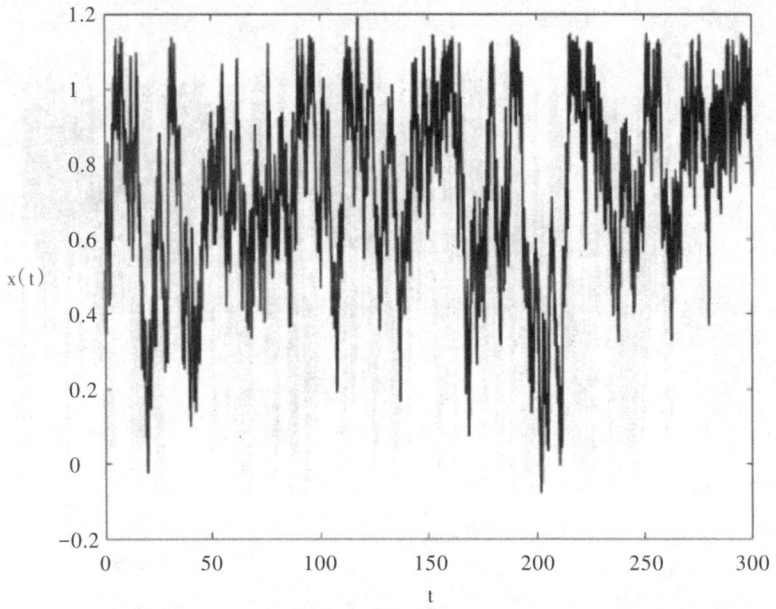

（a）$\varepsilon = 0.2$，$w = 9$

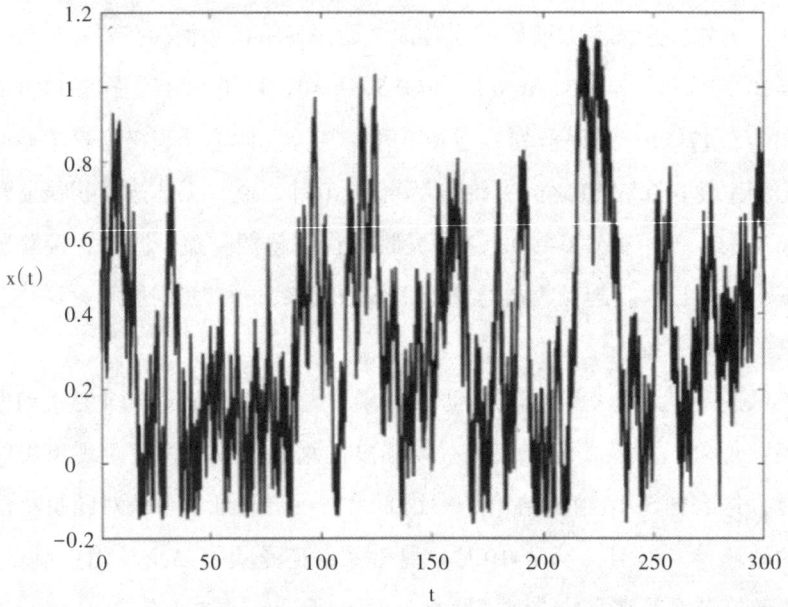

（b）$\varepsilon = 0.2$，$w = 10$

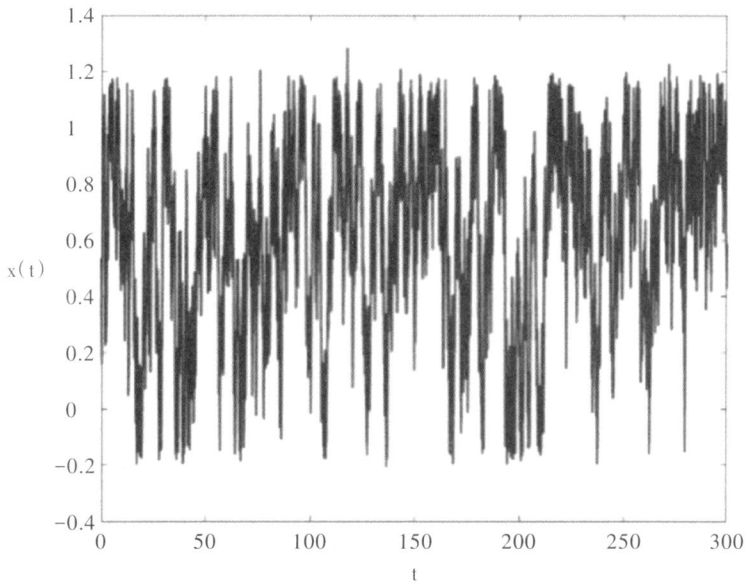

（c）$\varepsilon = 0.4$，$w = 9$

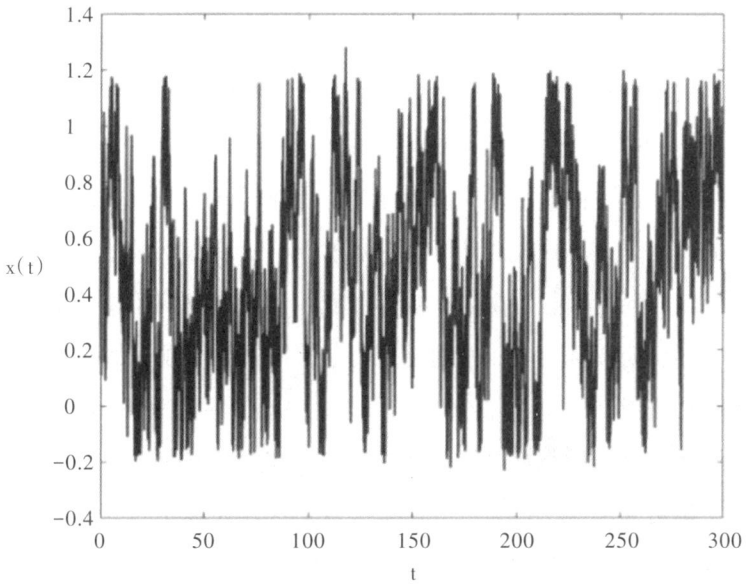

（d）$\varepsilon = 0.4$，$w = 10$

图 5-17　系统参数变化下的扰动性突变

5.5 研究结论与管理启示

本章引入突变论描述平台电商信用演化的非线性变化机制。根据上述分析，本章得到以下结论。

（1）信用监管演化过程中，监管行为决策是否发生突变是由随机突变模型的分歧集决定的，只有当相关参数组合连续变化并穿过分歧临界面时，系统才在自组织作用下发生结构性突变。因此，在制定监管政策的过程中，可以结合平台特征制定激励机制，通过控制相关参数远离突变分歧点集以维持监管系统有效性。

（2）演化过程中出现的结构性突变反映了系统对参数变化的敏感性。说明在实际监管过程中，主体博弈存在"临界边界"，一旦超额收益、惩罚力度、监管主体协同度和公众媒体参与度超过这个临界值，监管主体的策略选择将会发生显著变化，表现出"突变"现象。而且，超额收益过度自信对主体的积极监管行为有负向影响，声誉损失过度自信对积极监管行为有正向影响。

（3）演化过程中出现的扰动性突变反映了监管行为决策对外界扰动（如舆论压力、政策变动等）的敏感性，随着扰动强度的增加，扰动性突跳现象更明显。说明在监管中应尽量减少政策环境、交易环境和舆论环境的不确定性，并通过提前预警等及时干预，从而避免这一离散变化出现。

平台电商信用监管过程涉及多方平台和多个监管部门，监管过程具有不确定性。就平台而言，由于平台承担社会责任的客观事实与追求经济回报的主观愿望矛盾，平台监管行为具有不确定性，如滴滴出行一方面通过推进声誉机制约束司机行为，另一方面，又为促成交易删除部分差评，以及修改司机评分等。对政府监管部门而言，平台交易"跨行业、跨区域"的业务特征,信用监管过程可能涉及不同区域、不同层级的多个部门,由于没有明确的权责界定,可能出现互相推诿现象,政府监管部门和平台企业的协同监管过程同样具有不确定性,导致监管效果难以达到预期。

本章的主要贡献是结合突变论解释信用监管决策的非线性变化机制,以及找到突变发生的临界条件,为控制平台电商信用监管突变提供依据。得到的管理启示为:在不确定环境下,当相关部门出于某种考虑需要调整相关政策以及选择决策方案时,需要注意到,当决策参数组合满足分歧临界时,参数微小变动就可能导致系统监管状态的突然变化,导致极端现象出现,产生不利影响;而在其他范围内,控制参数的连续变化仅仅能够引起系统均衡性质的连续变化,比如监管系统不会由当前的稳定的积极监管突然演变为消极监管,反之亦然,在这种情况下监管行为根据历史状态是可预测的。在实践中,针对有积极意义的突变,应促进其发生;针对具有破坏意义的突变,应阻止其发生。

5.6　本章小结

针对监管非线性变化,本章运用随机演化博弈和突变论,研究了平台的监管决策随着参数的连续变化而发生突变的内在机制,找到了导致监管行为突变的临界集合。首先,借助演化博弈论描述政府和平台和监管交互过程,建立含有白噪声的Ito随机动力学方程;其次,引入突变论,利用极限概率密度函数将博弈模型转化为突变模型,设计四种突变路径,分析平台信用监管结构性及扰动性突变现象;最后通过仿真实验对模型进行验证。研究结论能够为控制平台电商信用监管突变发生提供依据。

6

基于随机突变的平台电商信用监管弹性测度

第5章已将突变理论应用于平台信用监管演化的非线性机制的研究中，并结合数值仿真对模型进行了验证。但这主要是描述了突变发生的位置和方向，不能表示突变发生的程度。根据江新等（2020）的研究，突发事件的产生可能是由经过分歧点集合的多条演化轨迹产生，但是演化轨迹不同，突变程度不同，造成的后果也截然不同。在平台电商信用管理实践中，为尽可能减少损失和不利影响，也需要进一步探讨参数变化和突变程度之间的量化关系。因此，在上一章突变模型的基础上，本章拟基于Holling对弹性的理解（Holling，1973），引入"弹性"指标来描述突变事件中系统参数变化和突变程度之间的作用关系，重点强调参数变化下系统维持稳定状态的能力，也即抗干扰能力。

弹性研究的重点是弹性测度。文献回顾发现现有的定量方法多从网络结构的角度对弹性进行度量，如Zhao等（2011）根据供应网络生成模型，从可用性、连通性和可达性等角度对供应网络进行了度量。黄传超和胡斌（2014）分析了核心节点冗余资源分配模式对组织网络弹性的影响。闫妍等（2010）研究了基于节点失效的弹性供应链应急管理策略。Alderson等（2018）研究了关键道路、桥梁或隧道中断下公路运输系统的运营弹性。孔繁辉和李健（2018）基于变量耦合控制模型研究供应网络弹性水平评估。上述文献大多从节点级联失效的角度来评估系统弹性，往往考虑节点间的输入输出关系，难以反映监管主体间动态行为交互；其次，现有研究主要从连续变化的视角分析系统结构或功能的改变，现实中"突变"现象在研究中少有提及。因此，还存在进一步深入的空间。

由第3章理论分析可知，突变本质是与弹性相对应的概念，两者分别从定性与定量的角度表述系统演化机理。要解决非线性系统的弹性测度问题，需要利用集成研究思想，但目前相关研究较少。张志会等（2019）利用尖点突变理论对基坑的累计变形及变形速率进行评价分析，在此基础上利用速率比值法评价基坑所处的稳定程度，实现基坑变形的实时预警。Lv等（2018）将个体认知突变过程视为弹性破裂的过程，基于个体认知尖点突变模型建立认知弹性计算模型，通过弹性指标反映参数变化与突变速率之间的量化关系。赵旭等（2017）引入突变论研究城市新移民心理，分析了参数变化对移民心理突变速率的影响。因此，在借鉴上述研究的基础上，本章拟运用弹性理论与突变论，基于第5章信用监管突变模型，研究平台电商信用监管弹性测度问题。

综上，现有信用监管研究和突变研究较少提及弹性，不能从定量角度反映系统抗干扰动的能力，已有的弹性研究则较少基于突变视角，难以表征信用监管的非线性变化机制。因此，本章运用弹性理论与突变论探讨平台电商信用监管弹性测度问题。基于平台电商信用监管突变模型，提出平台电商信用监管的弹性概念及弹性测度方法。通过数值仿真得出突变事件中系统参数变化和突变程度之间的量化关系，为平台信用监管中监管预警和监管政策优化提供理论依据。

6.1 平台电商信用监管的突变程度分析

根据江新等（2020）的研究，不同演化轨迹下的突变程度不同。由第5章突变分析可知，若参数组合经过分歧点集合，系统监管状态发生突然变化。如图6-1所示，曲面中路径①和②均造成系统突跳，y从上叶到下叶发生突然跃迁，但映射到控制平面的曲线存在位移，说明两条路径的影响程度不同。进一步分析不同演化路径下的突跳跨度，可以明显看出路径②的突跳跨度更大，说明当系统沿路径②演化时，对监管状态的影响更大。

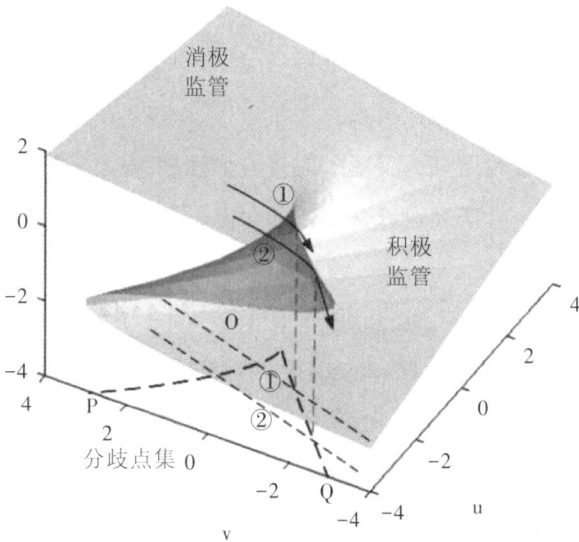

图6-1 不同演化路径下的突变示意图

在监管实践中，忽略这一点会影响监管效率和最终的监管效果。如果能揭示参数变化和突变程度之间的量化关系，就可以实现监管预警（张志会等，2019），不仅能有效地避免监管系统不利突变，同时，也可以促使有利突变的实现。不仅有助于实现监管系统的长期稳定，也可以为短期整治和调控提供参考和依据。

6.2 平台电商信用监管的弹性测度

6.2.1 弹性测度指标

为厘清系统参数变化对突变程度的影响机制，本章借鉴 Holling（1973）和 Lv 等（2017）的研究，引入"弹性"指标来描述参数变化和突变程度之间的量化关系。Holling（1973）认为弹性是系统状态改变前对扰动的吸收能力，结合该定义，本章用参数变化下的突变程度来反映系统对扰动的吸收能力，将平台信用监管的弹性定义为：当参数连续变化时，监管系统仍然维持当前稳定状态能力，描述参数变化与抗干扰能力之间的量化关系。

根据现有理论研究，突变本质是与弹性相对应的概念。将弹性研究与突变论相结合研究可以从定量的角度，深层次地理解系统的非线性演化机理。

借鉴 Lv 等（2018）和赵旭等（2017）的研究，根据突变的变化速率来计算系统弹性。图 6-2 表示监管系统在给定的控制变量 u_i 下，监管状态随着控制变量 v 的变化情况。在随机尖点突变模型中，由于 u 是突变路径的主导，决定突变是否会发生，因此，给定一个 $u = u_i < 0$，截取突变模型的一个切面，可以看到，当 $v = v_i$ 时，即在点 B′处，监管系统进入预警区，随着 v 逐渐由正值转为负值，系统进入不稳定态（临界区），当 v 继续变化至 $-v_i$ 时，系统到达突变区，此时主体监管决策将发生改变。可以看到，突变过程中，监管概率变化程度与进入预警区的切点和突变路径相关。突变的变化速率在图 6-2 中即为系统突变前从预警区到突变区的监管概率变化幅度与 u、v 值变化比值，用 μ 表示，有：

$$\mu = \left| \frac{f(B') - f(A)}{d(B', A)} \right| \tag{6-1}$$

式（6-1）反映了突变程度，兼顾了突变速率和突变幅度的变化，其中，d(B′, A) 是点 B′ 与点 A 在控制平面上对应的距离，与 u、v 的值相关。根据实际情况可知，μ 值越大，系统越容易发生突变。而弹性的强调重点是系统的抗干扰能力，突变程度越小，弹性越大。用 r 表示监管系统弹性，根据 Lv 等（2018）的研究，本部分所定义弹性可以设置 $r = 1/\mu$，即弹性 r 可表示为：

$$r = \frac{1}{\mu} = \left| \frac{d(B', A)}{f(B') - f(A)} \right| \tag{6-2}$$

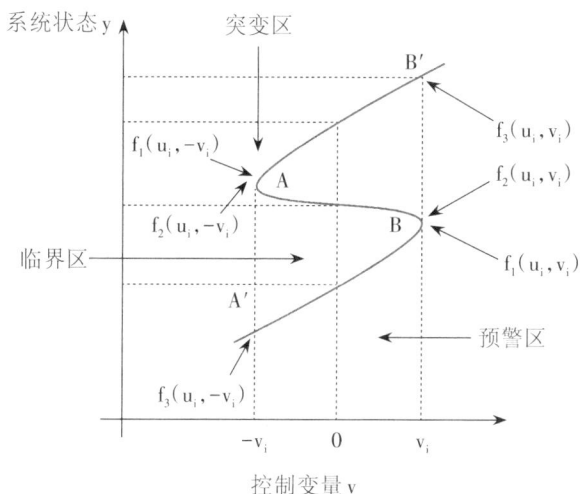

图6-2 监管演化突变的截面图（u = u_i）

6.2.2 弹性指标求解

根据监管系统弹性的定义和式（6-2）可知，弹性越大，突变速率越小，系统越稳定。但式（6-2）还不能直接反映弹性与各参数如超额收益w、惩罚力度d、监管主体协同度p和公众媒体参与度θ之间的量化关系，需要结合突变模型来对式（6-2）进一步求解。

由第5章可知，尖点突变模型平衡曲面的函数表达式为一元三次方程，因此，可以根据卡丹公式求出第5章中式（5-16）在v=v_i和v=−v_i式对应的三个根。

当 v = v_i 时，有：

$$f_1(u_i,\ v_i) = w(-\frac{v_i}{2} + \sqrt{\Delta}\ )^{\frac{1}{3}} + w^2(-\frac{v_i}{2} - \sqrt{\Delta}\ )^{\frac{1}{3}} \tag{6-3}$$

$$f_2(u_i,\ v_i) = w^2(-\frac{v_i}{2} + \sqrt{\Delta}\ )^{\frac{1}{3}} + w(-\frac{v_i}{2} - \sqrt{\Delta}\ )^{\frac{1}{3}} \tag{6-4}$$

$$f_3(u_i,\ v_i) = (-\frac{v_i}{2} + \sqrt{\Delta}\ )^{\frac{1}{3}} + (-\frac{v_i}{2} - \sqrt{\Delta}\ )^{\frac{1}{3}} \tag{6-5}$$

当 v = −v_i 时，有：

$$f_1(u_i, \; -v_i) = w(-\frac{(-v_i)}{2} + \sqrt{\Delta})^{\frac{1}{3}} + w^2(-\frac{(-v_i)}{2} - \sqrt{\Delta})^{\frac{1}{3}} \qquad (6-6)$$

$$f_2(u_i, \; -v_i) = w^2(-\frac{(-v_i)}{2} + \sqrt{\Delta})^{\frac{1}{3}} + w(-\frac{(-v_i)}{2} - \sqrt{\Delta})^{\frac{1}{3}} \qquad (6-7)$$

$$f_3(u_i, \; -v_i) = (-\frac{(-v_i)}{2} + \sqrt{\Delta})^{\frac{1}{3}} + (-\frac{(-v_i)}{2} - \sqrt{\Delta})^{\frac{1}{3}} \qquad (6-8)$$

其中 $w = \dfrac{-1 + \sqrt{3}\,i}{2}$，$w^2 = \dfrac{-1 - \sqrt{3}\,i}{2}$，$\Delta = (\dfrac{u_i}{3})^3 + (\dfrac{v_i}{2})^2$。代入上式可得 $f_1(u_i, \; v_i) = f_2(u_i, \; v_i)$。且 $f_1(u_i, \; -v_i) = f_2(u_i, \; -v_i)$

依据弹性 r 的定义，有：

$$r = \left| \frac{d(B', \; A)}{f(B') - f(A)} \right| = \left| \frac{d(B', \; A)}{f_3(u_i, \; v_i) - f_1(u_i, \; -v_i)} \right| = \left| \frac{v_i - (-v_i)}{-2(\frac{v_i}{2})^{\frac{1}{3}} + (\frac{v_i}{2})^{\frac{1}{3}}} \right| \qquad (6-9)$$

将第 5 章中式（5-23）代入上式，化简可得：

$$r = \left| \frac{v_i - (-v_i)}{-2(\frac{v_i}{2})^{\frac{1}{3}} + (\frac{v_i}{2})^{\frac{1}{3}}} \right| = \left| 4(\frac{v_i}{2})^{-\frac{2}{3}} \right| = \left| \frac{4u_i}{3} \right| \qquad (6-10)$$

推广到一般情形，对于任一 u，有：

$$r = \left| \frac{4u}{3} \right| = \left| \frac{4(\beta^2 - 3\alpha\gamma)}{9\alpha^2} \right| \qquad (6-11)$$

其中，

$$\left. \begin{array}{l} \alpha = \theta R - w - cp/(1 + p) \\ \beta = c + cp/(1 + p) - \lambda d + 2w - 2\theta R \\ \gamma = \lambda d + \theta R - c - w \end{array} \right\}$$

在过度自信场景下，有：

$$\left. \begin{array}{l} \alpha_1 = \theta(1 + k_2)R - (1 + k_1)w - cp/(1 + p) \\ \beta_1 = c + cp/(1 + p) - \lambda d + 2(1 + k_1)w - 2(1 + k_2)\theta R \\ \gamma_1 = \lambda d + (1 + k_2)\theta R - c - (1 + k_1)w \end{array} \right\}$$

由上式可知，监管系统弹性受超额收益 w、惩罚力度 d、监管主体协同度 p、公众参与度 θ 以及过度自信程度等因素的共同影响。

6.3 仿真分析与模型验证

由上述分析可知，监管系统弹性受监管收益、惩罚力度以及监管主体协同度、公众参与度和过度自信程度等因素的共同影响。并且根据式（6-11），很难直接看出参数变化和监管系统弹性之间的具体作用关系，需要借助仿真软件来进一步分析。因此，接下来将采用MATLAB 2018b进行数值模拟，深入探讨参数变化下监管系统弹性的演化特征，并结合系统突变过程和现实案例对模型的适用性进行验证。

6.3.1 单因素下的仿真分析

1.过度自信程度改变时监管行为的突变与弹性演化

由前文的研究可知，监管主体的过度自信程度会影响行为决策，因此，给定 $c=24$，$R=30$、20，$d=20$，$w=10$，$p=0.5$，$\theta=0.5$，$\varepsilon=0.5$，探究过度自信参数变化时监管系统的弹性演化和突变现象，如图6-3至图6-6所示。

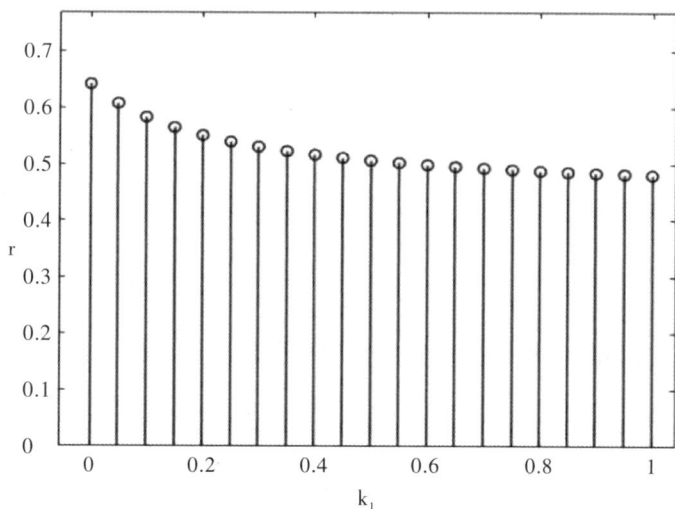

图6-3 k_1变化下的弹性演化图

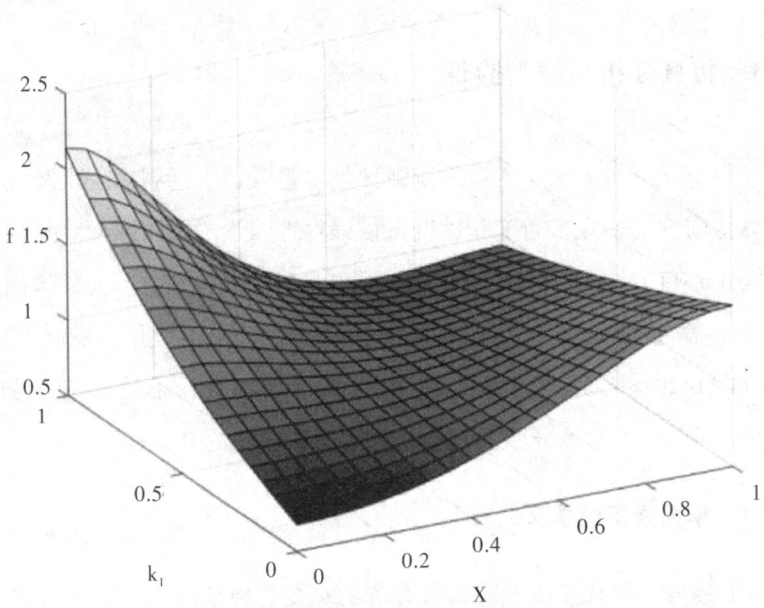

图6-4　k_1变化下的极限概率密度图

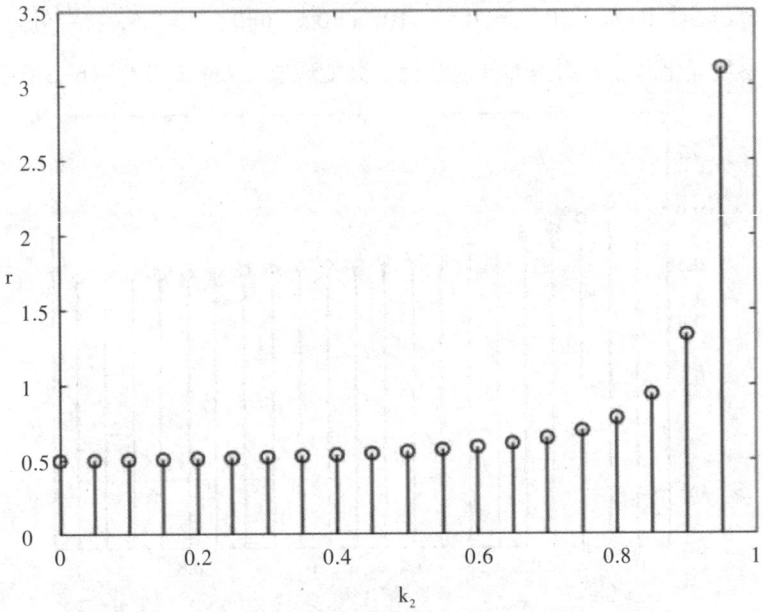

图6-5　k_2变化下的弹性演化图

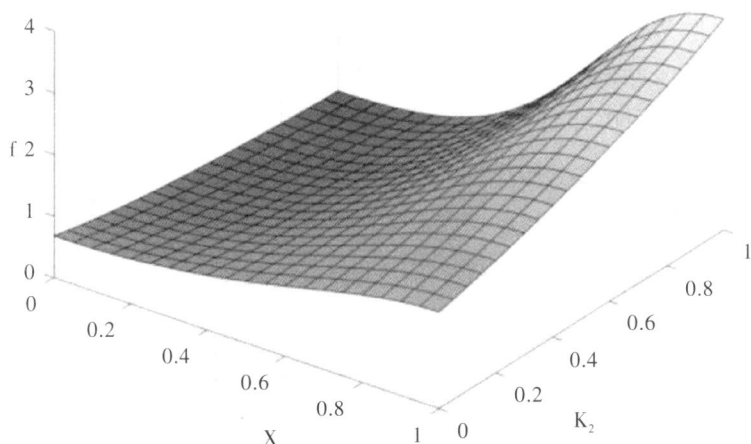

图 6-6 k_2 变化下的极限概率密度图

根据图 6-3 可以看出，超额收益过度自信 k_1 对系统弹性有负向影响，随着 k_1 逐渐增加，监管系统弹性逐渐减小。进一步，分析 k_1 变化下监管系统的突变现象，由图 6-4 的极限概率密度图可知，k_1 较小时（弹性较大），监管系统呈现明显的右尾高跷，表明监管系统处于积极监管状态，但随着过度自信程度逐渐增加（弹性减小），监管主体的行为发生突变，将会以较大的选择消极监管。

图 6-5 可以看出，超额收益过度自信 k_2 对系统弹性有正向影响，且影响程度随着 k_2 的增加而逐渐加大。进一步分析 k_2 变化下的突变现象，图 6-6 所示极限概率密度图呈现明显的右尾高跷，说明随着声誉损失过度自信的逐渐增加（弹性增加），监管主体将会以较高的概率选择积极监管，监管系统稳定于积极监管状态。

综上，超额收益过度自信 k_1 对弹性有负向影响，而声誉损失过度自信 k_2 对弹性有正向影响。可见，弹性指标与平台（商家）行为状态突变现象存在关联关系，系统突变的过程，也是系统弹性迅速下降的过程。突变现象与弹性演化过程一致，故该指标可以作为衡量平台（商家）行为是否突变及平台稳健性的度量，验证了突变模型和弹性测度方法的有效性。

结合现实来看，这是因为超额收益过度自信增加了对消极监管的收益预期，而声誉损失过度自信降低了消极监管的收益预期。例如，滴滴与优步中国合并后投诉比例激增这一现象与平台垄断加剧，声誉影响程度降低具有直接联系。可见当声誉影响程度较小时，平台积极监管意愿降低，与结论一致。应完善竞争机制与声誉机制，以此激励平台企业采取积极监管策略。

2.惩罚力度变化下监管行为的突变与弹性演化

给定 c=24，R=20，w=20，p=0.5，q=0.5，θ=0.5，探究上级政府惩罚力度 d 由 15 增加到 40 时监管系统的弹性演化和随机突变，如图 6-7 和图 6-8 所示。

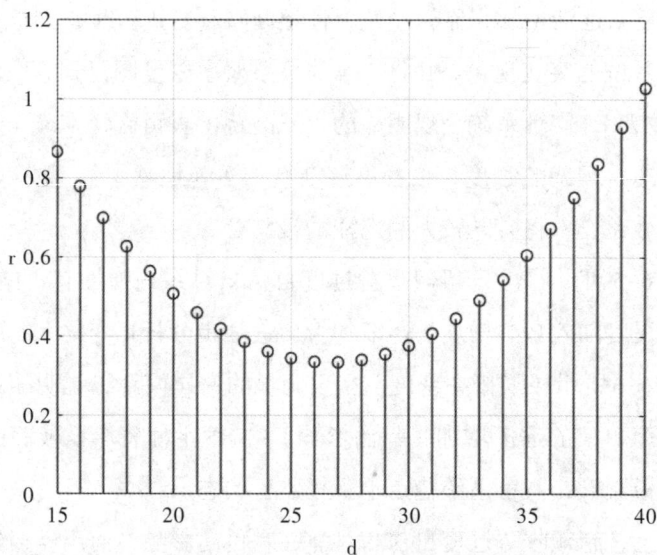

图6-7　d变化下的系统弹性演化

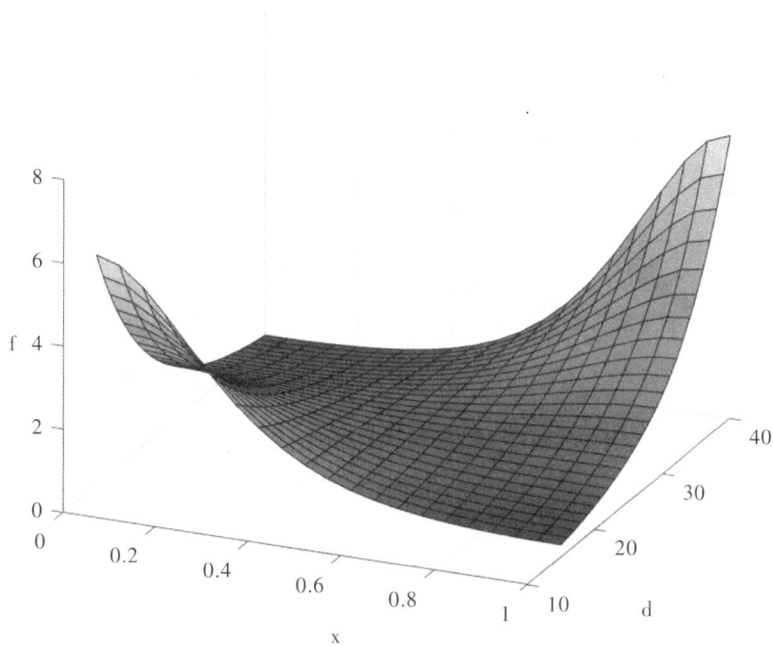

图6-8　d变化下的极限概率密度图

图6-7为惩罚力度d变化下的弹性演化。可以发现，随着d的增大，弹性r呈现先减小后增加的趋势，监管系统弹性与惩罚力度呈"U"形关系。进一步考察惩罚力度d变化下信用监管的突变现象，如图6-8所示，当d取值为15~30时，极限密度函数图表现出明显的"左尾高跷"，说明监管主体以较大的概率选择消极监管策略；当d取值为35~40时，极限密度函数图表现出明显的"右尾高跷"，监管主体以较大的概率选择积极监管策略。可见，系统从一个稳态变化至另一个稳态的过程，也即弹性先减小后增大的过程，同时也是控制变量从靠近分歧点集合到偏离分歧点集合的过程。图6-8所示突变现象与图6-7弹性演化过程一致。

可见，上级政府惩罚力度对监管主体行为和监管系统弹性有显著影响，随着d的增加，系统弹性呈现先减小后增加的趋势，系统从消极监管状态突变为积极监管状态。究其原因，是随着惩罚力度的增加，监管主体消极监管成本增加，使得监管主体逐渐由消极监管策略转变为积极监管策略。弹性 r 对惩罚力度变化的敏感性也说明了惩罚机制是约束主体行为的有效方式，与第 4 章的结论吻合。该结论说明在实际监管过程中，上级政府可以通过采用惩罚机制加以迅速调控监管状态，如 2021 年抖音运营平台因传播违规信息被顶格处罚后，迅速整改，从消极监管转变为积极监管，短时期内封禁违规账号超 100 万个。

3.监管主体协同度变化下监管行为的突变和弹性演化

给定 c=30，R=40，w=10，q=0.5，θ=0.7，ε=0.5，探究监管主体协同度变化时的监管系统的弹性演化和随机突变，如图 6-9 至图 6-11 所示。

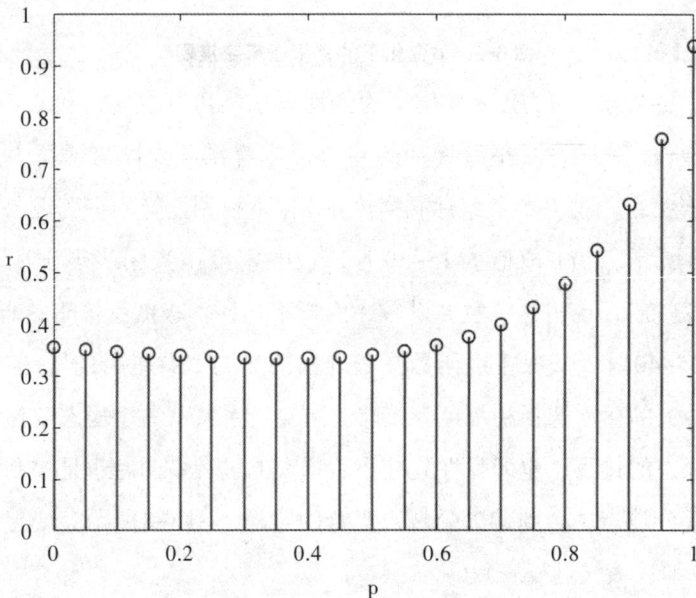

图6-9　p变化下的系统弹性演化图

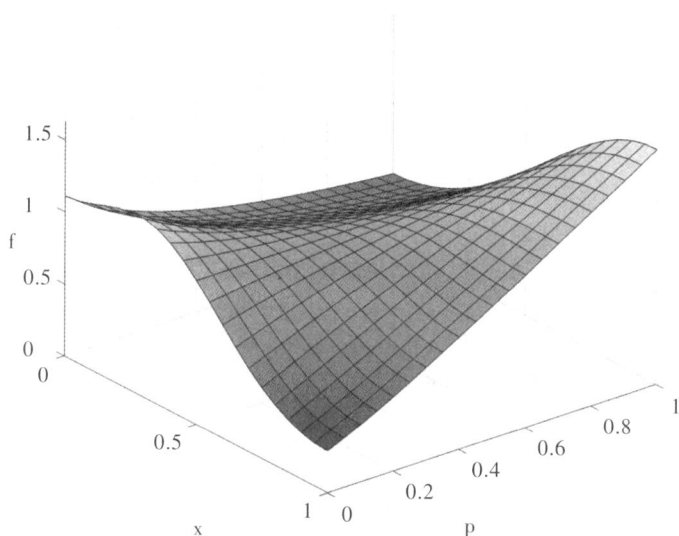

图6-10 p变化下的极限概率密度图

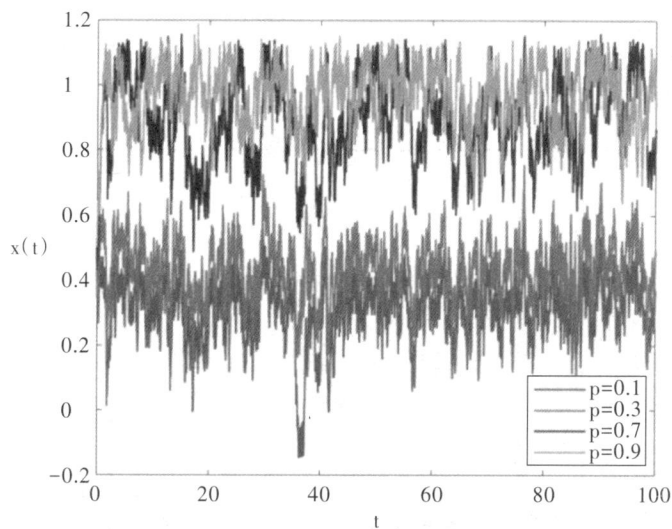

图6-11 p变化下的突变示意图

根据图6-9可以看出，当监管主体协同度从0.7增加至1时（阶段②），系统弹性随着p的增加而增加。当监管主体协同度低于0.7时（阶段①），监管系统弹性变化不显著。同样，图6-10所示极限概率密度图像变化平稳，说明监管系统对监管主体协同度的敏感度不高。图6-11是p变化下的随机突变示意图。根据第5章定理3所示突变临界条件可知，当p取值为0.7~0.8时，达到突变的临界状态，但图6-13并未表现出明显的突变现象。该结论与图6-9和图6-10一致，进一步验证了弹性测度方法的有效性。

可见，增加监管主体协同度可以在一定程度增加系统弹性，促进监管主体选择积极监管策略。其原因一方面是通过增加监管主体协同度，有利于降低二者的监管成本；另一方面，弹性对协同度的不敏感，说明由于惩罚机制和声誉机制的影响，即使监管主体之间的协同度较低，监管主体的策略选择也不会有太大的波动。

4.公众媒体参与度变化下监管行为的突变和弹性演化

给定c=24，R=20，d=20，w=10，q=0.5，p=1，ε=0.5，探究监管主体协同度变化时的监管系统的弹性演化和随机突变，如图6-12与图6-13所示。

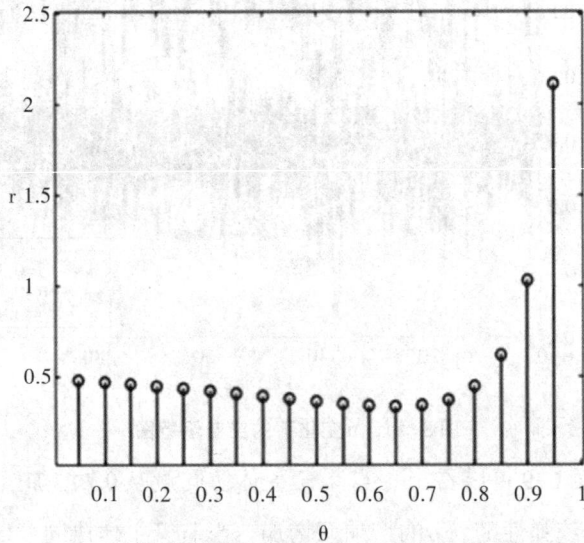

图6-12 θ变化下的弹性演化图

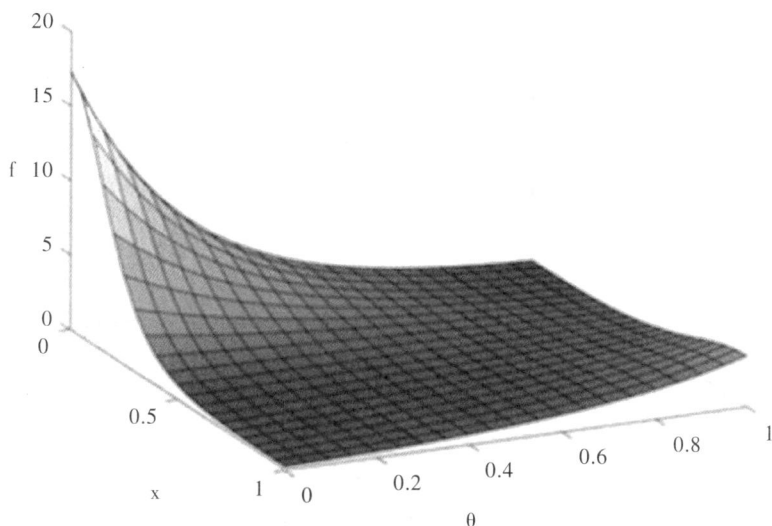

图6-13 θ变化下的极限概率密度图

根据图6-12可以看出，当公众媒体参与度 θ 从 0 增加至 0.8 时（阶段①），监管系统弹性较小，且随着 θ 的增加变化不大，而当公众媒体参与度从 0.8 增加至 1 时（阶段②），监管系统弹性随着 θ 增加迅速增加。从图6-13的极限概率密度函数图也可以看出。当 θ 较小时，极限概率密度函数呈明显的"左尾高跷"，监管主体以较高概率选择消极监管，当 θ 较高时系统才呈现积极监管趋势。

直播平台电商失信情况尤为显著的原因之一就是消费者参与度低，调查显示，直播带货目前仍以小额交易为主（低于500元），过半数的消费者遇到问题后不投诉的原因为"损失小，算了"，而较低的消费者参与度导致难以形成有效的声誉激励，进而难以对平台对象进行有效的遏制。因此，需要结合交易场景，通过健全投诉渠道、实施有奖举报等方式，提高公众媒体参与度，进而提升监管系统弹性。

6.3.2 双因素下的仿真分析

根据6.3.1研究可知，不同参数对监管系统弹性演化的影响不同，具体来说，惩罚力度变化对弹性影响显著，而监管主体协同度影响相对较小。接下来，将通过双因素分析，进一步探究不同参数之间的相互影响。

1.监管主体协同度和公众参与度对弹性的影响

给定b=25，R=10，d=5，ε=0.5，分析监管主体协同度和公众媒体参与度同时变化时弹性r的演化，如图6-14所示。

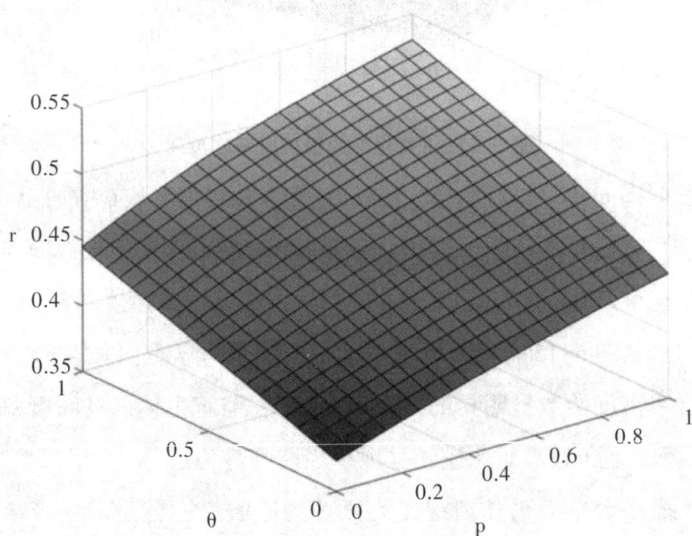

图6-14　协同度和公众参与度对监管系统弹性的影响

由图6-14可知，监管主体协同度和公众媒体参与度均对弹性有正向影响，与6.3.1结论一致，同时，公众媒体参与度能增强监管主体协同度对弹性的影响，当公众参与度θ较低时，监管系统弹性虽然随着监管主体协同度的增加而增加，但增加幅度有限。随着公众参与度的增加，监管协同度p对弹性的影响显著增强。究其原因，公众参与度影响监管成功率和声誉损失，当公众参与度较低时，监管主体不监管的损失较小，监管主体协同监管意愿不足，使得监管系统难以从不监管突变至监管状态。

2.监管主体协同度和公众参与度变化下监管成本对弹性的影响

考虑到监管主体协同度影响到监管成本，给定b=25，R=10，d=5，ε=0.5，监管成本和监管主体协同度同时变化时监管系统弹性的演化如图6-15所示。为分析对比监管主体协同度与公众媒体参与度的影响，公众参与度变化与监管成本同时变化时监管系统弹性的演化如图6-16所示。

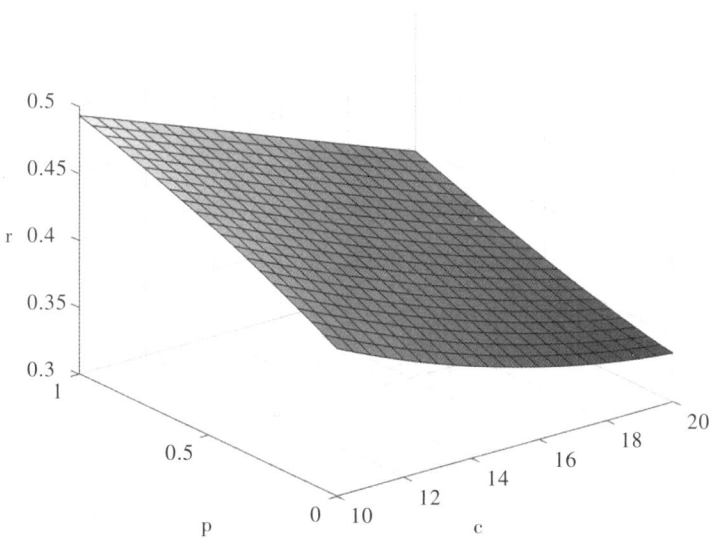

图6-15 监管成本和协同度对监管系统弹性的影响

由图6-15可知，监管成本对弹性有负向影响，虽然监管主体协同度与公众媒体参与度能减弱监管成本的负向影响，但当监管成本较高时，即使协同度和公众参与度较高，系统弹性依然较小，监管系统难以从消极监管突变至积极监管状态。结合现实来看，多数平台在发展初期，为抢占市场，往往采用"投入换增长、亏损换未来"的发展模

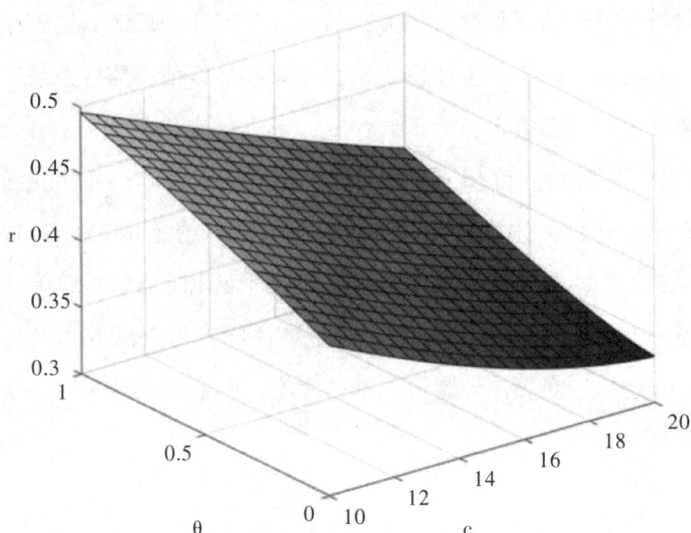

图6-16　监管成本和公众参与度对监管系统弹性的影响

式。然而当短期内行业投资回报较低时，营销成本过高就容易致使资金链断裂、跑路等恶性频繁事件发生。以在线教育行业为例，尽管2020年在线教育规模整体大幅增长，但平台爆雷事件依然频频发生。如2020年10月拥有超1 100个校区、3万多名专兼职员工的优胜教育资金链断裂，受害家长超4 000人，剩余课时总金额高达1.356亿元。究其原因，是在线教育企业为了抢占市场，疯狂烧钱营销，而教育本质上是对需要长期投入、回报缓慢的产业，短视做法必然使在线教育行业陷入普遍亏损的魔咒。2015—2018年仅3%的企业实现盈利，而成本过高、收益不足将导致提高服务质量更难以提高，企业口碑下降，生存更加困难。

3.协同度和公众参与度变化时惩罚力度对弹性的影响

为探究上级政府的惩罚力度变化对监管主体策略演化和系统弹性的影响，给定$b=25$，$c=10$，$R=10$，$\varepsilon=0.5$。分别考虑监管主体协同度变化和公众媒体参与度变化两种情形，惩罚力度对监管系统弹性的影响如图6-17和图6-18所示。

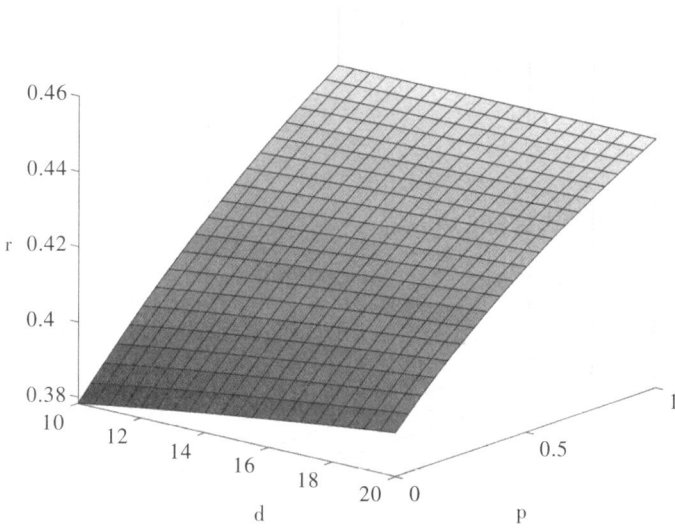

图6-17 协同度变化下惩罚力度对弹性的影响

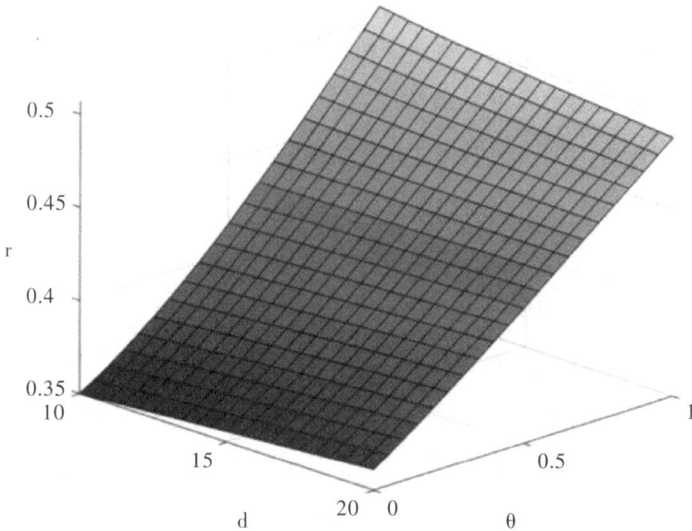

图6-18 公众参与度变化下惩罚力度对弹性的影响

从图6-18可以看出，监管系统弹性随着惩罚力度的增加而增加，并且随着p和k的增加，d的影响程度逐渐降低，即当p和θ较小时，

d增加监管系统弹性变化更显著。实验结果表明增加惩罚力度、监管主体协同度与公众媒体参与度，均能使监管系统稳定于积极监管状态。另外，惩罚力度的增加也并非一劳永逸的规制手段，应注意和其他政策手段联合使用。

6.4 研究结论与管理启示

本章基于突变论提出了弹性测度方法，从定量角度表述了参数变化和突变程度之间的量化关系。根据上述分析，本章得出的具体结论如下。

（1）弹性指标可以作为判断监管系统抗干扰能力的依据，弹性演化过程与随机突变过程一致，且弹性最小值与突变临界值对应。具体地，当弹性随参数变化而逐渐减小时，控制变量组合靠近分歧点集合，系统突变速率增加；反之，弹性增大时，控制变量组合远离分歧点集合，突变速率降低，系统稳定于积极监管状态或消极监管状态。因此，一方面，可以根据弹性指标实现监管预警，并及时干预；另一方面，弹性越大，系统距离突变发生的时间越长，意味着上级部门将有更多的时间采取相应的调控措施，从而避免极端事件发生。

（2）上级政府惩罚力度对弹性影响最显著，两者呈"U"形关系，监管主体协同度对弹性影响较小；在满足"突变"临界值约束下，当系统处于积极监管状态时，声誉损失过度自信对弹性有正向影响，超额收益过度自信对弹性有负向影响，监管主体协同度、公众媒体参与度和惩罚力度对系统弹性有正向影响。因此，在实际监管过程中，将弹性指标和"突变"条件相结合来优化监管策略将更有效。

本章的主要贡献是结合突变论与弹性理论，通过引入弹性指标从定量角度描述了系统演化机理。根据本章的研究结论可知，突变的过程可视为弹性破裂和建立的过程，监管系统弹性与突变速率成反比关系，弹性越大，从突变区演化到临界区所需的时间越长，突变发生的概率越小，意味着可以根据弹性指标实现对系统突变的预警，能够为预防和管理平台信用失范提供依据。

本章得到的管理启示为：一方面，通过强化声誉效应、提高惩罚力度、增加监管主体协同度和公众媒体参与度，可以提升系统弹性，使监管系统达到长期稳定状态；另一方面，当上级主管部门或者相关决策人员出于某种考虑，需要改变系统均衡状态（如从消极监管状态转变为积极监管状态）时，可以根据不同参数对弹性影响程度的不同有针对性地选择调控策略。如惩罚力度变化对弹性影响显著，说明可以在短期内通过调控惩罚力度（收取罚金、下架 App 等）迅速达到治理效果。而监管主体协同度对弹性影响相对较小，更适合作为长期监管政策来执行。超额收益和公众媒体参与度的影响则与突变阈值相关，意味着只有满足一定条件下，调控效果才能得以体现。另外，过度自信程度影响弹性，意味着需要结合监管主体特征、交易场景等综合考虑。

现阶段，平台电商新模式和新业态层出不穷，一方面，要避免因监管滞后导致的平台乱象出现；另一方面，也要避免因过度监管导致丧失赶超国外同行业的机会。根据弹性指标的变化进行监管预警，及时干预，有利于将审慎监管和柔性治理落到实处，在促进经济发展和行业规范之间实现动态平衡。

6.5 本章小结

平台信用监管的不确定性可能带来不良影响和严重后果，为了增加监管政策的有效性和准确性，本章运用弹性理论和突变论，基于平台电商信用监管尖点突变模型，提出弹性概念和弹性测度公式，通过弹性指标反映系统参数变化和抗干扰能力之间的量化关系，仿真分析超额收益、上级政府惩罚力度、监管主体协同度、公众媒体参与度和过度自信程度对弹性的影响，结合系统突变过程和现实案例对模型的适用性进行了验证。

"直播+"背景下主播—商家质量控制行为的突变与弹性研究

第4章至第6章以平台电商为研究对象，结合演化博弈理论、弹性理论和突变论，按照"平台电商信用监管随机演化→平台电商信用监管突变分析→平台电商信用监管弹性测度"的研究思路，揭示平台电商信用监管的非线性突变机制，通过弹性指标反映系统抗干扰能力（突变程度），从定量角度表述平台电商信用监管的非线性演化机理。得到一些对预防和治理平台信用失范具有实践指导意义的结论。

直播电商作为电商发展新模式，近年来飞速发展，其市场规模不断扩大，市场活力持续增强，在促进消费、拓宽就业渠道等方面发挥了重要作用，逐步成为中国经济发展的新动力。但需要注意的是，有别于传统电商，直播电商业态更加复杂，主播作为直播电商供应链的重要参与主体，除了负责产品销售之外，亦是质量控制的重要责任主体；另外，直播环境下，监管难度更大，直播电商的信用失范问题，尤其是产品质量问题更加突出。因此，本章基于前文的研究成果，结合演化博弈、突变论与弹性理论，探究"直播+"背景下主播—商家质量控制行为的非线性演化，并提出相应的对策建议。

7.1 问题描述

直播电商飞速发展，在带动居民消费、促进灵活就业、助力脱贫攻坚等方面发挥了重要作用。但是，由于交易双方存在严重信息不对称问题，且直播电商违法违规成本低，销售假货、虚假宣传、售后瑕疵等失信问题突出（李春发等，2022）。2020年消费者协会发布的《直播电商购物消费者满意度在线调查报告》显示，近40%的受访消费者在直播购物中遇到过问题，全国12315平台接收直播电商相关投诉同比增长357.74%，信用危机已经成为制约直播电商健康发展的瓶颈。

　　直播电商信用失范问题中，以产品质量问题最为突出，翻车事件频发，例如李某琦直播间的不粘锅事件、辛某直播间的糖水燕窝事件、薇某直播助农水果质量事件、罗某浩直播间羊毛衫假冒事件等（孙孝静，2022），直播电商平台的产品质量问题制约直播电商的高质量发展，直播电商质量监管成为政府、学术界和实业界关注的热点。

　　需要注意的是，有别于传统电商平台，直播电商的产品质量监管受到主播和商家（供应商）行为决策的直接影响。具体来说，商家拥有丰富的货品资源，负责样品供给、直播监督和复盘优化；主播拥有流量资源和专业的推广模式，承担直播的宣传、运营、推广、售后协调等工作。可见，主播和商家作为商品的销售方和供应方，除承担产品销售职责外，还需承担商品质量监管职责，在带货过程中严格品控。然而，受内外部多种因素影响，主播（商家）的策略选择均有可能发生改变。例如，部分商家为谋取高额收益，在产品生产加工过程中偷工减料，但与主播洽谈合作时仍以高质量产品谈判，使主播在不知情情况下宣传带货，损害消费者合法权益的同时，也有损平台、主播的声誉；抑或部分主播为制造噱头会夸大其产品卖点，或将仿品当作正品推广宣传，损害消费者的合法权益。当选择宽松品控的主播和商家达到一定比例时，直播电商供应链从严格品控状态突然转变为宽松品控状态，表现出非线性突变现象。

　　因此，本章以直播电商供应链中的主播和商家的质量控制行为作为研究对象，运用演化博弈和突变论探究影响主播—商家质量控制行为突变的关键因素，并在此基础上提出弹性指标来定量测度系统参数变化下主播和商家行为状态发生突变的可能性，并据此给出相应的对策与建议。

7.2 主播—商家质量控制行为的随机突变模型

7.2.1 随机突变模型构建

本章主要考虑由主播和商家构成的直播电商供应链，带货过程中，主播和商家共同分享带货收益，同时作为销售商和供应商，承担商品质量监管职责。当主播和商家严格品控时，可以获得网络口碑收益，但需付出一定的品控成本；当主播和商家宽松品控时，可以获得投机收益，但面临监管主体（平台或政府）的惩罚，并可能因商品质量问题导致部分消费者流失。实际情况中，受利益驱使，抑或成本限制，存在一方或两方采取宽松品控策略的情形（余法河，2021）。

演化博弈适用于有限理性下的群体演化研究，因此，将主播和商家分别记为博弈方1和博弈方2，两者有相同的策略集｛严格品控，宽松品控｝，可用对称博弈描述其博弈情形，见表7-1。其中，b代表主播和商家分享的带货收益，c是品控成本（包括时间、物资成本，且 $c < b$ ），p表示主播和商家采取严格品控策略时，网络口碑增加带来的口碑收益，d表示主播（商家）采取宽松品控策略时，平台和政府对其违规行为的惩罚。当主播和商家同时采取宽松品控策略时，将获得投机收益，用w表示，同时，也因商品质量问题导致消费者满意度下降，带来消费者流失损失R。

表7-1　　　　　　主播和商家的收益支付矩阵

主播	商家	
	严格品控	宽松品控
严格品控	$b + p - c$, $b + p - c$	$b - c$, $b(1 - d)$
宽松品控	$b(1 - d)$, $b - c$	$(w + b)(1 - d) - R$, $(w + b)(1 - d) - R$

用 x 表示主播和商家采取严格品控策略的概率，用 1-x 表示主播和商家采取宽松品控策略的概率，则主播（商家）采取监管策略时的期望收益是

$$E_1 = x(b + p - c) + (1 - x)(b - c) \tag{7-1}$$

采取宽松品控策略时的期望收益是

$$E_2 = xb(1 - d) + (1 - x)[(w + b)(1 - d) - R] \tag{7-2}$$

主播（商家）的平均期望收益为：

$$\overline{E} = xE_1 + (1 - x)E_2 \tag{7-3}$$

复制动态方程为：

$$F(x) = \frac{dx}{dt} = x(E_1 - \overline{E}) = x(1 - x)[(p + w - wd - R)x + wd + bd + R - w - c] \tag{7-4}$$

令 $a = wd + R - p - w$，$\beta = p + c + 2w - bd - 2wd - 2R$，$\gamma = wd + bd + R - w - c$，

$$F(x) = \frac{dx}{dt} = \alpha x^3 + \beta x^2 + \gamma x \tag{7-5}$$

式（7-5）给出了确定条件下主播（商家）质量控制行为的演化描述。但是，对于多方主体参与的复杂系统而言，演化过程具有不确定性。主播与商家博弈过程中，主体策略选择可能受性格、风险偏好等因素影响；另外，舆论环境、政策环境等外界干扰因素也对博弈过程具有不同程度的影响（徐岩等，2012）。因此，为了反映这一不确定性因素的扰动，对式（7-5）引入白噪声扰动，从而生成一个 Itô 形式的随机微分方程式，即

$$dx = (\alpha x^3 + \beta x^2 + \gamma x)dt + \varepsilon(x)dw(t) \tag{7-6}$$

式（7-6）为一维的 Itô 随机微分方程，表示监管主体受到随机扰动的复制动态方程。其中，w(t) 是一维的标准 Brown 运动，dw(t) 便是通常意义上的高斯白噪声，它可以刻画由多种微小因素造成的随机干扰，这样就可以在宏观上来反映监管系统所受到的不确定性干扰。

当 t>0 时，步长 $h>0$，其增量 $\Delta\omega(t)=\omega(t+h)-\omega(t)$ 服从正态分布 $N(0,\sqrt{h})$；$\varepsilon(x)$ 为扩散系数，表示所受干扰强度。

主播和商家的质量控制过程也即动态博弈的过程，具有两种平衡态：严格品控和宽松品控。在内外部因素的影响下，主播与商家的行为状态可能在两种稳态之间发生跃迁，例如，罗某浩直播间羊毛衫事件中，主播和商家同时采取宽松品控策略导致了严重质量问题。因而，采用突变模型对"主播—商家"质量控制行为演化问题进行研究。

根据 Cobb 对随机突变系统的研究，设随机系统中随机变量的初始值为 x_0，方程（7-6）所示随机过程 $x(t)$ 在时间 t 处的概率密度函数为：

$$f(r,\ t,\ x_0)=\frac{d}{dr}\text{Prob}\left\{x(t)<r\middle|x(0)=x_0\right\} \tag{7-7}$$

当式（7-7）中 $t\to+\infty$ 时，此时存在 $g(r,\ t,\ x_0)\to g^*$，即极限概率密度函数：

$$V_{\text{sto}(}(x)=-2\int_a^x\frac{-\dfrac{\partial V(x,\ g)}{\partial x}-\dfrac{1}{2}\left[\varepsilon^2(x)\right]'}{\varepsilon^2(x)}dz,\ \text{其中}\ g^*(x)=N_a\exp\left[-V_{\text{sto}}(x)\right] \tag{7-8}$$

式（7-8）中 $V(x,\ g)=\int_{x_0}^x(\alpha r^3+\beta r^2(t)+\gamma r)dr$，表示随机突变系统势函数，$N_a$ 为常数，g^* 与时间 t 无关。设 $\varepsilon(x)$ 为常数，故极限概率密度函数的众数及反众数为：$g^{*\prime}=-N_a\exp\left[-V_{\text{sto}}(x,\ g)\right]$ $V_{\text{sto}}'(x,\ g)=0\Rightarrow V_{\text{sto}}'(x,\ g)=0$，即

$$\alpha x^3+\beta x^2+\gamma x=0 \tag{7-9}$$

当 $\alpha\neq0$ 时，令：$y=x+\dfrac{\beta}{3\alpha}$，$u=\dfrac{\gamma}{\alpha}-\dfrac{\beta^2}{3\alpha^2}$，$v=\dfrac{2\beta^3}{27\alpha^3}-\dfrac{\beta\gamma}{3\alpha^2}$，则式（7-9）可为：

$$y^3+uy+v=0 \tag{7-10}$$

根据突变理论，式（7-10）符合标准的尖点突变模型的突变流形公式，y 为状态变量，代表严格品控或宽松品控状态，u，v 为控制变量。

主播（商家）质量控制行为随机突变模型的分歧点集取决于：

$$4u^3 + 27v^2 = 0 \qquad\qquad (7-11)$$

将 $u = \dfrac{\gamma}{\alpha} - \dfrac{\beta^2}{3\alpha^2}$，$v = \dfrac{2\beta^3}{27\alpha^3} - \dfrac{\beta\gamma}{3\alpha^2}$，代入上式，可得：

$$4u^3 + 27v^2 = \frac{4\gamma^3}{\alpha^3} - \frac{\beta^2\gamma^2}{\alpha^4}0 \qquad\qquad (7-12)$$

化简可得：

$$\alpha^2\gamma^2(\beta^2 - 4\alpha\gamma) = 0 \qquad\qquad (7-13)$$

将 $\alpha = b + \lambda d - cp/(1 + p)$，$\beta = c + cp/(1 + p) - 2b - 2\lambda d - kR$，$\gamma = b - c + \lambda d + kR$ 代入式（7-13），当 $\alpha \neq 0$，上式可化简得：

$$wd + bd + R = w + c \,\text{或}\, p + bd = c \qquad\qquad (7-14)$$

式（7-14）即为"平台—商家"随机尖点突变模型的分歧点集，主播（商家）的质量控制行为将在分歧点集处发生突变。

7.2.2 突变规律分析

图 7-1 为平台及商家反合作行为突变的示意图。图中平衡曲面分别代表合作状态和反合作状态。平台（商家）的行为状态将随着参数的变化而变化，其中 u 决定突变是否会发生，v 决定突变何时发生。以下是行为状态演化的具体分析：

（1）当 u > 0 时，式（7-11）无实数解，表明无论系统参数如何改变，主播（商家）的行为状态都不会出现突变。

（2）当 u < 0 时，存在可达到的分歧点集，也即突变集（如图 7-1所示）。给定控制参数的一系列取值，根据控制变量组合是否经过奇点集合，有两种不同的演化路径 M→N 和 M→N′。当参数沿着直线 MN′连续变化时，系统状态不会发生突变；而当参数沿着直线 MN 连续

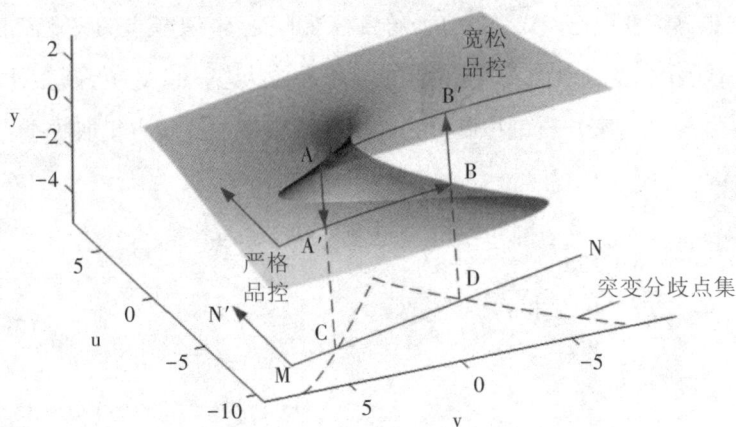

图7-1　平台市场信用监管演化突变示意图

变化时，系统的均衡点的变化就会沿着曲面中的A′BB′发生离散的变化，具体来看，从M点出发，参数组合沿着路径演化到点C时，系统将进入突变预警区，此时突变的可能性增加，当继续演化到达D点时，进入突变临界区，此时控制变量的微小变化都有导致系统发生突跳，从平衡曲面的下叶跳跃到上叶，具体的策略选择由"严格品控"策略（如图7-2（a）所示）转变为"宽松品控"策略（如图7-2（b）所示）。

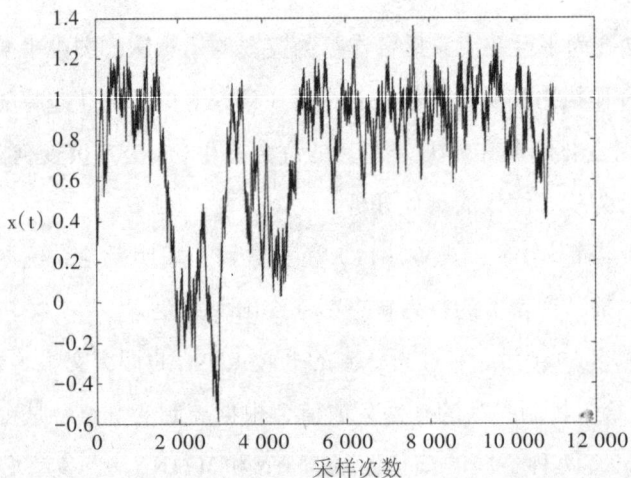

（a）策略选择一：严格品控

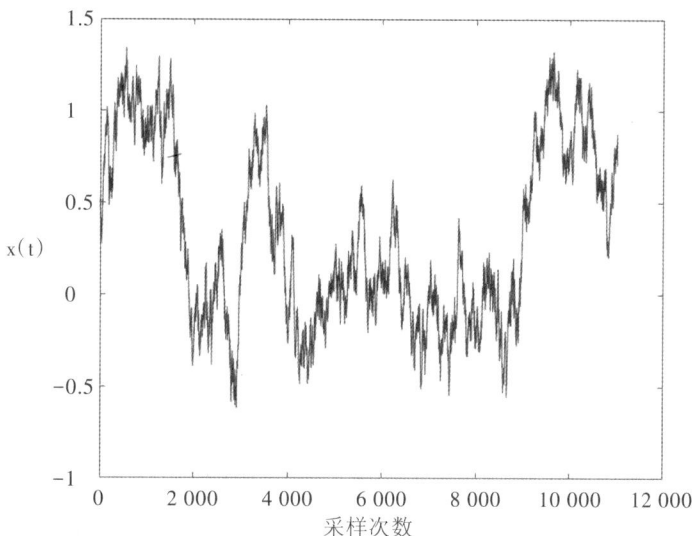

（b）策略选择二：宽松品控

图7-2　随机过程的策略选择

7.3　基于随机突变的主播—商家质量控制行为弹性测度

7.3.1　弹性测度模型构建

由7.2节的随机突变模型可知，当系统沿路径B′AA′演化时，会发生突变现象，此主播（商家）的策略选择可能会由"严格品控"转变为"宽松品控"，这将会对直播电商的发展产生不利影响。为进一步探索系统突变与参数变化之间的关系，引入弹性指标，根据Holling对弹性的理解，弹性可定义为系统均衡状态改变前吸收扰动的能力。因此，在本书中，主播—商家质量控制行为的弹性可定义为系统状态改变前对扰动的吸收能力，反映了不确定环境下，随着参数变化直播电商供应链可能发生突变的可能性。

根据图 7-1 中系统从 B′演化至 A 的过程，可以确定严格品控策略概率降低的幅度和突变路径，进而计算主播（商家）行为状态突跳前后的概率变化路径与变化速率。用 μ 表示系统状态改变前的变化速率，在图 7-1 中即为从突变域的右侧奇点集合至左侧奇点集合的变化幅度与 u、v 值变化比值，即 μ 可表示为：

$$\mu = \left| \frac{f(B') - f(A)}{d(B', A)} \right| \tag{7-15}$$

其中 $d(B', A)$ 是点 B′与点 A 在控制平面上对应的距离，与 u、v 的值相关。根据实际情况可知，μ 值越大，系统越容易发生突变。而弹性的强调重点是系统的抗干扰能力，变化速率越小，弹性越大。用 r 表示主播—商家质量控制行为弹性，故可以设置 $r = 1/\mu$，即弹性 r 可表示为：

$$r = \frac{1}{\mu} = \left| \frac{d(B', A)}{f(B') - f(A)} \right| \tag{7-16}$$

7.3.2 弹性测度模型求解

在随机尖点突变模型中，由于 u 是突变路径的主导，决定突变是否会发生，因此，给定一个 $u=u_i<0$，截取突变模型的一个切面，如图 7-3 所示。可根据卡丹公式进行求解。

当 $v=v_i$ 时，有：

$$f_1(u_i, v_i) = w\left(-\frac{v_i}{2} + \sqrt{\Delta}\right)^{\frac{1}{3}} + w^2\left(-\frac{v_i}{2} - \sqrt{\Delta}\right)^{\frac{1}{3}} \tag{7-17}$$

$$f_2(u_i, v_i) = w^2\left(-\frac{v_i}{2} + \sqrt{\Delta}\right)^{\frac{1}{3}} + w\left(-\frac{v_i}{2} - \sqrt{\Delta}\right)^{\frac{1}{3}} \tag{7-18}$$

$$f_3(u_i, v_i) = \left(-\frac{v_i}{2} + \sqrt{\Delta}\right)^{\frac{1}{3}} + \left(-\frac{v_i}{2} - \sqrt{\Delta}\right)^{\frac{1}{3}} \tag{7-19}$$

当 $v=v_i$ 时，有：

$$f_1(u_i, -v_i) = w\left(-\frac{(-v_i)}{2} + \sqrt{\Delta}\right)^{\frac{1}{3}} + w^2\left(-\frac{(-v_i)}{2} - \sqrt{\Delta}\right)^{\frac{1}{3}} \tag{7-20}$$

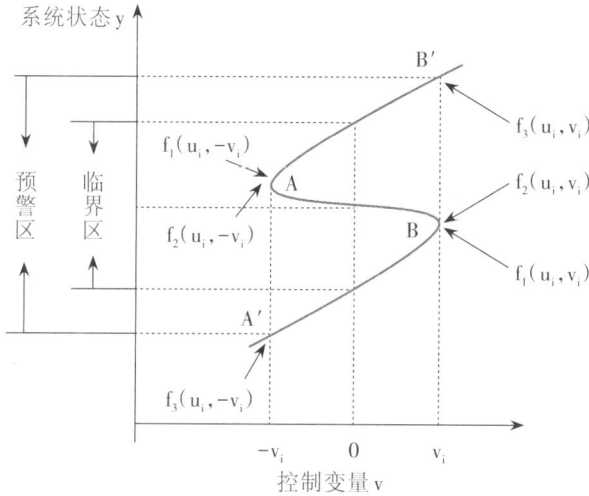

图 7-3 突变模型切面图（u=u_i）

$$f_2(u_i, \ -v_i) = w^2(-\frac{(-v_i)}{2} + \sqrt{\Delta})^{\frac{1}{3}} + w(-\frac{(-v_i)}{2} - \sqrt{\Delta})^{\frac{1}{3}} \qquad (7-21)$$

$$f_3(u_i, \ -v_i) = (-\frac{(-v_i)}{2} + \sqrt{\Delta})^{\frac{1}{3}} + (-\frac{(-v_i)}{2} - \sqrt{\Delta})^{\frac{1}{3}} \qquad (7-22)$$

其中 $w = \frac{-1 + \sqrt{3}\,i}{2}$，$w^2 = \frac{-1 - \sqrt{3}\,i}{2}$，$\Delta = (\frac{u_i}{3})^3 + (\frac{v_i}{2})^2$。代入上式可得 $f_1(u_i, \ v_i) = f_2(u_i, \ v_i)$，且 $f_1(u_i, \ -v_i) = f_2(u_i, \ -v_i)$。

依据上一节对突变速率 μ 和弹性 r 的定义，计算行为状态自预警区至临界区的平均变化速率，在图 7-3 表现为 $f_3(u_i, \ v_i)$ 至 $f_2(u_i, \ -v_i)$ 的形变大小，则有

$$\mu_{u_i} = \left| \frac{f(B') - f(A)}{d(B', \ A)} \right| = \left| \frac{-2(\frac{v_i}{2})^{\frac{1}{3}} + (\frac{v_i}{2})^{\frac{1}{3}}}{v_i - (-v_i)} \right| = \frac{1}{4}(\frac{v_i}{2})^{-\frac{2}{3}} \qquad (7-23)$$

将式（7-12）代入式（7-23），可得

$$\mu_{u_i} = \left| \frac{1}{4}(\frac{v_i}{2})^{-\frac{2}{3}} \right| = \left| \frac{3}{4u_i} \right| \qquad (7-24)$$

因此，对于任意 u，有

$$\mu = \left| \frac{3}{4u} \right| = \left| \frac{9\alpha^2}{4(3\alpha\gamma - \beta^2)} \right| \qquad (7-25)$$

$$r = \frac{1}{\mu} = \left| \frac{4(3\alpha\gamma - \beta^2)}{9\alpha^2} \right| \qquad (7-26)$$

其中 $\alpha = b + \lambda d - cp/(1 + p)$，$\beta = c + cp/(1 + p) - 2b - 2\lambda d - kR$，$\gamma = b - c + \lambda d + kR$。

7.4 仿真分析与模型验证

为直观地体现各个参数变化对弹性的影响以及为直播电商质量控制策略优化提供依据，下面将采用 MATLAB 进行数值仿真，并对模型的有效性与结论的稳健性进行验证。

7.4.1 敏感性分析

1.口碑收益对弹性的影响

直播电商是口碑经济，网络口碑直接影响消费者购买决策，影响直播电商监管主体策略选择，给定 $b = 10$，$c = 7$，$R = 6$，$w = 6$，$d = 0.3$，$\varepsilon = 0.2$，分析带货收益 b 改变时弹性 r 的变化及主播（商家）行为演化问题，如图 7-4 至图 7-7 所示。

由图 7-4 和图 7-5 可知，随着口碑收益 p 从 2 增加至 4，弹性 r 迅速减小，u 和 v 靠近分歧点集合，当 p=4 时，状态变量 y 突跳至三维曲面下叶，从宽松品控变为严格品控。随着口碑收益 p 进一步增加至 10，弹性 r 增加，但增加不显著，u 和 v 也以较小幅度偏离分歧点集合，弹性演化过程与控制变量演化状态一致。

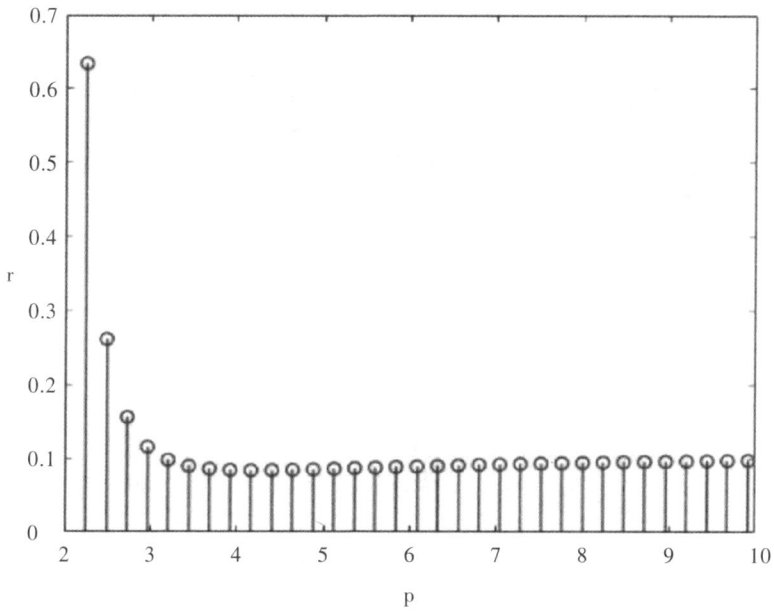

图7-4　口碑收益变化下的弹性演化图

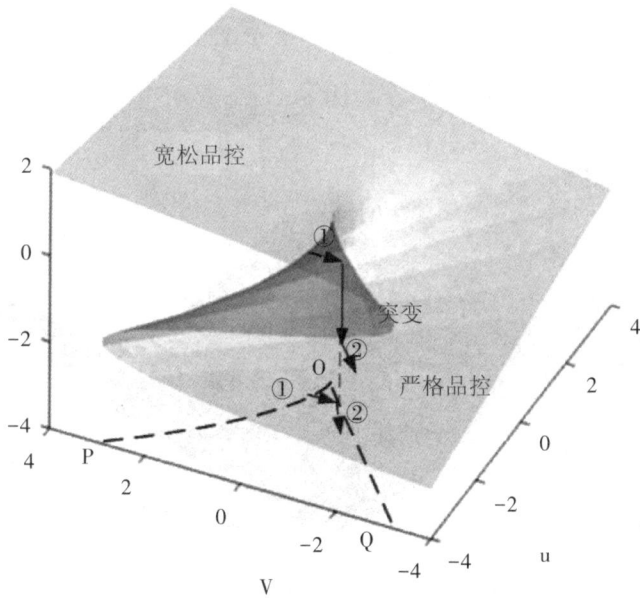

图7-5　口碑收益变化下的行为状态演化图

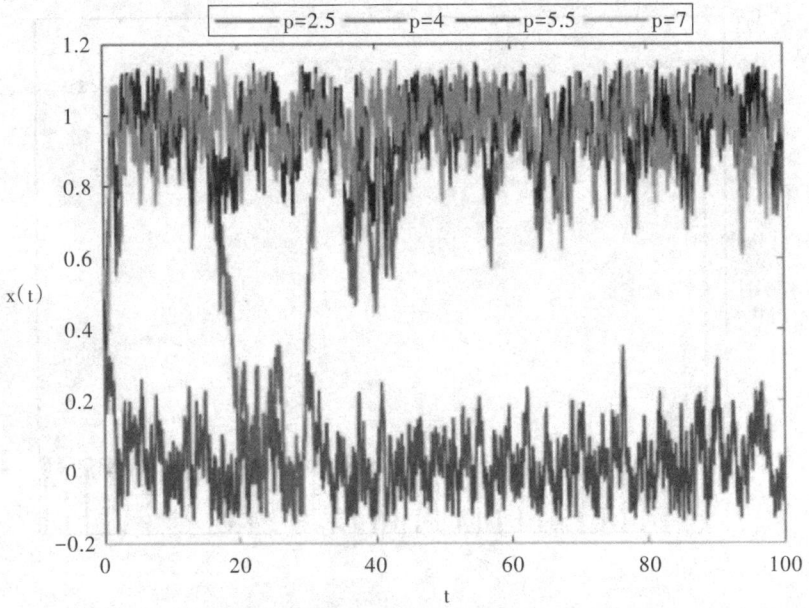

图7-6　口碑收益变化下的突变示意图

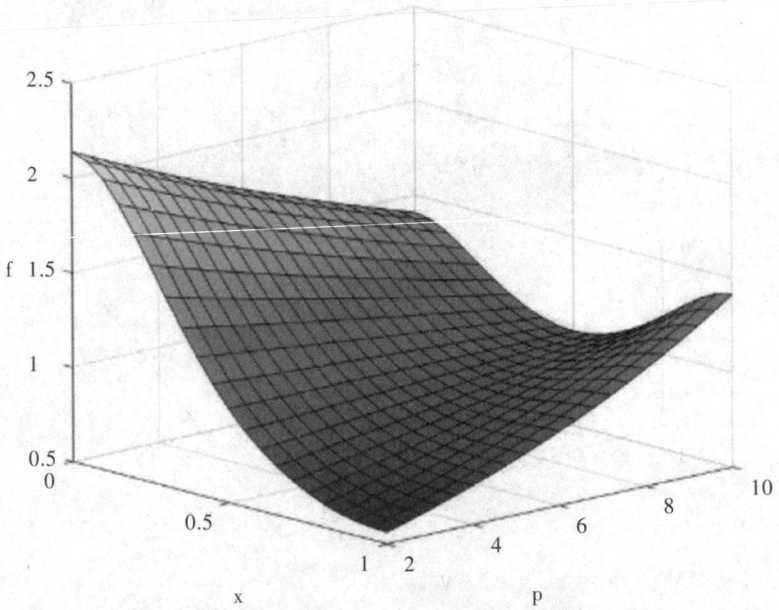

图7-7　口碑收益变化下的极限概率密度图

进一步观察口碑收益 p 变化下主播（商家）行为状态的"突变"现象，如图 7-10 所示，当口碑收益 p<4（p=2.5），主播（商家）选择严格品控策略的比例一直在 0 附近波动；而随着 p 值增加，演化轨迹从 0 的邻域突然跃迁到 1。这种突变现象在图 7-7 所示极限概率密度函数图中也可以看到，随着 p 逐渐增大，极限概率密度函数图从"左尾高跷"转变为"右尾高跷"，主播（商家）行为状态从宽松品控转变为严格品控。

综上，口碑收益对弹性有正向作用。当口碑收益较小时，随着口碑效益增加弹性变化更显著。实验结果表明，直播电商发展初期，网络口碑是促进主播（商家）选择严格品控策略的有效手段。实际上，平台可通过奖励诚信经营商家驱动主播和商家严格品控，同时调整带货口碑评分的指标构成、更新周期等进一步完善口碑指标体系，提升消费者购买体验。另外，结合图 7-4 至图 7-7 来看，系统突变的过程是弹性下降的过程，也是变量组合在控制平面逐渐靠近分歧点集的过程。突变现象与弹性演化过程一致，验证了突变模型和弹性测度指标的有效性。

综上，口碑收益对弹性有正向作用。当口碑收益较小时，随着口碑效益增加弹性变化更显著。实验结果表明，直播电商发展初期，网络口碑是促进主播（商家）选择严格品控策略的有效手段。实际上，平台可通过奖励诚信经营商家驱动使主播和商家严格品控，同时调整带货口碑评分的指标构成、更新周期等进一步完善口碑指标体系，提升消费者购买体验。另外，结合图 7-4 至图 7-7 来看，系统突变的过程是弹性下降的过程，也是变量组合在控制平面逐渐靠近分歧点集的过程。突变现象与弹性演化过程一致，验证了突变模型和弹性测度指标的有效性。

2.带货收益对弹性的影响

带货收益是驱使主播（商家）行为决策的重要因素之一。给定

c = 7，R = 6，w = 6，d = 0.3，p = 7，ε=0.2，分析带货收益b改变时弹性r的变化及主播（商家）行为演化问题，如图7-8至图7-11所示。

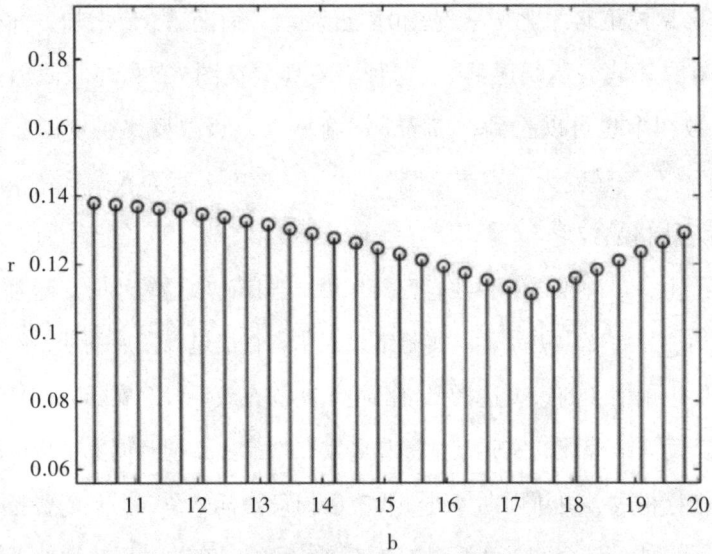

图7-8　带货收益变化下的弹性演化图

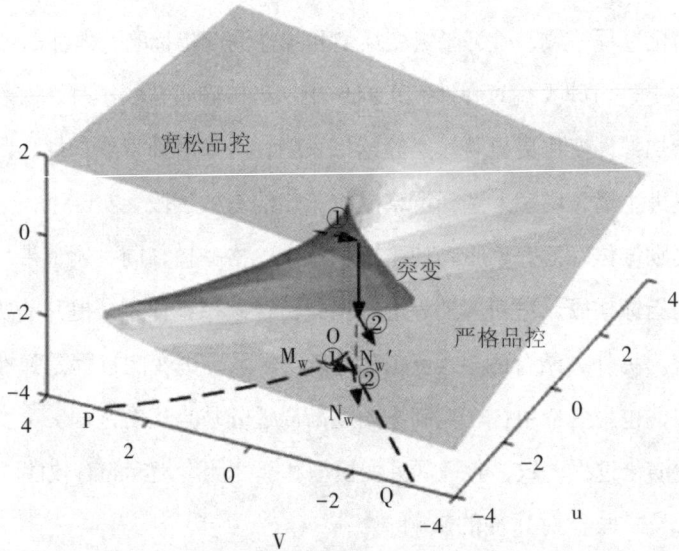

图7-9　带货收益变化下的行为状态演化图

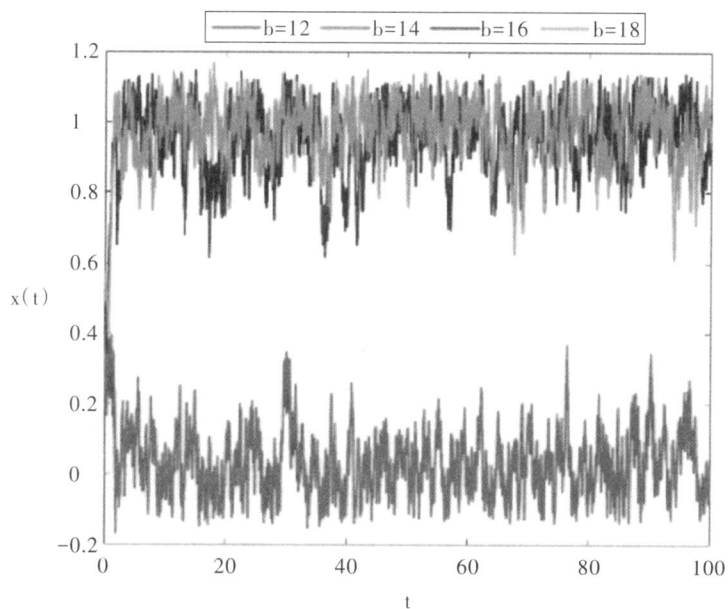

图7-10 口碑收益变化下的突变示意图

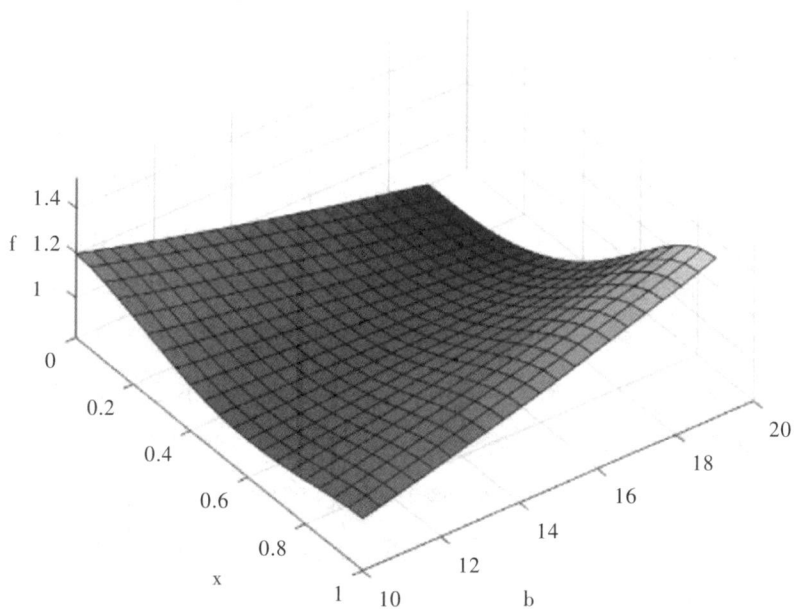

图7-11 口碑收益变化下的极限概率密度图

由图 7-8 可知，弹性与带货收益呈 "U" 形关系，随着 b 的增大，弹性呈现 r 先减小后增加的趋势。由图 7-9 可知，在点 Mw（b=10）时，商家（主播）处于宽松品控状态，随着带货收益的增加，行为状态演化沿着 Mw→Nw→Nw′ 方向进行，在点 Nw 时与分歧点集合相交，状态变量 y "突跳" 至下叶，在点 Nw′（b=20）时，商家（主播）行为突变至严格品控状态。

结合图 7-8 和图 7-9 来看，随着 b 增加（阶段①），弹性 r 减小，u-v 平面上控制曲线逐渐向突变边界线 OQ 移动，直至突变发生。随着 b 进一步增加至 20（阶段②），弹性 r 增加，控制曲线偏离分歧点集合，直播电商供应链稳定于严格品控状态。可见，弹性指标与主播（商家）行为状态突变现象存在关联关系，弹性减少，突变发生，弹性增加时，行为状态稳定。

进一步，考察带货收益 b 变化下主播（商家）质量控制行为的突变现象，如图 7-10 所示，当 b 增加，主播（商家）选择严格品控策略的概率从 0 跃迁至 1，当 b=20 时，极限密度函数图表现出明显的 "右尾高跷"（如图 7-11 所示），说明主播（商家）以较大概率选择严格品控策略。可见，系统从一个稳态变化至另一个稳态的过程，也即弹性先减小后增大的过程，同时也是控制变量从靠近分歧点集合到偏离分歧点集合的过程。图 7-10、图 7-11 所示突变现象与图 7-8、图 7-9 演化过程一致，故弹性 r 可以作为测度主播（商家）行为是否突变的定量指标。

综上，随着带货收益 b 的增加，弹性呈现先减小后增大的趋势，主播（商家）从宽松品控突变至严格品控状态。现实中，平台或政府部门可以通过奖励诚信主播（商家）、规范佣金制度等方式，帮助主播（商家）提升带货收益，促进主播（商家）选择严格品控策略。

3.投机收益对弹性的影响

给定 b = 10，c = 7，R = 6，p = 7，d = 0.3，ε=0.2，分析超额收

益b改变时弹性r的变化及主播（商家）行为演化问题，如图7-12至图7-15所示。

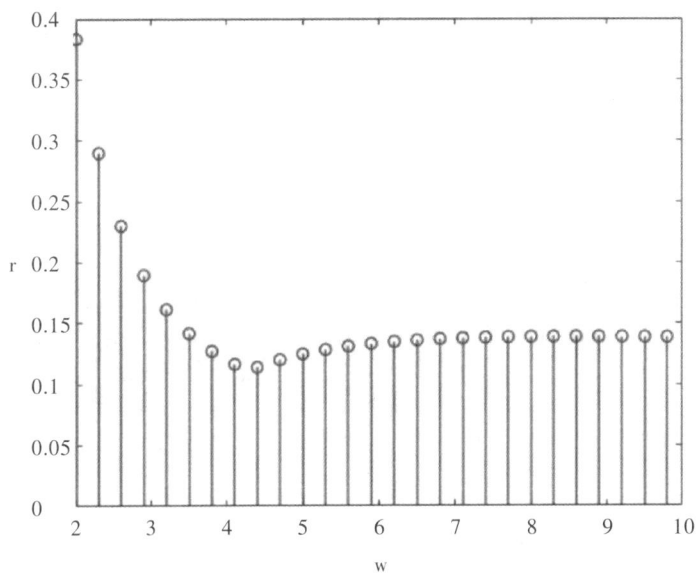

图7-12 投机收益变化下的弹性演化图

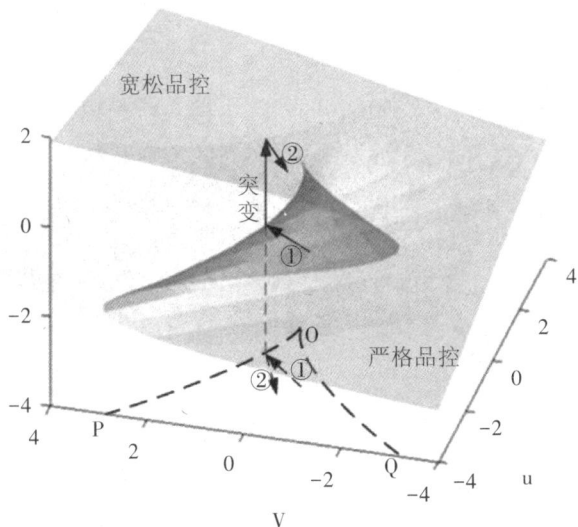

图7-13 投机收益变化下的行为状态演化图

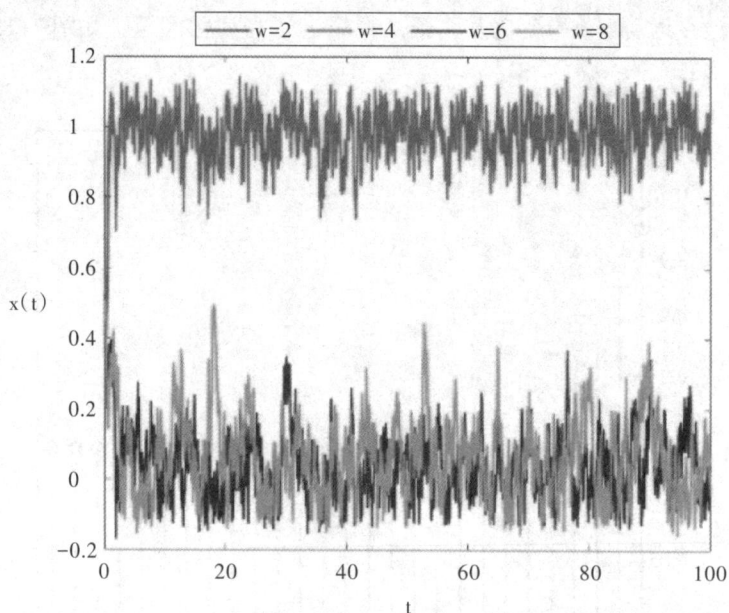

图7-14　投机收益变化下的突变示意图

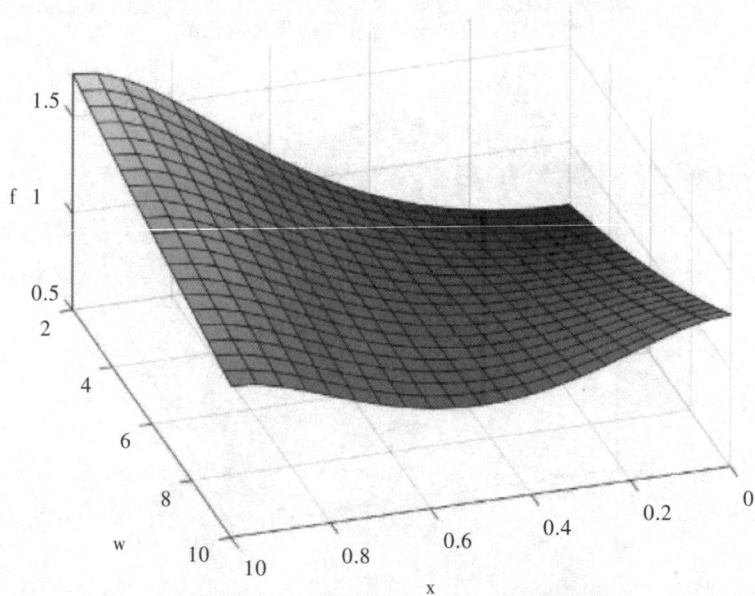

图7-15　投机收益变化下的极限概率密度图

　　由图7-12和图7-13可知，随着超额收益w从2增加至4，弹性r迅速减小，u和v靠近分歧点集合，当w=4时，状态变量y突跳至三维曲面下叶，从严格品控变为宽松品控。随着口碑收益p进一步增加至10，弹性r增加，u和v、偏离分歧点集合，主播（商家）行为状态演化至宽松品控状态。类似地，根据图7-14和图7-15考察超额收益变化下直播电商供应链的突变现象，可以发现，突变现象与弹性演化一致。

　　综上，投机收益对直播电商供应链弹性有负向作用。并且，投机收益较低时，随着投机收益增加弹性变化更显著。说明只要有利可图，主播（商家）就有可能采取宽松品控策略。现实中，因为产品质量问题导致的主播"翻车"事件频现，如罗某浩羊毛衫事件、辛某糖水燕窝事件等。这种投机行为严重损害市场信誉、引发消费者舆论争议。针对直播电商带货过程中存在的投机行为问题，政府、平台和消费者应发挥各自监管职能，采取惩戒等措施以抑制投机行为。

　　按照类似的逻辑，分析品控成本c、惩罚力度d和消费者流失损失R对主播（商家）质量控制行为突变和弹性演化的影响。需要说明的是，由于突变和弹性的对应关系已经得到验证，因此将不再赘述。

　　4.品控成本对弹性的影响

　　成本是主播（商家）质量控制行为的绊脚石，给定b = 10，R = 6，w = 6，d = 0.3，p = 7，ε=0.2，分析品控成本c改变时弹性r的变化及主播商家质量行为的演化问题。由图7-16至图7-19可知，品控成本对质量控制行为有负向影响，随着成本增加，直播电商供应链弹性r迅速降低，主播（商家）由严格品控状态突变至宽松品控状态。随着成本进一步增加，直播电商供应链稳定于宽松品控状态。这也与现实相符，对主播而言，严格品控往往需要高昂的时间和金钱成本，例如护肤品效果测试，可能需要数月之久。这时部分主播便会采取宽松品控策略。对于商家而言，成本亦是影响策略选择的关键因素，特别是对于手工艺品、农产品等非标准化生产的产品，品控难度大，成本高，成为影响产品产量的关键因素。

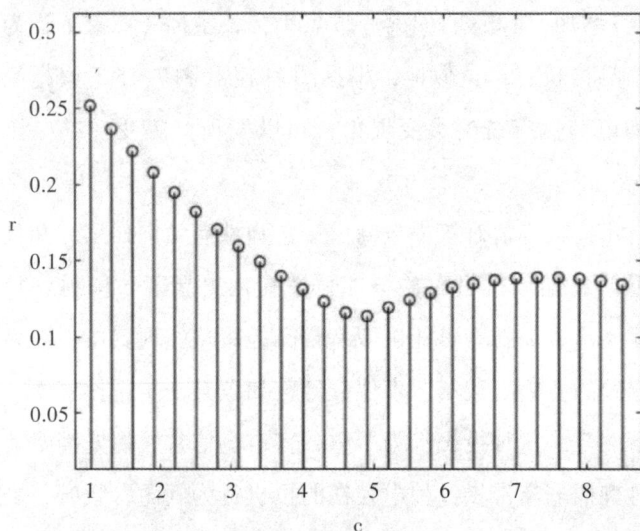

图 7-16　品控变化下的弹性演化图

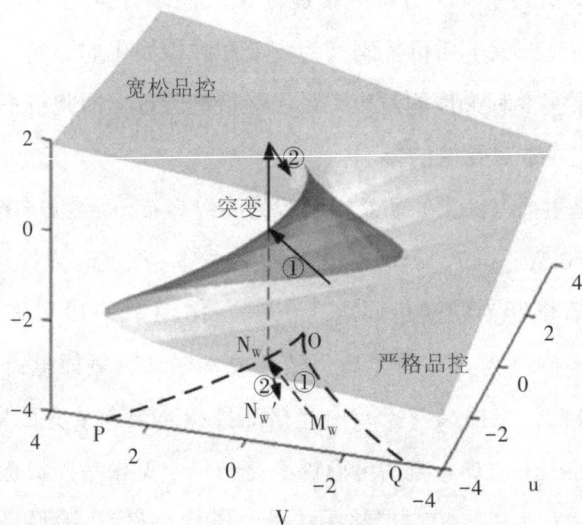

图 7-17　品控成本变化下的行为状态演化图

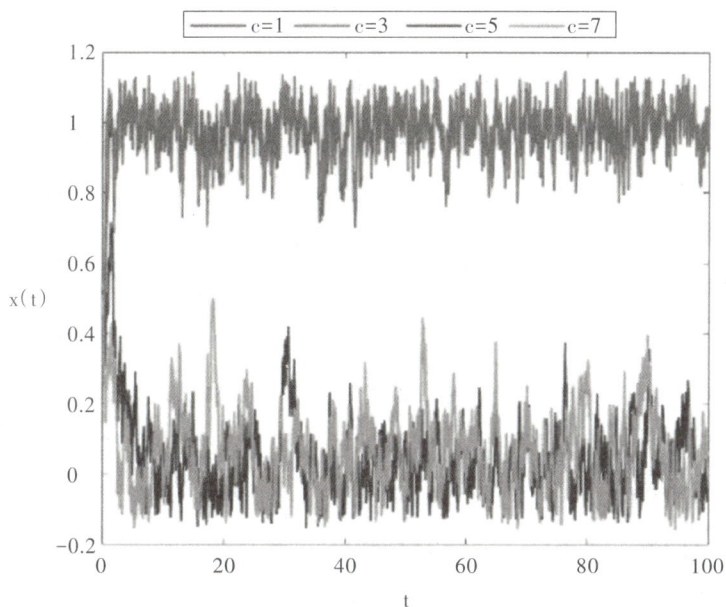

图 7-18 品控成本变化下的突变示意图

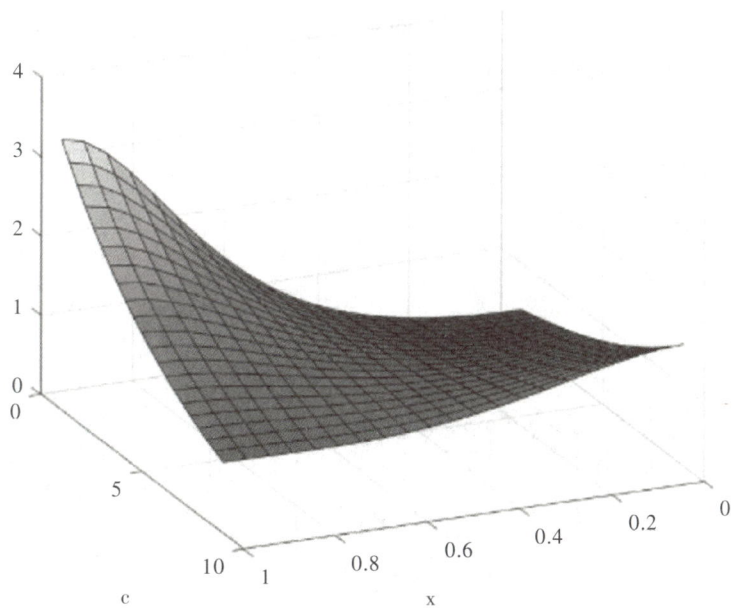

图 7-19 品控成本变化下的极限概率密度图

5.惩罚力度对弹性的影响

现实中，惩罚机制是一种广泛使用约束手段，通过增加宽松品控成本，能够驱使主播（商家）选择严格品控策略，给定 b = 10，c = 7，R = 6，w = 6，p = 7，ε=0.2，分析惩罚力度 d 改变时弹性 r 的变化及主播（商家）行为演化问题。由图 7-20 至图 7-23 可知，惩罚力度对主播（商家）质量控制行为有正向影响，随着 d 增加（从 0.1 至 0.38），弹性 r 减小，主播（商家）由宽松品控状态突变至严格品控状态。随着 d 进一步增加（从 0.38 至 0.6），弹性 r 增加显著，u 和 v 以较大幅度偏离分歧点集合，极限概率密度图亦呈现明显"右尾高跷"，此时主播（商家）稳定于严格品控状态。实验结果表明，惩罚力度是质量控制的有效手段，且当 d 较大时，弹性变化更显著，约束效果更好。这在实际案例中也有体现，例如李某琦直播曾多次涉嫌虚假宣传误导消费者，受到政府部门相应处罚，促进其规范品控行为。因此，政府部门有必要优化直播电商审核和惩罚机制，对相关主播的不作为、消极应付等严肃处理，实现对直播电商的有效管理。

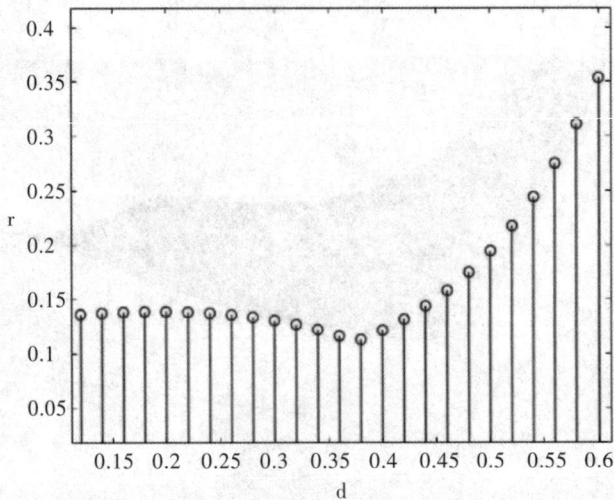

图 7-20　惩罚力度变化下的弹性演化图

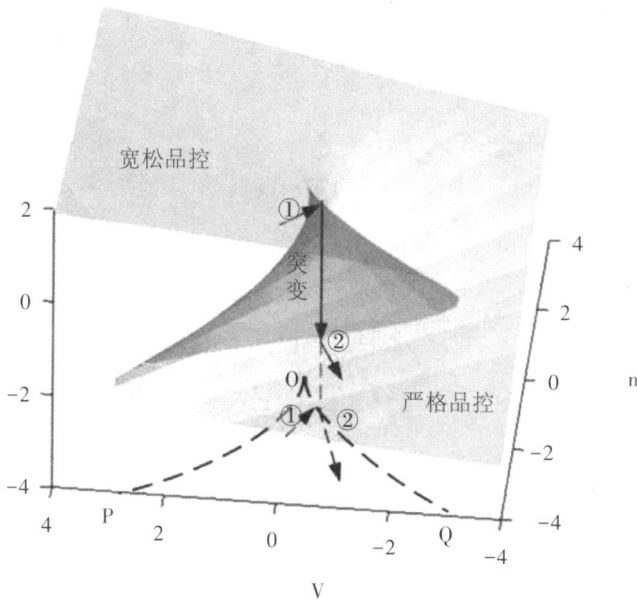

图7-21 惩罚力度变化下的行为状态演化图

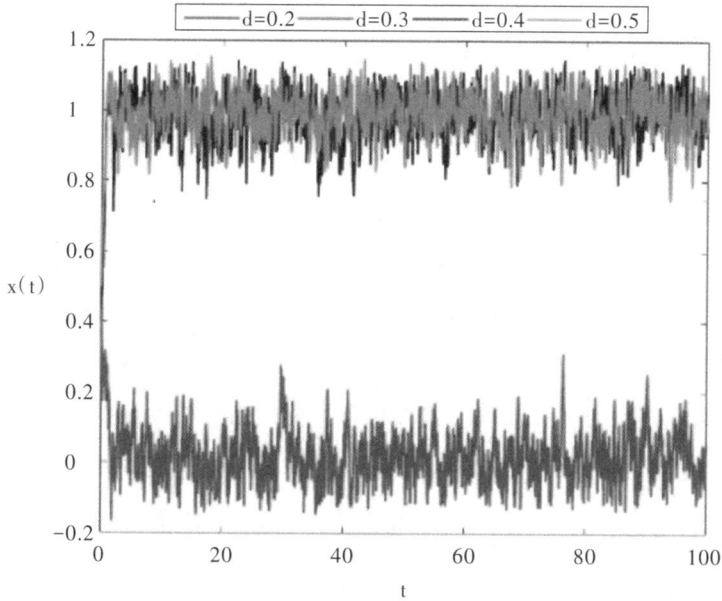

图7-22 惩罚力度变化下的突变示意图

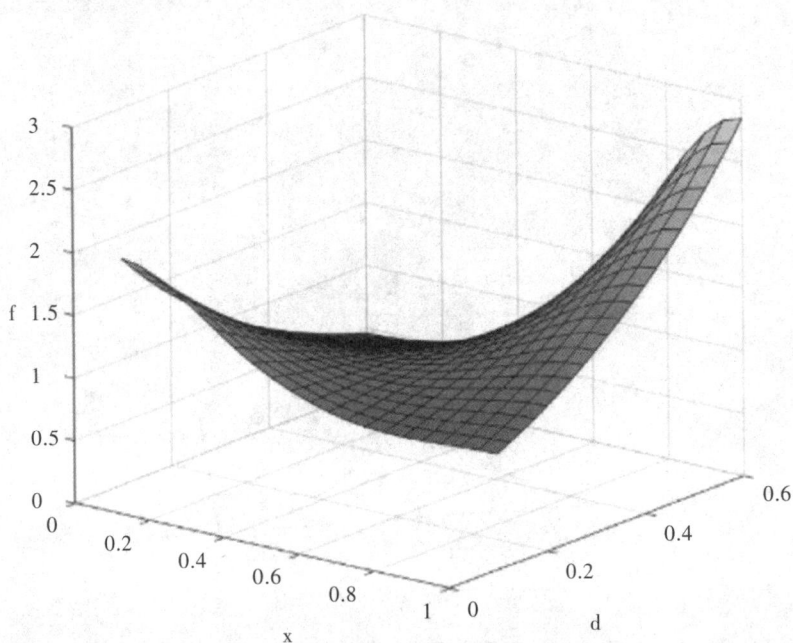

图 7-23　惩罚力度变化下的极限概率密度图

6.消费者流失损失对弹性的影响

直播带货市场竞争日益激烈，消费者满意度逐渐成为主播（商家）考察的关键因素，给定 $b = 10$，$c = 7$，$w = 6$，$p = 7$，$d = 0.3$，$\varepsilon = 0.2$，分析消费者流失损失 R 改变时弹性 r 的变化及主播（商家）行为演化问题。由图 7-24 至图 7-27 可知，消费者流失损失对主播（商家）质量控制行为有正向影响，且与惩罚机制类似，当 R 较大时，弹性 r 随着消费者流失损失的增加变化更显著。此时主播（商家）稳定于严格品控状态。这与现实情形相符，例如明星跨界直播时，虽然公众关注度很高，但"翻车"事件频现，究其原因，消费者流失对明星影响较小，部分明星把带货当作"割韭菜""赚快钱"的方式，在利益驱使下采取宽松品控策略。

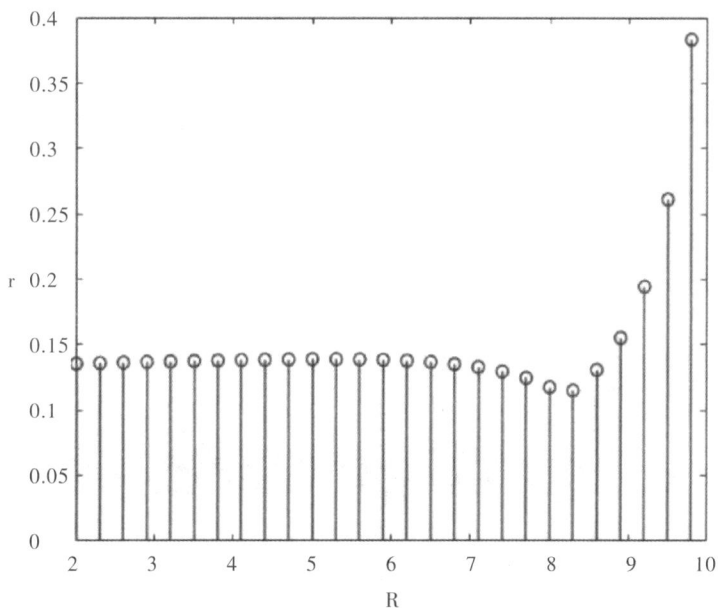

图7-24 消费者流失损失变化下的弹性演化图

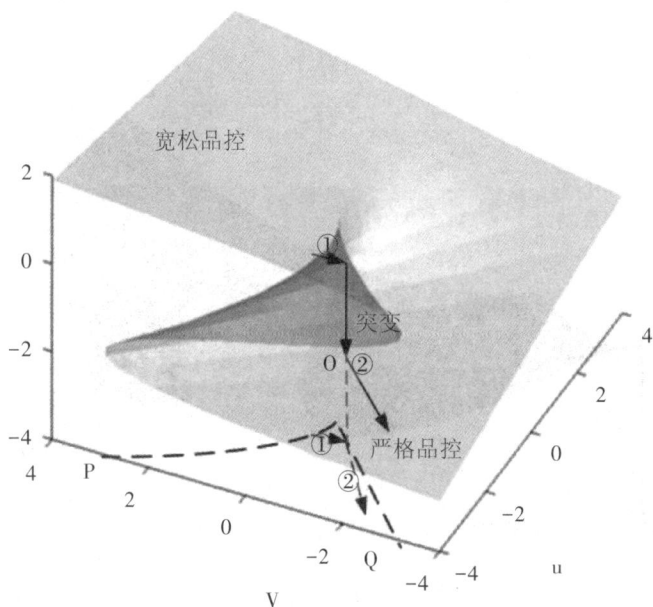

图7-25 消费者流失损失变化下的行为状态演化图

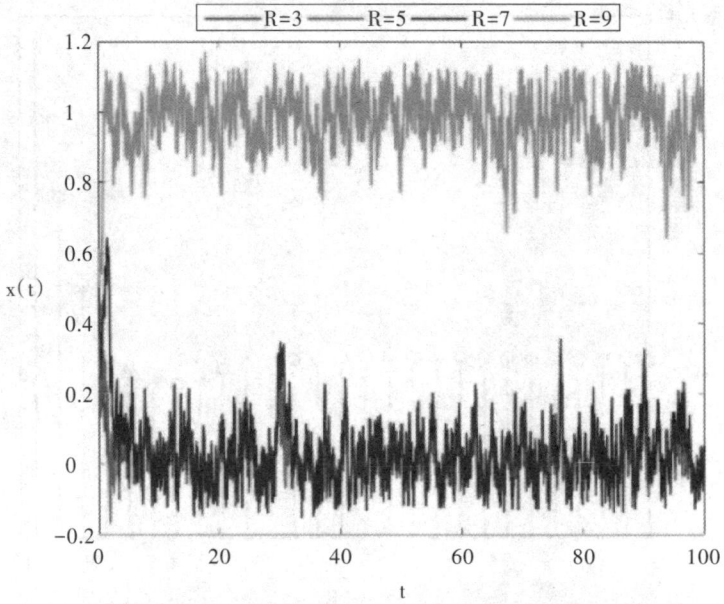

图 7-26　消费和流失损失变化下的突变示意图

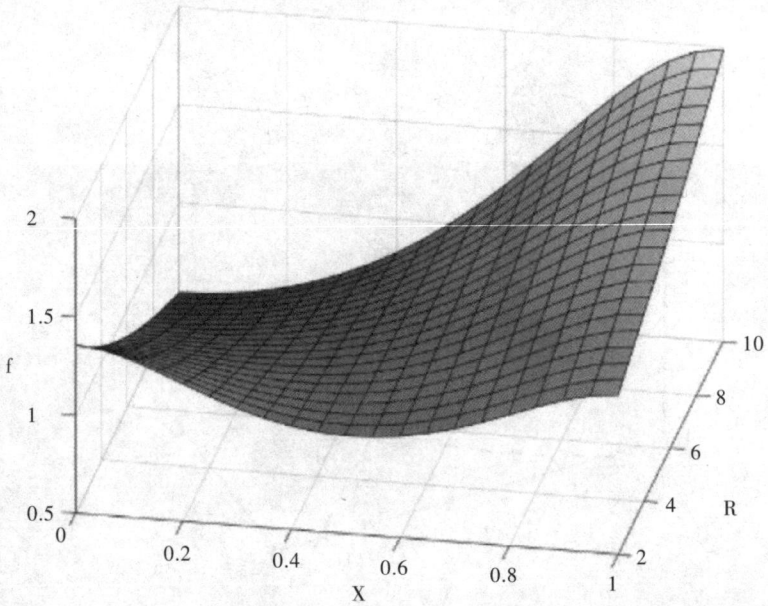

图 7-27　消费者流失损失变化下的极限概率密度图

7.4.2 仿真结果验证

由 7.4.1 敏感性分析可知，不同参数变化对弹性影响不同，例如，超过突变阈值时，增加惩罚力度和消费者流失损失可以极大增强主播—商家质量控制行为的弹性（见图 7-20 和图 7-24），即适当的惩罚力度和消费者流失损失能更有效地避免从严格品控到宽松品控的突变。此外，当低于突变阈值时，品控成本、投机收益和口碑收益对弹性有一定程度的影响，然而带货收益 b 的影响相对较小。这一发现意味着，宽松品控状态下，减少品控成本和投机收益，或增加口碑收益比直接增加带货收益能更有效地促进主播（商家）突变至严格品控状态。

验证数值实验结果稳健性的基本方法是改变参数设置，观察得到的结果是否相似。因此，在本节中，我们改变参数取值，观察参数对弹性的影响是否与 7.4.1 中得到的结果一致。

根据 7.4.1，超过突变阈值后，d 和 R 对弹性都有显著的正向影响。因此，我们首先观察 d 和 R 变化时弹性的演化模式和突变现象。为简单明了地进行比较，我们分别观察 b、c、w 和 p 变化时，弹性随 d 的变化情况（如图 7-28 所示）以及弹性随 R 的变化情况（如图 7-29 所示）。

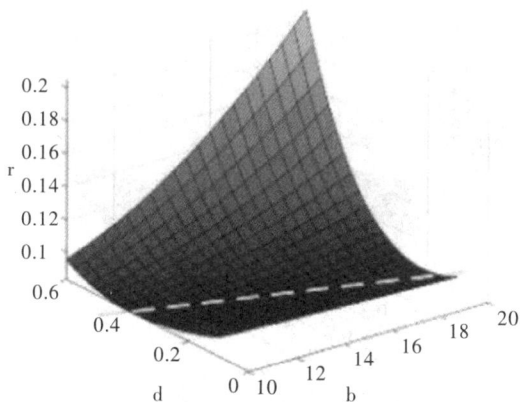

（a）d 与 b 变化

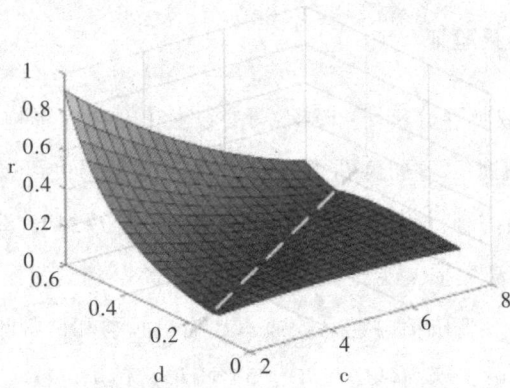

（b）d与c变化

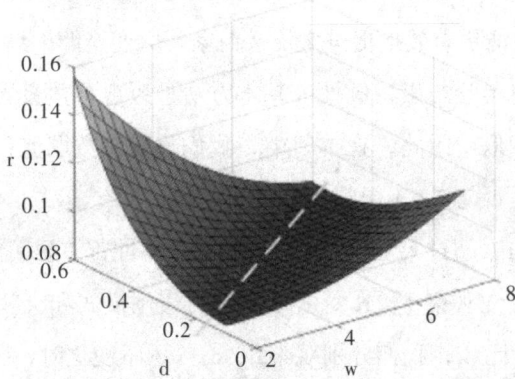

（c）d与w变化

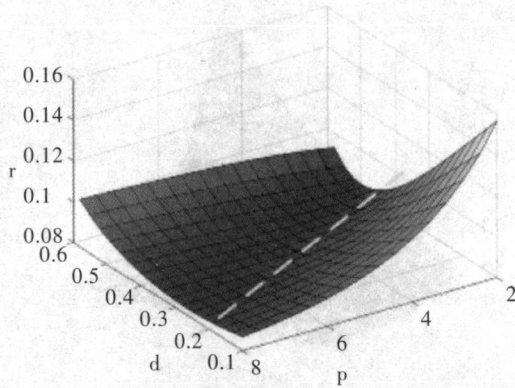

（d）d与p变化

图7-28　参数变化下惩罚力度d对弹性的影响

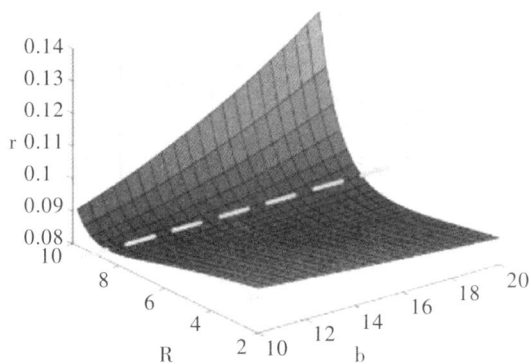

（a）R与b变化

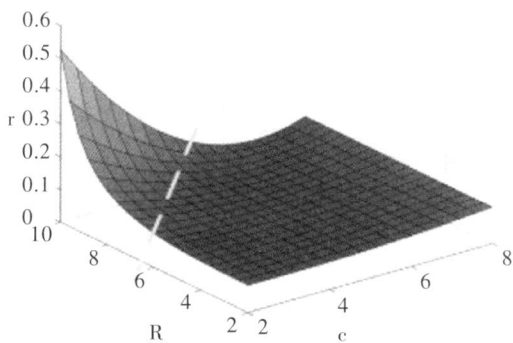

（b）R与c变化

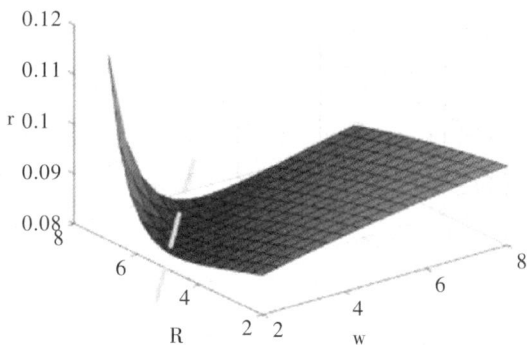

（c）R与w变化

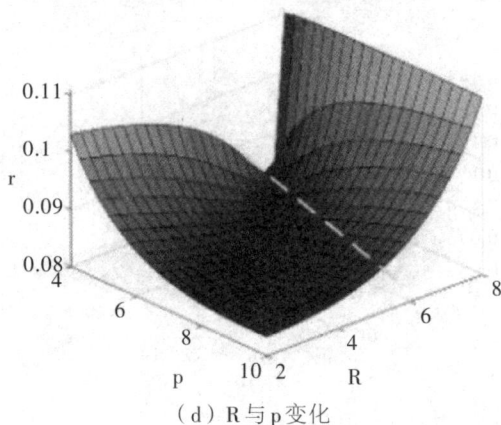

（d）R与p变化

图7-29   参数变化下消费者流失损失对弹性的影响

如图7-28（a）至图7-28（d）所示，当惩罚力度d大于突变阈值（黄色虚线）时，d对弹性r有显著的正向影响。在不同情况下，增加d总能使系统从宽松品控状态突然转变为严格品控态。然而，当d较小时，即使存在较大的b、较大的p、较小的c和较小的w，系统也可能处于宽松品控状态，这表明d对直播（商家）质量控制行为的影响比b、p、c和w更为显著。图7-29中也有类似现象。声誉损失R的增加也大大增强了直播电商供应链的稳定性。当R较小时，主播（商家）可能会处于宽松品控状态。实验说明惩罚机制和消费者流失损失对系统恢复能力有显著影响，可以有效控制突变，这与7.4.1的结果一致。

接下来，我们观察b、p、c和w对弹性的影响。在图7-30和图7-31中，我们观察了在c和w变化的情况下，弹性随b变化的情况；在图7-32和图7-33中，我们观察了在c和w变化的情况下，弹性随p变化的情况。为了便于观察和比较上述参数对r的影响，图7-30至图7-33分别设置了四组不同的参数值。为了确保结论的正确性，我们设置R=和d=0.1（非常小的值，以减小R和d的干扰）。

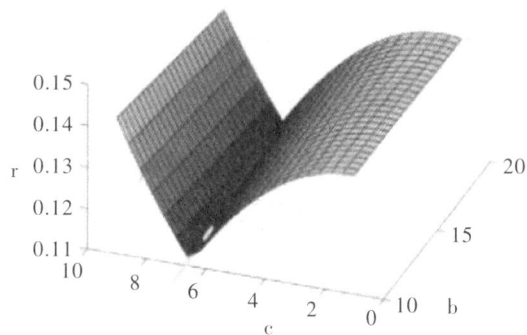

（a）w=6，p=6

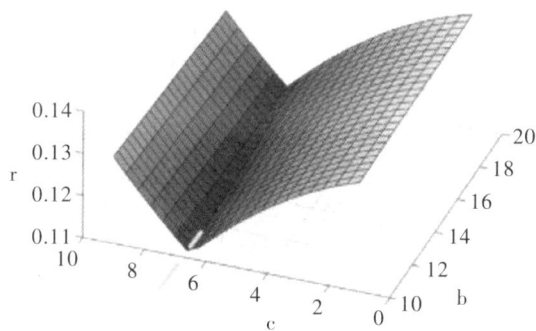

（b）w=12，p=6

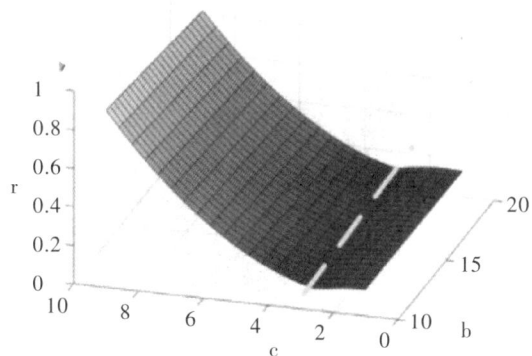

（c）w=12，p=2

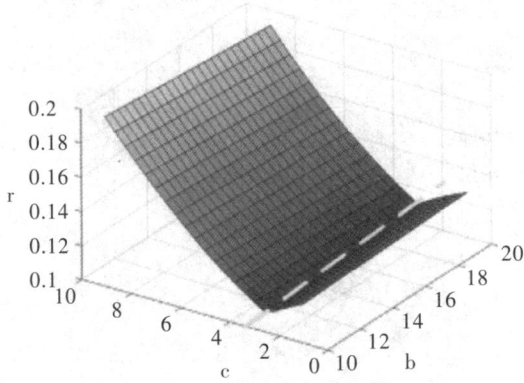

（d）w=2，p=2

图7-30　参数变化下带货收益和品控成本对弹性的影响

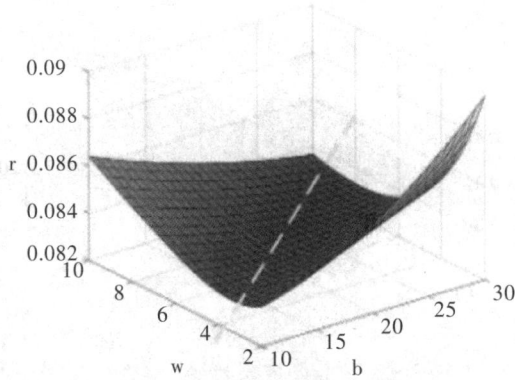

（a）c=5，p=10

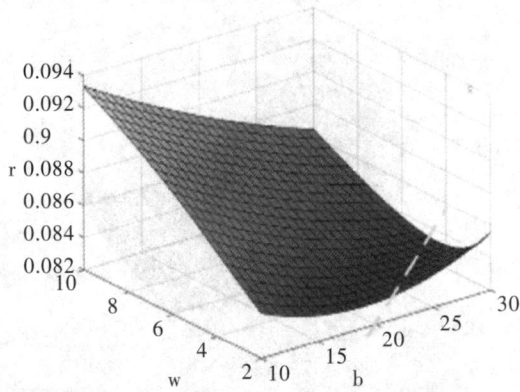

（b）c=5，p=7

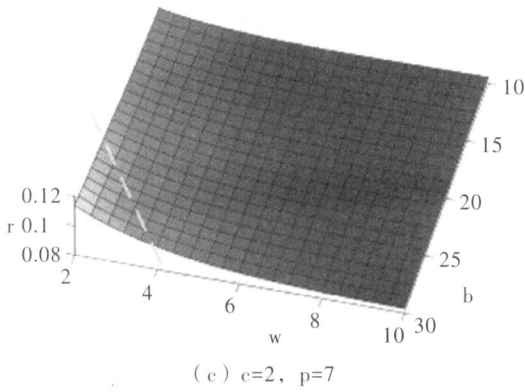

（c）c=2，p=7

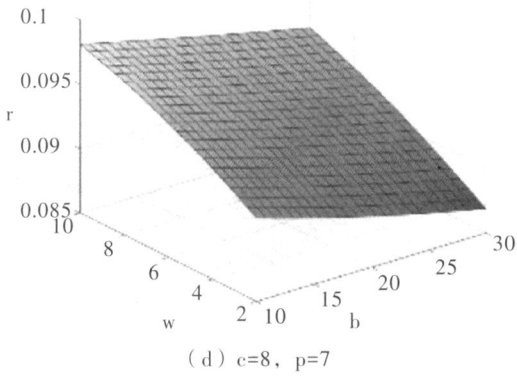

（d）c=8，p=7

图7-31　参数变化下带货收益和投机收益对弹性的影响

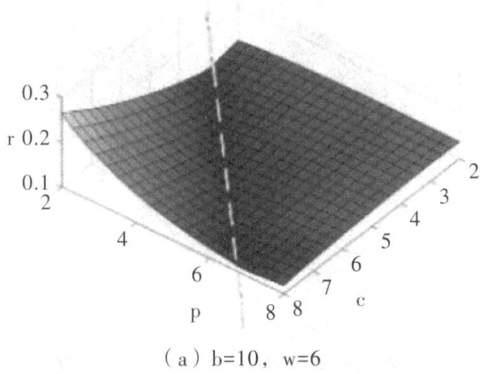

（a）b=10，w=6

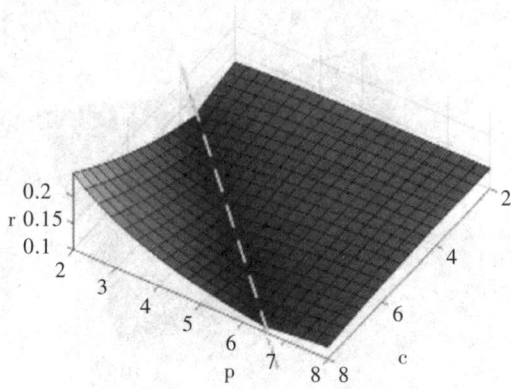

（b）b=15，w=6

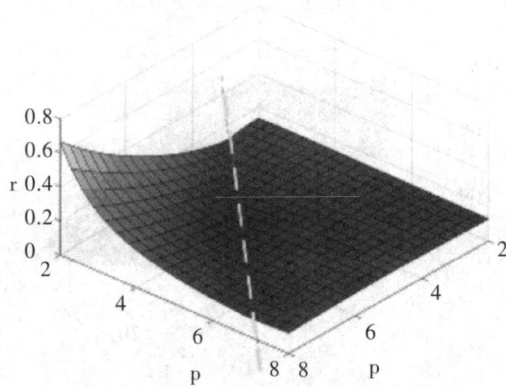

（c）b=10，w=2

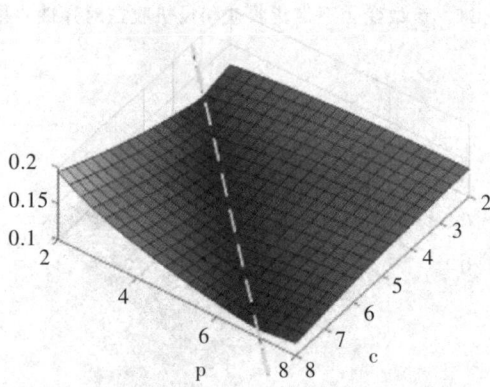

（d）b=10，w=10

图7-32　参数变化下口碑收益和品控成本对弹性的影响

随后，我们观察 p 对弹性的影响。我们发现，p 和 c 能很好地控制突变，即使在 b 较小和 w 较大的情况下，增加 p 和减少 c 也会改变系统状态（见图7-32（d））。此外，p 对 r 的影响显然比 w 的影响更大（见图7-33）。

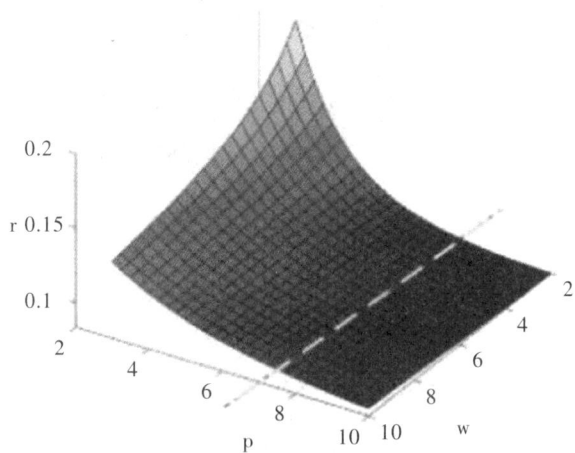

（a）b=10，c=6

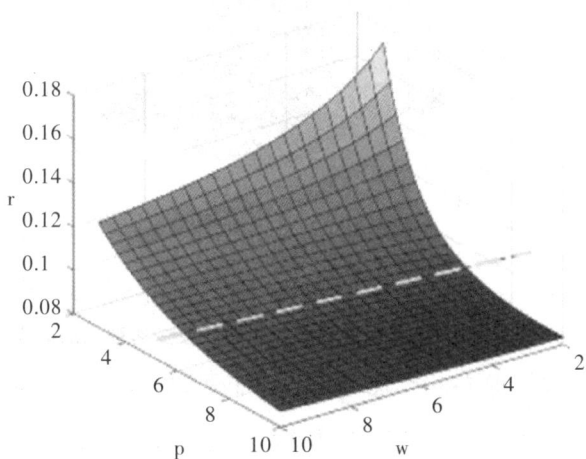

（b）b=15，c=6

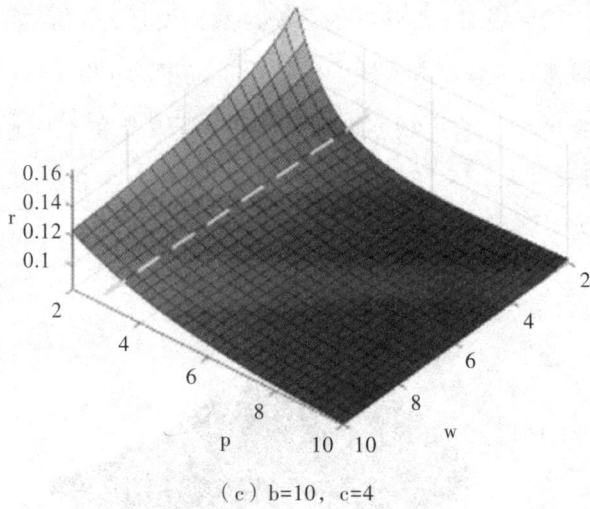

（c）b=10，c=4

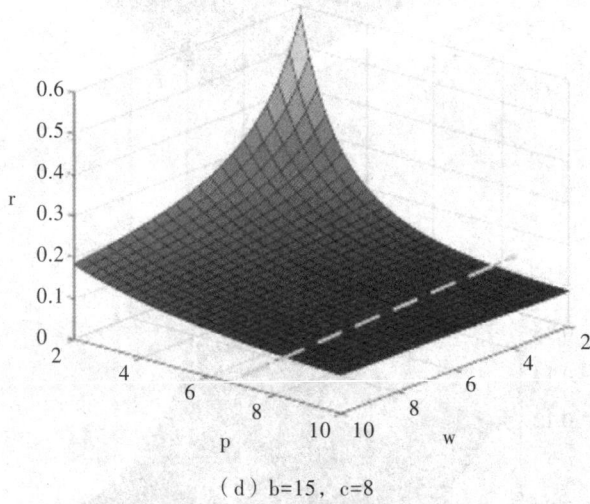

（d）b=15，c=8

图7-33 参数变化下口碑收益和投机收益对弹性的影响

因此，根据图7-30至图7-33，我们可以得出结论：c、p和w对弹性 r 的影响较大，而 b 的影响较小（尽管 w 的影响比 b 的影响更显著，但 c 和 p 的表现仍然更突出），这与7.4.1中的结果一致。

7.5 研究结论与管理启示

为有效应对直播电商质量控制过程中的不确定性，本章结合演化博弈和突变理论，构建主播—商家质量控制行为的随机突变模型，在此基础上提出弹性指标以定量表述主播（商家）行为状态的突变可能性，仿真分析口碑收益、带货收益、投机收益、品控成本、惩罚力度和消费者流失损失对弹性的影响，得到以下结论：

（1）随着口碑收益、带货收益、投机收益、品控成本、惩罚力度和消费者流失损失变化，相关参数组合穿过分歧点集合时，主播（商家）的行为状态在自组织作用下发生结构性突变，从宽松品控（或积极品控）突变至积极品控（宽松）。

（2）通过弹性指标来测度主播（商家）行为突变可能性具有可行性。具体地，当个体微观突变累积到一定程度时突变发生，此时弹性减小至最低值时，主播（商家）行为状态发生跃迁并最终稳定于严格控状态或宽松品控状态。

（3）增加口碑收益、带货收益、惩罚力度、消费者流失损失，抑或减小品控成本与投机收益，都可以实现从宽松品控至严格品控的突变，其中增加惩罚力度和消费者流失损失效果最显著，增加带货收益则影响程度较小。

上述研究相关结论对政府制定相关政策和监管主体管理实践有一定的启示。第一，监管主体在监管政策优化过程中，通过控制相关参数远离突变集以维持质量监管有效性。第二，监管主体可以根据弹性测度指标实现风险预警，并通过及时干预有效防范带货行业乱象。第三，在实际监管过程中，将弹性测度指标和突变发生条件相结合，促进有益"突变"的发生，提升监管系统弹性。例如，一方面，直播电商平台和政府可进一步完善惩罚机制，建立平台间联合惩戒机制，提高对带货过程中违法违规行为的处罚力度等，增加违规成本。另一方面，监管主体亦可通过完善信息披露、建立黑名单制度等加大违规时的消费者损失，提升监管效能。此外，为防止不利"突变"的出现，监管主体还可进一步完善激励机制，完善带货口碑评分的指标体系等间接帮助主播（商家）降低品控成本，提高口碑收益和带货收益。

与已有研究相比，本章研究的创新之处主要体现在：从弹性的角度描述直播电商的非线性演化过程与突变现象，加大了直播电商质量监管研究的理论深度。同时，运用随机突变理论和弹性理论提出主播—商家质量控制行为弹性测度公式，分析了系统参数变化和突变程度间的量化关系，研究结果可为直播平台实现监管预警和政策优化等提供理论指导。

7.6 本章小结

本章以直播电商供应链中"主播—商家"的质量控制问题为研究对象，运用演化博弈、突变论和弹性理论，探讨主播—商家质量控制行为的突变和弹性测度问题。构建主播与商家质量控制行为的演化博弈模型，引入高斯白噪声建立随机动力系统。结合突变理论，将博弈模型扩展为突变模型，解释不确定环境下主播—商家行为状态演化中的非线性突变现象，引入弹性测度指标定量表述系统参数变化与突变程度之间的量化关系。仿真分析口碑收益、带货收益、投机收益、品控成本、惩罚力度和消费者流失损失对主播—商家行为状态突变和弹性演化的影响，并对模型的有效性与结论稳健性进行了验证。

8

案例分析与对策建议

8.1 直播电商信用监管案例分析

8.1.1 直播电商发展概况

近年来，"直播+电商"的新型商业模式兴起，逐渐改变消费者的购物方式。这种直播带货的新零售模式提高了电商平台的商品销售转化率，给各参与者和平台带来巨大收益。网经社和中商联联合发布的《2023年（上）中国直播电商市场数据报告》数据显示，截至2023年6月，直播电商企业约为2.3万家，同比增长28.34%；直播电商用户规模约为5.2亿人，同比增长14.16%。商务部大数据监测显示，2023年1—10月，直播带货销售额超2.2万亿元，占网络零售额18.1%，同比增长58.9%，且继续保持高速增长态势。中商产业研究院分析师预测，2024年中国直播电商交易规模将超过5.5万亿，且继续保持高速增长态势。直播电商在带动居民消费、促进灵活就业、助力脱贫攻坚等方面发挥了重要作用。

8.1.2 直播电商信用监管中存在的问题

由于直播过程具有即兴、随机的特点，且商家和消费者之间存在严重信息不对称，监管困难、失信问题突出。2023年12315平台接到直播带货投诉举报33.7万件，同比增长52.5%，其中质量问题和虚假宣传最为突出。因此，在发挥直播电商对经济发展的优势的同时，构建合理高效的直播带货监管机制，成为迫切需要面对和解决的问题。信用危机成为制约直播电商健康发展的瓶颈。

调查显示，就直播带货乱象的情况看，虚假宣传问题最为突出，其次是质量问题、数据造假、售后瑕疵等。一些不良主播利用存在的信息不对称以夸大产品数据、效果等产品属性的方式吸引消费者，或者销售高仿、质量低劣、缺斤少两等虚假宣传的问题产品。同时在直播电商中还存在大量的刷单造假行为，如李某琴与杨某真等在直播时，数据显示约有311万网友围观，但真实的粉丝只有11万，剩余均为机器人粉丝，而"火热"假象容易诱导不明真相的消费者冲动消费。

直播电商立法不完善、监管主体权责不清、消费者维权不力被认为是造成直播电商失信问题的主要原因（余法河，2021）。例如，已制定的《中华人民共和国电子商务法》并没有涉及直播带货形式。直播电商中的宣传活动也与传统广告行为的不同，是否适用《中华人民共和国广告法》尚无一致结论。直播电商中的参与主体众多，所涉及的法律关系复杂，权责不清造成监管主体在监管过程中互相推诿，也容易导致监管不力或者监管空白。另外，消费者维权意识不强，2020年《直播电商购物消费者满意度在线调查报告》显示，过半数的消费者遇到问题并没有投诉，主要原因是认为"损失比较小，算了"，18.1%消费者担心投诉处理流程复杂或花费很长时间，还有16.8%消费者认为投诉可能并不能解决问题，另外，还有一部分消费者没有意识到自己权益受到侵害，不清楚怎么投诉维权以及害怕遭到商家报复。

8.1.3　直播电商信用监管应对措施

针对直播电商失信问题，政府和直播电商平台作为信用监管的主体，均应采取一定的应对措施。本节将对治理过程中应对措施及其系统表现进行分析，并据此对前文中的相关结论进行验证。

（1）通过政策引导推动平台共治。政府发挥政策引导作用，相关部门陆续出台了《电子商务直播营销人员管理规范》《网络直播营销行为规范》《关于进一步推进网络公益直播活动的通知》《网络直播营销选品规范》等一系列针对直播带货的行为规范，对直播电商相关参与人员如平台经营者、商家和主播等的权责作出了一系列规定，特别是压实平台责任，推动平台共治，指出平台企业应加强对平台内经营者的管理规范（建立完善的规则体系、全面管控入驻门槛、强化商品品质保障、维护平台秩序治理、改善售后服务保障等），并配合监管部门工作等。明确指出需要在现行法律框架下，构建包括政府监管、主体自治、行业自律、社会监督在内的社会共治格局。

另外，人民日报新媒体联合阿里巴巴、京东、拼多多、抖音、快手等知名直播电商平台共建全国直播电商投诉平台，通过完善投诉渠道能够帮助消费者减少监督成本，鼓励消费者积极参与监督。2020年1月至9月，快手面向快手社区发起举报奖励活动，鼓励用户参与平台监督，其间"举报达人"超500个，月均收到超10万条有效举报，形成平台和消费者共治的良好局面。

上述应对措施已经取得一定成效。统计数据显示，2021年618活动期间，多个平台直播电商带货销售金额增加超过100%，如京东直播累计带货同比增长161%，淘宝直播618开场仅1小时成交就超过去年全天，但据黑猫投诉平台发布《2021年618消费投诉数据报告》，购物平台投诉同比增长77.95%，可见，销售金额规模增长速度大于投诉增长速度，说明平台乱象在一定程度上得到控制，关于平台电商信用监管的整治初见成效。

根据上述分析可知，多元主体协同监管是实现平台电商有效监管的关键，这与前文结论一致，验证了前文结论，即应持续推动多元主体共治，构建多元共治的监管格局。

（2）在政策干预下，不同参与主体表现不尽相同。根据统计数据显示，2020年下半年，淘宝直播销售额占比44%~55%，抖音占比16%~24%，淘宝直播销售额显著高于抖音，但同期淘宝直播带货的投诉量却相对更少，说明同样的干预措施对不同的平台影响程度不同。同时，根据商品类目进行进一步分析，发现虚假宣传、数据造假等违规行为在美妆、营养保健、黄金等高毛利品类中尤为突出，说明商家违规行为与交易场景相关。另外，消费者监督意愿同样受到交易额度的影响，小额交易下，消费者更不愿意进行监督，认为"损失小，算了"。

根据上述分析可知，不同类型平台企业，以及不同交易场景下的主体行为决策不同，需要采取不同的监管策略。根据前文假设，不同规模平台的过度自信程度不同，而不同交易场景下主体的过度自信倾向也必然存在差异，因此，可近似理解为不同过度自信场景下参与主体的行为决策不同。这也与前文的结论一致，即在不同过度自信场景下，主体行为决策呈现不同的演化特征，需要设置不同的监管优化路径和调控优先级。

（3）监管系统的演化过程表现出"渐变"和"突变"。在政策引导下，平台电商信用环境逐步改善，可以认为是一种"渐变"。同时，在短期调控下，系统状态也表现出"突变"现象。例如快手电商2020年10月、11月份开展了"金银饰品、宝石、玉石"类商品专项治理活动，重点打击材质造假、重量不符和虚假宣传等内容。数据显示，治理行动开展后，快手电商珠宝玉石行业纠纷介入率相比10月份降低四成，有力地保障了消费者权益。与信用环境逐步改善相比，上述现象更近于一种非线性变化，说明平台监管力度突然加大（非线性变化）也会引起信用环境"突变"，在实践中，应尽量促进从"消极监管"到"积极监管"的突变，避免从"积极监管"到"消极监管"的突变。同时，这也说明平台企业在监管过程中的重要性，需要进一步强化平台监管职责。

另一方面，由于突变的过程也是弹性破裂和重新建立的过程，目前，针对直播电商的监管以日常监管和专项整治相结合的方式为主，如2020年"双11"期间，上海市市场监管局会联合拼多多、小红书等电商平台开展网络直播专项整治，重点打击刷单炒信、寄递空包裹、买卖快递单号等失信行为。由于专项整治期间一般通过加大抽检力度，落实惩戒机制等方式，在短期内形成了良好监管效果，也间接验证了惩罚机制对于系统弹性的显著影响，通过加大惩罚力度能在短时期内改变系统监管状态。

综上所述，根据直播电商信用监管应对措施及系统演化过程，对前文中的部分结论进行了验证，论证了前文中模型和结论的有效性。但是，由于直播电商目前尚处于起步阶段，还需要结合平台电商信用监管的一般经验和直播电商特征进一步完善直播电商信用监管机制。

8.2 平台电商信用监管对策建议

针对我国平台电商信用监管现状及存在的主要问题，根据上文案例及本书的主要研究结论，结合国务院办公厅《关于促进平台经济规范健康发展的指导意见》（国办发〔2019〕38号），本节提出了平台电商信用监管的相关对策建议，以期为平台电商持续健康发展提供借鉴。

8.2.1 协同监管和分类监管相结合的监管优化策略

根据本书研究可知，多元主体协同共治是平台信用监管的基本方式和规范健康发展的根本出路，多元主体通过优势互补有效提高监管效率。同时，在不同过度自信场景下，平台电商信用监管的演化路径不同，这就要求根据不同过度自信场景进行分类监管，即在多元主体协同监管的前提下，根据主体类型和应用场景的不同设置不同的监管优化路径，精准施策。通过将统一协同监管与分类精准监管相结合，满足不同场景需求，实现监管效率的有效提升。

1.建立健全协同监管体系

构建协同监管模式的关键在于充分调动不同主体积极性。针对影响政府、平台企业、商家、消费者行为决策的关键因素，下面给出促进多元主体协同监管的对策建议。

（1）明确权责分工，健全协同工作机制

根据本书的研究结论可知，平台信用监管需要多元主体的共同参与。因此，一方面，需要厘清监管平台的权责边界，明晰平台企业、协会、公众等各参与主体在监管过程不同阶段（事前、事中、事后）的分工和作用机制，避免重复监管和监管空白。另一方面，还需要建立健全跨部门跨区域的协同工作机制和政企合作机制。如联合网信办、工业和信息化主管部门、公安、交通、邮政、商务、海关、工商、市场监督管理部门等建立电商失信治理工作小组；联合多个电商平台、物流企业和互联网公司等建立治理联盟，实现信息共享，拓宽监测渠道；鼓励政府监管部门和平台企业建立合作备忘录，增加监管主体之间的协同度，创新政企合作模式等。同时，面向责任主体各自构建具有针对性的社会责任评价体系，多元主体各自对标，通过有奖激励鼓励社会主体积极参与监督反馈，以多元评价体系的协同推动平台社会责任履责过程的顺利开展。

（2）强化声誉机制，加强信用体系建设

根据本书的研究结论可知，声誉机制对商家的自律策略选择和监管主体的积极监管策略选择均有显著正向影响，有必要强化声誉机制。一方面，需要将声誉评价和奖惩制度相结合，进一步强化诚信奖励和失信惩罚，如对商家根据信用等级区分，对诚信经营的商家给予店铺优先展示，减免保证金等；而对于失信商家则根据失信程度的不同，分别实施警示、扣除保证金、扣除信用积分、商品下架、关闭店铺等操作，鼓励商家诚信经营。另一方面，鼓励不同平台间信用信息共享，如将声誉评价信息接入更具社会公信力和影响力的社会征信体系，也会提高声誉的制约力和威慑力。

声誉机制作用显著，但依赖于消费者的评价反馈，应加快构建覆盖平台信用监管全过程的信用评价指标体系，鼓励消费者积极参与信用评价；具体来说，一是需要建立完善的消费者投诉反馈信息系统，拓展维权渠道，以充分发挥社会监督的作用。二是细化信用评价指标，如商品是否与描述相符，促销期间是否提供保价服务等；消费者是否恶意投诉，物流企业是否按时送达、投递到指定地点等。三是通过技术手段和政策工具等保证信用评价的真实性与有效性，如通过文本挖掘、情感分析等识别真实评价；给翔实评价和认可度高的评价（点赞多，追评多）额外激励；通过匿名电话等方式管控差评骚扰等。

（3）完善奖惩制度，推动平台自律与自治

由研究结论可知，平台通过加大失信惩罚力度和诚信奖励力度，可以增加商家违规损失和自律收益，促使商家采取自律策略。因此，信用监管过程中建立并实施奖惩机制是十分必要的。对平台而言，需要结合商家性质，因地制宜出台更为详细奖惩细则，一是将奖励力度与声誉评价挂钩，重点加大对诚信经营商家的奖励宣传力度，在进行"特色好店"和"金牌卖家"认证时，加大"诚信度"这一指标的权重，给予诚信经营商家流量支持等。二是需要充分发挥保证金扣除制和累计扣分制在信用监管中的作用，如根据商家违规程度和违规次数的不同，收取不同额度的风险保证金，重点加强对监管难度大、投诉率高的商家的惩罚力度等；还需要注意的是，惩罚力度不能过大，罚金过高时，容易使平台过于重惩罚而减少自身的监管力度和监管激励，导致部分卖家为了规避惩罚甚至威胁消费者删除差评，影响消费者对平台和商家的信任。

此外，考虑到奖励力度较大时，平台也面临较大的治理压力，因此，政府质量监管部门可以对长期保持良好行为的平台给予税收减免等优惠政策，并结合社会宣传帮助提高其知名度。同时，增加对平台的失职惩罚，让平台企业承担一定的连带责任，也可以让平台提高自身的监管水平。

（4）创新监管方式，降低监管成本与风险

根据研究结论可知，平台监管成本和消费者监督成本是影响平台监管行为和消费者参与度的关键因素，为了降低监管成本和监管风险，提高监管效率，平台可以充分运用云计算、大数据、区块链等先进技术。如利用区块链技术可以解决取证难题，降低监管中取证成本；利用区块链技术对商品来源进行追溯，不仅可以降低商品抽检成本，还可以增加消费者对商家和平台的信任；另外，还可以利用区块链技术实现智能合约，降低交易成本。例如，利用大数据技术，可以精准提取"抗癌""减肥"等敏感词汇，提高监管效率；通过数据挖掘、文本分析等，可以低成本地对刷单炒信等不正当行为进行精准监管；还可以利用大数据技术对交易进行风险评估，如当网约车偏离规划路线时，及时预警干预，降低交易风险。另外，政府部门也可以依托数字手段，开展跨部门、跨区域和跨层级的协调与合作，降低监管成本，提高监管效率。

2.建立分类精准监管模式

根据研究结论，在不同的过度自信场景下，监管政策的影响效果不同。在不同的监管目标下，监管政策调控优先级也不同，这就要求根据监管场景和监管目标的不同实施不同的监管政策。

精准监管的前提是对监管场景和主体进行合理分类，本书探讨了不同过度自信场景下的信用监管演化机制，根据研究结论可以得到一些相应的对策建议。

第一，对平台，加强跨平台的协作和信息共享，提高平台治理能力，完善平台信用评价体系。根据第4章和第5章的研究结论，平台对监管能力水平的过度自信和对声誉损失的过度自信，对其积极监管策略具有正向影响。因此，可以通过积极推动科技监管（参考前文内容），实行跨平台的信息共享和联合惩戒等，提高平台对自身监管能力的过度自信，促进平台采取积极监管策略。另外，还可以通过完善平台信用评价体系和竞争机制，强化声誉机制的激励作用，利用有序竞争推动平台规范运营。

第二，对商家，根据商家性质制定动态惩罚机制。根据第4章研究结论，商家超额收益过度自信场景下，增加惩罚力度效果更明显。由于刷单炒信、虚假交易等失信行为在美妆、营养保健、黄金等高毛利品类中更为突出，说明当商品客单价较高时，商家更容易表现出过度自信倾向，应加大对此类商家的抽检和惩罚力度。另外，针对出现的新技术、新产品和新业态，研判潜在风险，按照风险大小确定监管强度系数，即根据风险等级实施分级差别监管。

第三，对消费者，完善监督渠道和激励制度，全面调动消费者监督积极性，同时依托第三方机构或行业协会，弥补社会监督的不足。根据研究结论，在消费者过度自信场景下，监督成本的调控优先级更高。在小额交易场景下，消费者更容易因为成本过度自信放弃监管。但是，目前相当一部分交易仍以小额交易为主，如目前直播电商交易仍以客单价小于500元的小额交易为主，消费者参与度低致使难以对平台乱象进行有效约束。因此，尤其要注意小额交易场景中需要帮助消费者减少监督成本，降低成本过度自信，对此可以通过建立专门的投诉通道或者有奖举报制度等。另外，考虑到消费者监督意愿不足这一客观事实，还可以依托第三方机构或行业协会，通过加大抽检频率并面向社会发布信用报告的方式，弥补社会监督的不足，激励商家采取自律策略。

8.2.2 事前预防和事后控制相结合的突变控制策略

由第5章可知，根据参数取值的不同，系统可能发生结构性突变与扰动性突变。具体来说，当参数组合经过分歧点集合时，系统发生结构性突变，可能由积极监管状态突变至消极监管状态；当参数组合在分歧点集合内部时，在随机扰动因素的作用下可能发生扰动性突变。因此，一方面，需要通过预防措施，尽量使系统参数组合远离分歧点集，避免系统从积极监管状态突变至消极监管状态，并通过控制扰动强度减少扰动性突变；另一方面，针对系统演化过程中的突发事件造成的结构性突变，需要通过突变控制措施，使系统尽快恢复到预期稳定状态。即通过结合事前预防措施和事后控制措施，实现预期监管目标。

1.事前预防策略

如图8-1所示，当系统朝MN方向演化时，必然会出现结构性突变，此时系统监管状态会出现剧烈波动，导致系统由积极监管状态突跳至消极监管状态，若要避免消极监管的出现，则要控制行为曲线走向，避免达到突变临界点。

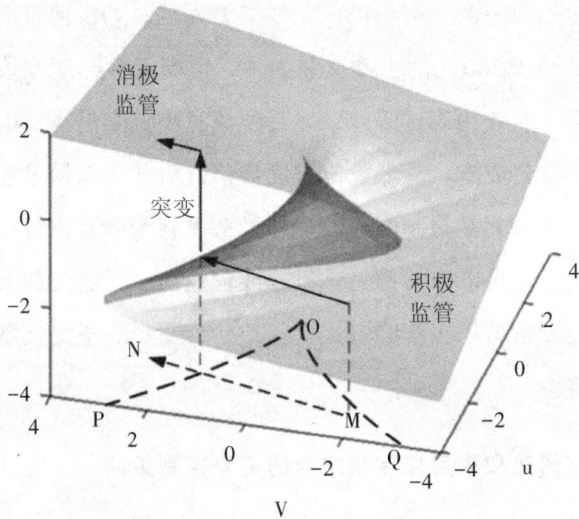

图8-1　信用监管突变

图8-2为采取突变预防措施对监管系统的影响分析，可以看到，当行为曲线出现靠近分歧点集的趋势时（MN走向），如果不及时干预，监管主体行为决策就有可能发生改变，此时，应该建立有效的预防机制，使得图8-2中的曲线向NN'方向移动，表现为图8-2中的"偏离—恢复"的过程。如提高惩罚力度，通过建立合作备忘录提高监管主体协同度，通过奖励补贴制度降低监管成本、提高公众媒体参与度等，使得行为曲线不经过分歧区域从而避免消极监管出现。

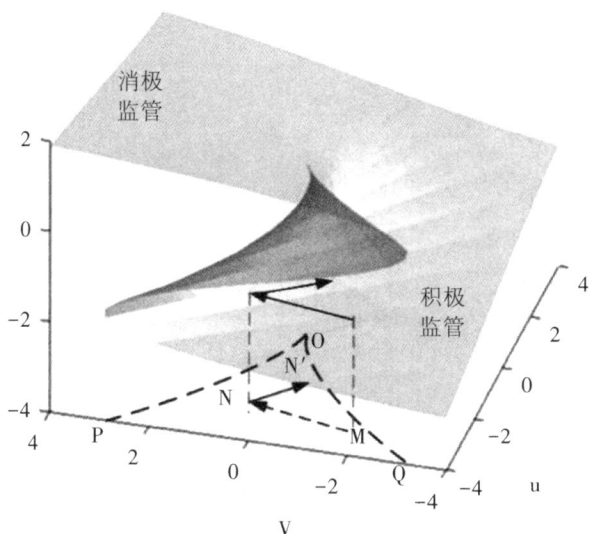

图8-2　突变预防措施

另外，根据第5章的研究结论，当参数组合位于分歧点集合内部时，随着扰动强度增加，系统会出现显著的扰动性突变现象。此时应尽力控制扰动强度，减少不确定因素的影响，如尽快完善相关法律规范，使经营活动有章可依，有法可循；引导消费者理性消费，引导消费者或者商家通过合法渠道表达诉求；完善投诉响应机制，及时处理消费者诉求，合理引导舆论走向，避免"羊群效应"等。

2.事后控制策略

当某些因素的影响下，突变已经发生时，应采取应急措施及时控制系统演化路径。如图8-3所示，u-v平面行为曲线沿MC方向变化，并在C点处达到分歧点集，系统状态发生突变，那么应该考虑如何尽快恢复到积极监管状态，避免情况进一步恶化。此时应尽快促进第二次突变发生，即由消极监管状态突变至积极监管状态。为提高监管效率，行为曲线应沿着最短路径演化，即沿着垂直于右侧突变临界线的CN″方向演化。当经过分歧点集（右侧突变临界线OQ）时，系统将由消极监管状态突变至积极监管状态。

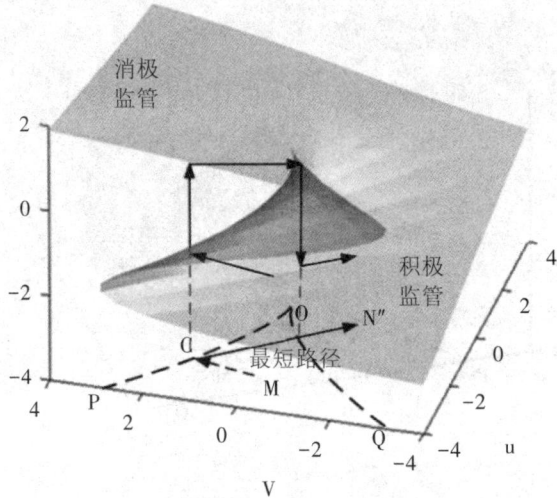

图8-3 突变控制策略

综上所述，信用监管过程中应采取事前预防和事后控制相结合的突变控制手段，一方面通过预防措施尽量避免突变发生，另一方面，在突变发生时及时响应和控制，通过有效监管营造良好交易环境。

8.2.3 长期治理和短期调控相结合的弹性提升策略

根据本书对弹性的定义和研究可知，突变的过程即为弹性破裂和建立的过程。弹性与监管系统从突变区到临界区的突变速率成反比关系，具体来说，弹性越大，从突变区演化到临界区所需的时间越长，突变发生的概率越小，这样就有充足的时间来采取应对措施，调整系统演化路径使其不经过分歧点集，避免不利突变的发生。因此，寻求系统弹性提升策略，对于提升监管系统的稳定性，具有重要的意义。反之，当需要根据短期调控目标促进突变发生时，如从"消极监管"到"积极监管"的突变时，可以通过相应逆向操作来加快突变发生，实现预期监管目标。

从长期调控的视角看，要提升系统弹性，使系统稳定于积极监管状态，需要多方面相关措施的齐抓共管，根据第5章和第6章的研究结论，可得到如下对策建议：第一，完善政府监管部门和平台企业沟通渠道和信息共享机制，提升监管主体协同度。第二，明确监管主体的权责边界，在此基础上制定针对监管主体的奖励惩罚机制。例如，举办优秀电商平台评选活动，对于较好履行监管职责的平台给予税收减免或者荣誉称号。对于消极监管的平台或者监管部门，给予通报批评，并根据影响程度追究行政与法律责任。第三，建立便捷、高效的消费者投诉反馈机制和媒体监督机制，提高公众媒体的参与度。如网经社电子商务研究中心运营的"电诉宝"、电商"315曝光台"、"电子商务法律求助服务平台"、"电商法规库"等业内知名平台，就是在这一方面的积极尝试。第四，鼓励开展行业发展水平评估，帮助纠正监管主体对超额收益的预期偏差，控制监管主体对消极监管超额收益的过度自信。具体可参考8.2.1和8.2.2中提到的对策建议，在此不再重复。

从短期调控视角来看，当出于某种考虑，需要改变系统均衡状态，从"消极监管"到"积极监管"时，可以根据不同参数对弹性影响程度的不同有针对性地选择调控策略。根据研究结论，一方面，通过改变惩罚力度（增大抽检比例、增大罚金扣除力度等）可以迅速诱导突变发生或者远离突变，是有效的短期调控策略。另一方面，还需要注意的是参与主体的行为策略是相互作用、相互影响，当商家采取自律策略的概率超过一定临界值之后，平台的积极监管意愿和消费者的监督意愿降低，不仅导致监管主体之间的协同度降低，也会间接提高政府监管部门监管成本。因此，为了避免这样的情况发生，平台和上级主管部门应该审时度势，结合弹性测度值适当地对商家的自律主动性、平台和监管部门的监管意愿进行评估，通过对相关政策措施的及时调整和协同实施，实现及时准确监管，即通过短期治理促进长期稳定。

综上所述，主管部门应采取长期治理和短期调控相结合的弹性提升策略，一方面结合具体场景，通过多方面相关措施的齐抓共管促进平台电商信用监管的长期稳定；另一方面，针对演化过程中难以避免的各种线性和非线性变化，以弹性指标为依据，通过及时的短期调控提升系统弹性，促进长期稳定。

8.3　本章小结

本章首先以直播电商为研究对象，从直播电商发展概况、直播电商信用监管中存在的问题、直播电商信用监管应对措施等方面进行案例分析；其次，根据本书得出的主要结论，对如何优化平台电商信用监管提出了对策建议，包括协同监管与分类监管相结合的监管优化策略、事前预防和事后控制相结合的突变控制策略、长期治理和短期调控相结合的弹性提升策略，以期为平台电商的健康稳定发展提供借鉴。

9

总结与展望

9.1 研究总结

数字经济背景下，以网络零售、在线出行等为代表的各类移动商务平台迅速崛起，依托线上线下资源的有效整合，为人们生活提供极大便利。然而，由于网络交易行为具有交易成本低、虚拟化等特点，以及监管主体、商家和消费者之间信息不对称，"网络售假、虚假交易、信息泄露"等失信现象突出。如何加强信用体系建设，治理平台乱象成为政府、实业界和学术界关注的重点。构建政府、平台、消费者等多元共治的监管体系，实现优势互补，破解信用监管困局，是平台市场有效监管的关键。但由于不同监管主体利益取向不同，容易导致监管失灵，使平台乱象难以得到有效遏制。因此，从微观机制层面揭示监管主体行为决策的演化机理，协调好政府、平台企业、商家及消费者之间的关系，形成合力和共治机制。对于促进电商平台规范运营，推动电子商务行业高质量发展具有重要的意义。

本研究综合运用演化博弈理论、突变论和弹性理论，从微观机制层面分析参与主体（政府、平台、商家和消费者等）行为决策的演化机理。首先，基于行为理论（过度自信）视角，集成演化博弈和随机微分方程，建立考虑参与主体过度自信行为的随机演化博弈模型，通过仿真实验研究内外部各因素对系统演化的方向性及程度性影响，提出调控优先级及监管优化策略；其次，集成随机演化博弈与突变论，从突变视角对平台电商信用监管演化中的非线性离散变化进行解释，从理论上得出信用监管突变的临界点集合，为控制平台电商信用监管突变提供理论依据；进一步，基于平台电商信用监管突变模型，结合弹性理论，提出电商平台信用监管的弹性概念及弹性测度公式，通过弹性指标定量表述参数变化和突变程度之间的作用关系，反映了系统

的抗干扰能力，为预防和治理平台信用失范提供思路借鉴。本研究得
出如下主要结论：

（1）平台电商信用监管的演化过程受过度自信程度、扰动强度和
系统参数的共同影响。具体地：①平台企业的过度自信对其积极监管
策略选择有正向影响，商家和消费者的过度自信对其自律策略选择和
监督策略选择有负向影响。因此，上级主管部门可以尝试通过影响参
与主体的过度自信水平来提高监管效率。对平台而言，可以积极推动
科技监管和数据共享，以增强平台监管能力自信；对商家而言，应重
视声誉效益而避免对带货金额的过度宣传，还可以通过治理天价坑位
费和高额佣金等方式，帮助商家降低成本，降低商家的违规动机；对
消费者而言，适度增加消费者监督奖励，减轻消费者监督成本，也有
助于减轻消费者成本自信。②随机扰动对平台、商家和消费者的策略
选择均有负向影响，扰动强度越大，波动幅度越大，收敛速度越慢，
且在无过度自信场景下影响更显著。应尽快补齐法律制度短板，规范
平台监管流程，明确权责关系，尽量减少外部环境的不确定性。③从
影响商家自律策略选择的演化速度和变化程度来看，无过度自信场景
下，奖惩相结合监管效果更好；平台过度自信场景下，奖励机制的调
控优先级更高；商家过度自信场景下，惩罚机制的调控优先级更高；
消费者过度自信场景下，降低监管成本和监督成本效果更显著。说明
在监管实践中结合参与主体性质实施分类监管能更有效地提升监管
效率。

（2）信用监管演化过程中，系统是否发生突变是由突变模型的分
歧集决定的，具体地：①只有当相关参数组合连续变化并穿过分歧临
界面时，系统才在自组织作用下发生结构性突变。演化过程中出现的
结构性突变反映了系统行为对参数变化的敏感性。说明在实际监管过
程中，主体博弈存在"临界边界"，一旦超额收益、惩罚力度、监管

主体协同度和公众媒体参与度超过这个临界值，监管主体的策略选择将会发生显著变化，表现出"突变"现象。在实践中，针对有积极意义的突变，应促进其发生；针对具有破坏意义的突变，应阻止其发生。②演化过程中出现的扰动性突变（双模态突变特征）反映了系统行为对外界扰动的敏感性，随着扰动强度的增加，扰动性突跳现象更明显。上级主管部门或相关决策人员应通过完善法律法规、对突变事件及时反应等方式，尽量避免信用监管外部环境的不确定性，从而避免这一离散变化的出现。

（3）弹性演化过程与突变过程一致，且弹性最小值与突变临界值对应。说明弹性指标可以作为判断监管系统抗干扰能力的依据，上级政府部门可以根据弹性指标实现预警，并通过及时干预避免极端事件出现。具体地：①当弹性随参数变化而逐渐减小时，控制变量组合靠近分歧点集合，系统突变可能性增加；反之，弹性增大时，控制变量组合远离分歧点集合，突变可能性降低，系统稳定于积极监管状态或消极监管状态。在监管实践中，可以根据弹性指标的变化进行监管预警，及时干预，实现有效监管。②上级政府惩罚力度对弹性影响显著，两者呈"U"形关系；在满足"突变"临界值约束下，监管主体协同度和公众媒体参与度对系统弹性有正向影响；超额收益过度自信对弹性有负向影响，而声誉损失过度自信对弹性有正向影响。说明在监管中，一方面，通过强化声誉效应、提高惩罚力度、增加监管主体协同度和公众媒体参与度，提升系统弹性，使监管系统达到长期稳定状态；另一方面，当上级主管部门或者相关决策人员出于某种考虑，需要改变系统均衡状态（如从消极监管状态转变为积极监管状态）时，可以根据不同参数对弹性影响程度的不同有针对性地选择调控策略。另外，过度自信程度影响弹性，意味着在实际监管过程中，将弹性指标与交易场景等相结合来优化监管策略将更有效。

（4）直播电商产品质量治理过程中，增加口碑收益、带货收益、惩罚力度、消费者流失损失，抑或减少品控成本与投机收益，都可以实现从宽松品控至严格品控的突变，其中增加惩罚力度和消费者流失损失效果最显著，增加带货收益则影响程度较小。在实际监管过程中，直播电商平台和政府可通过完善惩罚机制、完善信息披露、建立黑名单制度等监管措施，提高带货过程中违规成本，促进有益"突变"的发生（从宽松品控突变至积极品控）。

9.2　主要创新点

根据前文研究工作，本研究创新点主要体现在以下三个方面：

（1）将过度自信与随机系统引入平台电商信用监管的演化博弈模型，分析了不同过度自信场景下的平台电商信用监管演化，为行为理论和随机演化博弈的集成提供方法论尝试。

一方面，现有平台电商监管研究主要运用基于演化博弈的常微分方程模型，尚未将不确定状态下策略演化中的随机干扰问题纳入研究范畴，而平台电商监管作为由多方主体参与的复杂系统，不可避免具有随机性（汪旭晖和任晓雪，2020；张丽等，2020）；另一方面，已有研究中的演化博弈模型大多忽视了决策主体的行为特征，然而大量心理学和行为科学的研究结果表明决策过程中的参与主体往往存在过度自信倾向（Tversky和Kahneman，1974；Wu和Chen，2014），忽略博弈主体的过度自信容易导致决策偏差。

本研究考虑参与主体的过度自信行为，基于过度自信理论构建演化博弈模型，设计不同的过度自信场景；进而，引入白噪声反映演化过程中的随机干扰，建立随机动力系统，使模型更符合现实情形。

（2）集成随机演化博弈和突变论，研究平台电商信用监管非线性演化的突变现象，从理论上给出信用监管演化的突变临界集，为管理和预防突变现象提供了可靠的理论依据。

平台电商信用监管的演化过程同时受到系统内外部环境的影响，这些因素的变化可能引起监管系统的非线性变化（邓春生，2020；王仁和等，2021），然而现有博弈模型存在无法解释非线性演化的局限性。突变论是在奇点理论、稳定性理论等基础上提出的非线性动力学概念，能很好地描述随机干扰下系统演化中的离散变化即突变行为（徐岩等，2014；危小超等，2021），但目前对于平台电商信用监管演化中的突变性问题，国内外相关研究较少。

本研究基于演化博弈论，建立含有白噪声的 Itô 随机动力学方程。进而，引入突变论，利用极限概率密度函数将博弈模型转化为突变模型，从理论上找到了发生突变的分歧点集合，克服了传统演化博弈模型的局限性。

（3）集成弹性理论和突变论推导出平台电商信用监管演化的弹性测度公式，从突变视角解释弹性形成的非线性演化机理，为弹性理论与突变理论的结合提供方法论尝试。

现有研究主要从定性视角探讨不同因素对监管决策的方向性影响，侧重于寻找均衡策略及存在条件，对系统维持当前均衡状态的能力，即弹性，则很少提及，不能反映系统吸收扰动的能力。不确定环境下，相对于找到均衡策略，探讨系统均衡改变前对扰动的吸收程度可能更具挑战性。另外，已有的弹性研究则较少基于突变视角，难以表征信用监管的非线性变化机制。

本研究集成弹性理论与突变论探讨电商平台信用监管弹性测度问题。基于电商平台信用监管的随机尖点突变模型，引入弹性理论，提出电商平台信用监管的弹性概念及弹性测度公式，仿真分析参数变化对弹性的影响。一方面，能够基于弹性指标的变化实现监管预警；另一方面，基于参数影响程度的不同可以制定不同场景下的弹性提升策略，为平台电商的健康稳定发展提供切实可行的实践建议。

9.3　研究展望

虽然本书针对平台电商信用监管的随机演化过程、平台电商信用监管的非线性突变现象，以及平台电商信用监管的弹性测度等内容做了重点深入的研究，并取得了一定成果，但仍存在着有待进一步研究的方面。

（1）从参与主体的角度，可以考虑将第三方力量（如质量检测和质量认证机构、媒体等）引入平台电商信用监管体系。另外，在系统参数的选择方面，本书仅选取了最常用的部分因素，在后续的研究中，可以考虑将协会参与度、权力空间、公众举报公正程度等变量纳入模型设计，使模型更符合现实情形。

（2）本书没有考虑两个或多个主体同时存在过度自信的情况，这部分工作将在接下来的研究中进行完善；另外，在不同交易场景下，监管主体的过度自信程度可能有差异，如大额交易下，消费者更倾向于采取监督策略，此时成本过度自信对消费者的影响相对较小。如果将交易场景引入信用监管演化研究，可能使结论更具实践意义。

（3）本书数值分析中数据来源有限，可以考虑通过多平台的市场调查或专家访谈的方式获得更丰富的数据，使研究结论更具普遍性。

（4）在未来可以结合蝴蝶突变模型或燕尾突变模型分析具有更多控制变量的情况，在此基础上进行更加复杂的非线性突变分析和弹性分析。

主要参考文献

[1] 常乐，刘长玉，于涛，等. 社会共治下的食品企业失信经营问题三方演化博弈研究 [J]. 中国管理科学，2020，28（9）：221-230.

[2] 陈端，谢朋真. 平台经济的监管困境与治理优化 [J]. 经济，2019（12）：98-101.

[3] 陈恒，卢巍，杜蕾. 风险集聚类邻避冲突事件随机演化情景分析 [J]. 中国管理科学，2020，28（4）：131-141.

[4] 陈其安，刘星. 基于过度自信和外部监督的团队合作均衡研究 [J]. 管理科学学报，2005（6）：60-68.

[5] 陈学梅，孟卫东，胡大江. 国际合资企业中机会主义行为的演化博弈 [J]. 系统工程理论与实践，2009，29（2）：53-62.

[6] 程贵孙，陈宏民，孙武军. 双边市场视角下的平台企业行为研究 [J]. 经济理论与经济管理，2006（9）：55-60.

[7] 邓春生. 基于非线性系统稳定性理论的P2P网络借贷三方演化博弈分析 [J]. 中国管理科学，2021，29（11）：134-145.

[8] 丁超，姚宏，杜军，等. 基于社团划分的复杂网络级联抗毁攻击策略 [J]. 计算机应用，2014，34（6）：1666-1667.

[9] 范玉瑶. 集成过度自信和多Agent仿真的在线社交网络信息传播研究

［D］. 武汉：武汉理工大学，2020.

［10］ 冯骓，王勇. 平台经济下双重监管体系的分类监管研究［J］. 现代管理
科学，2018（12）：6-8.

［11］ 付淑换，石岿然. 媒体作用下网约车平台与政府协同治理的演化博弈研
究［J］. 运筹与管理，2020，29（11）：29-36.

［12］ 傅小随. 先行示范区要加快构建更具弹性的审慎包容监管制度［J］. 特
区实践与理论，2020（1）：74-79.

［13］ 耿亮，肖人彬. 基于DIIM的供应网络弹性度量［J］. 计算机集成制造系
统，2014（5）：1211-1219.

［14］ 桂云苗，龚本刚，程永宏. 双边努力情形下电子商务平台质量保证策略
研究［J］. 中国管理科学，2018，26（1）：163-169.

［15］ 郝羽成，李成兵，魏磊. 考虑节点过载的复杂网络级联失效模型［J］.
系统工程与电子技术，2018，40（10）：2282-2287.

［16］ 何为，李明志. 电子商务平台上的信息不对称、交易成本与企业机制的
运用［J］. 技术经济，2014，33（6）：26-31；83.

［17］ 黄传超，胡斌. 基于复杂网络的企业关系网络的弹性研究［J］. 中国管
理科学，2014（A1）：686-690.

［18］ 黄健明，张恒巍. 基于随机演化博弈模型的网络防御策略选取方法［J］.
电子学报，2018，46（9）：2222-2228.

［19］ 黄新华，赵荷花. 食品安全监管政策变迁的非线性解释——基于间断均
衡理论的检验与修正［J］. 行政论坛，2020（5）：59-68.

［20］ 贾舒. 弹性城市研究进展：概念维度与应用评价［J］. 湖北社会科学，
2020（5）：77-85.

［21］ 江新，罗东立，李炜，等. 水利工程高危作业突发事件演化机理尖点突
变模型研究［J］. 长江科学院院报，2020，37（7）：75-81.

［22］ 姜凤珍，胡斌. 劳资冲突行为演化的随机突变分析及稳定性［J］. 系统
管理学报，2019，28（5）：991-1001.

［23］ 姜璐，于连宇. 初等突变理论在社会科学中的应用［J］. 系统工程理论

与实践，2002，22（10）：113-117.

[24] 康旺霖，王垒，姜亚楠. 基于可信任第三方的网上诚信交易机制设计
[J]. 系统管理学报，2016，25（5）：821-828.

[25] 康宇虹，徐照宇. 股票价格突变模型的建立与分析 [J]. 哈尔滨理工大
学学报，2007（1）：100-105.

[26] 孔繁辉，李健. 供应中断风险下 OEM 供应链弹性运作与提升策略 [J].
中国管理科学，2018，26（2）：152-159.

[27] 雷丽彩，高尚，蒋艳. 网约车新政下网约车平台与网约车司机的演化博
弈分析 [J]. 管理工程学报，2020（1）：55-62.

[28] 李波，温德成. 网络购物中商品质量问题发生机理及监管研究述评 [J].
财贸研究，2013，24（2）：20-28.

[29] 李冬冬，李春发，王晟锴. 行业自律机制下 P2P 网贷平台违规治理演化
博弈 [J]. 中国管理科学，2022，30（10）：96-108.

[30] 李广乾，陶涛. 电子商务平台生态化与平台治理政策 [J]. 管理世界，
2018，34（6）：104-109.

[31] 李华，蔡永立. 基于 SD 的生态安全指标阈值的确定及应用——以上海
崇明岛为例 [J]. 生态学报，2010，30（13）：3654-3664.

[32] 李建标，殷西乐，王鹏程，等. 过度自信与公共物品供给——社会偏好
的调节作用 [J]. 南开管理评论，2016，19（5）：139-148.

[33] 李杰，张睿，徐勇. 电商平台监管与商家售假演化博弈 [J]. 系统工程
学报，2018（5）：649-661.

[34] 李军强，任浩，甄杰. 基于随机演化博弈的企业研发操纵多重监管路径
研究 [J]. 中国管理科学，2021，29（10）：191-201.

[35] 李军强，任浩. 研发操纵、"多赢困境"与有效监管——随机演化博弈模
型与仿真 [J]. 系统管理学报，2020，29（6）：1078-1089.

[36] 李梦琳. 论网络直播平台的监管机制——以看门人理论的新发展为视角
[J]. 行政法学研究，2019（4）：123-132.

[37] 李三希，王泰茗，武屹瑶. 数字经济的信息摩擦：信息经济学视角的分

析［J］. 北京交通大学学报（社会科学版），2021，20（4）：12-22.

［38］　李雅萍. 社会共治视角下网络购物质量产品质量监管的多方博弈研究
［D］. 济南：山东大学，2019.

［39］　李玉照，刘永，赵磊，等. 浅水湖泊生态系统稳态转换的阈值判定方法
［J］. 生态学报，2013，33（11）：3280-3290.

［40］　李子文. 我国平台经济的发展现状和规制问题［J］. 我国经贸导刊，
2018（4）：64-67.

［41］　梁雁茹，刘亦晴. COVID-19疫情下医疗防护用品市场监管演化博弈与
稳定性分析［J］. 中国管理科学，2022，30（10）：85-95.

［42］　林强，马嘉昕，陈亮君，等. 考虑成本信息不对称的生鲜电商销售模式
选择研究［J］. 中国管理科学，2023，31（6）：153-163.

［43］　林徐勋，袁鹏程，朱佳翔，等. "中国式过马路"行为随机尖点突变模型
［J］. 系统管理学报，2018，27（5）：920-927；937.

［44］　刘家国，施高伟，卢斌，等. 供应链弹性三因素模型研究［J］. 中国管
理科学，2012（A2）：528-535.

［45］　刘希龙，季建华. 基于应急供应的弹性供应网络设计研究［J］. 控制与
决策，2007，22（11）：1223-1227.

［46］　刘阳如冰，佟泽华，孙杰，等. 基于尖点型突变理论的科研大数据治理
模型研究［J］. 情报理论与实践，2021，44（3）：27-36.

［47］　刘奕，夏杰长. 共享经济理论与政策研究动态［J］. 经济学动态，
2016（4）：24.

［48］　刘长玉，于涛，马英红. 基于产品质量监管视角的政府、企业与消费者
博弈策略研究［J］. 中国管理科学，2019，27（4）：127-135.

［49］　卢安文，何洪阳. 互联网信息服务业多元共治模式的作用机制研究——
基于多参数影响的演化博弈视角［J］. 中国管理科学，2021，29（3）：
210-218.

［50］　卢安文，何洪阳. 互联网信息服务业多元主体监管的演化博弈研究［J］.
图书馆学研究，2019（2）：65-76.

[51] 马秀娟，赵海兴，胡枫. 基于超图的超网络相继故障分析 [J]. 物理学报，2016（8）：374-383.

[52] 苗苗，李晴雯. C2C 电子商务中交易双方的博弈模型分析 [J]. 统计与决策，2012（8）：182-185.

[53] 潘爽. 投资者对网贷平台逆向选择的治理机制研究 [D]. 武汉：武汉理工大学，2020.

[54] 潘勇. 网络"柠檬"环境下消费者行为与抵消机制——基于信息经济学的视角 [J]. 管理评论，2009（10）：41-51.

[55] 庞敏，邱代坤. 互联网金融风险产生的路径与防范对策分析 [J]. 理论探讨，2017（4）：116-120.

[56] 宋慧宇. 政府安全监管有效性的制度完善研究 [J]. 社会科学战线，2015（11）：230-237.

[57] 苏屹，林周周，欧忠辉. 基于突变理论的技术创新形成机理研究 [J]. 科学学研究，2019，37（3）：568-574.

[58] 孙华丽，王循庆，薛耀锋. 基于不同情景的群体性突发事件随机演化博弈模型 [J]. 运筹与管理，2016，25（4）：23-30.

[59] 唐红涛，郭凯歌. 电子商务市场监管三方演化博弈及仿真分析 [J]. 商学研究，2020，27（2）：34-45；78.

[60] 唐亮，何杰，靖可. 关联供应链网络级联失效机理及鲁棒性研究 [J]. 管理科学学报，2016，19（11）：33-44.

[61] 唐亮，焦鹏，李纪康，等. 带恢复策略的复杂网络级联失效机理及鲁棒性研究 [J]. 控制与决策，2018，33（10）：1841-1850.

[62] 唐要家，王逸婧，汪诗怡. 网约车运营安全监管失灵与监管体制重构 [J]. 政府管制评论，2019（1）：59-77.

[63] 唐要家. 数字平台的经济属性与监管政策体系研究 [J]. 经济纵横，2021（4）：43-52.

[64] 汪旭晖，任晓雪. 基于演化博弈的平台电商信用监管机制研究 [J]. 系统工程理论与实践，2020，40（10）：2617-2630.

［65］ 汪旭晖，张其林. 平台型网络市场"平台—政府"双元管理范式研
究——基于阿里巴巴集团的案例分析［J］. 中国工业经济，2015（3）：
135-147.

［66］ 王名，蔡志鸿，王春婷. 社会共治：多元主体共同治理的实践探索与制
度创新［J］. 中国行政管理，2014（12）：16-19.

［67］ 王名，李健. 社会共治制度初探［J］. 行政论坛，2014（5）：68-72.

［68］ 王群，陆林，杨兴柱. 国外旅游地社会-生态系统恢复力研究进展与启
示［J］. 自然资源学报，2014，29（5）：894-908.

［69］ 王仁和，李兆辰，韩天明，等. 平台经济的敏捷监管模式——以网约车
行业为例［J］. 中国科技论坛，2020（10）：84-92.

［70］ 王新平，赵林度. 基于价格调整策略的多产品供应链弹性研究［J］. 系
统工程学报，2013（5）：641-650.

［71］ 王勇，刘航，冯骅. 平台市场的公共监管、私人监管与协同监管：一个
对比研究［J］. 经济研究，2020（3）：148-162.

［72］ 王勇，陈美瑛. 平台经济治理中的私人监管和规制［J］. 经济社会体制
比较，2020（4）：62-68.

［73］ 王勇，冯骅. 平台经济的双重监管：私人监管与公共监管［J］. 经济学
家，2017（11）：73-80.

［74］ 危小超，张虹宇，盛宁，等. COVID-19疫情下口罩转扩产联盟稳定性
研究［J］. 系统工程理论与实践，2021，41（12）：3282-3293.

［75］ 吴德胜，李维安. 集体声誉、可置信承诺与契约执行——以网上拍卖中
的卖家商盟为例［J］. 经济研究，2009，44（6）：142-154.

［76］ 吴德胜，任星耀. 网上拍卖交易机制有效性研究——来自淘宝网面板数
据的证据［J］. 南开管理评论，2013（1）：122-137；160.

［77］ 吴士健，孙向彦，周忠宝. 过度自信、违约补偿与众创投资平台三边道
德风险规制［J］. 运筹与管理，2019，28（8）：156-163.

［78］ 夏泥. 研发组织中知识共享、经验学习与知识演化的仿真研究［D］. 武
汉：华中科技大学，2017.

[79]　肖红军，李平. 平台型企业社会责任的生态化治理 [J]. 管理世界，2019，35（4）：120-144；196.

[80]　谢康，杨楠堃，陈原，等. 行业协会参与食品安全社会共治的条件和策略 [J]. 宏观质量研究，2016，4（2）：80-91.

[81]　谢康，肖静华，赖金天，等. 食品安全"监管困局"、信号扭曲与制度安排 [J]. 管理科学学报，2017，20（2）：1-17.

[82]　谢莹，李纯青，高鹏，等. 直播营销中社会临场感对线上从众消费的影响及作用机理研究——行为与神经生理视角 [J]. 心理科学进展，2019，27（6）：990-1004.

[83]　徐玖平，唐建平. 非线性动态市场价格的突变分析 [J]. 系统工程理论与实践，2000（4）：48-53.

[84]　徐鹏. 过度自信视角下线上农产品供应链金融激励契约研究 [J]. 管理工程学报，2020，34（4）：60-67.

[85]　徐岩，胡斌，王元元，等. 基于随机尖点突变理论的心理契约研究 [J]. 管理科学学报，2014（4）：34-46.

[86]　徐岩，胡斌，杨永清. 团队知识共享行为的随机突变模型及仿真 [J]. 运筹与管理，2013（5）：240-249.

[87]　徐岩，胡斌，钱任. 基于随机演化博弈的战略联盟稳定性分析和仿真 [J]. 系统工程理论与实践，2011，31（5）：920-926.

[88]　徐岩，胡斌. 战略联盟竞合行为的随机突变分析与仿真 [J]. 管理学报，2012（5）：678-684.

[89]　徐岩. 企业组织演化的随机突变分析 [D]. 武汉：华中科技大学，2012.

[90]　许玉镇. 网络治理中的行业自律机制：嵌入价值与推进路径 [J]. 吉林大学社会科学学报，2018，58（3）：117-125.

[91]　闫妍，刘晓，庄新田. 基于节点失效的弹性供应链应急管理策略 [J]. 控制与决策，2010，25（1）：25-30.

[92]　杨炳霖. 监管治理体系建设理论范式与实施路径研究——回应性监管论的启示 [J]. 中国行政管理，2014（6）：47-54.

［93］　杨德明，赵璨. 媒体监督、媒体治理与高管薪酬［J］. 经济研究，2012（6）：116-126.

［94］　杨丰梅，王安瑛，吴军，等. 基于博弈论的C2B2C模式下电商信用监管机制研究［J］. 系统工程理论与实践，2017，37（8）：2102-2110.

［95］　易开刚，厉飞芹. 平台经济视域下商业舞弊行为的协同治理——问题透视、治理框架与路径创新［J］. 天津商业大学学报，2017，37（3）：43-47；68.

［96］　尹亚军. 互联网金融市场治理与金融消费者教育［J］. 经济法学评论，2016（1）：126-136.

［97］　于海生，龙迎红. 基于三角模糊数的供应链网络弹性测度［J］. 物流技术，2015，34（9）：213-216；258.

［98］　于窈，李纾. "过分自信"的研究及其跨文化差异［J］. 心理科学进展，2006（3）：468-474.

［99］　于长宏，原毅军. CEO过度自信与企业创新［J］. 系统工程学报，2015，30（5）：636-641.

［100］　于长宏，原毅军. 管理者过度自信与企业创新战略选择［J］. 系统工程学报，2018，33（2）：175-181.

［101］　喻建华，高中贵，张露，等. 昆山市生态系统服务价值变化研究［J］. 长江流域资源与环境，2005（2）：213-217.

［102］　张丽，王向向，李佳鑫. 电商生态系统中核心种群间信用机制的动态演化博弈［J］. 运筹与管理，2020，29（4）：93-101.

［103］　张鹏，吕靖，艾云飞，等. 基于尖点突变模型的保税区向自由贸易区演化分析［J］. 数学的实践与认识，2017，47（1）：47-56.

［104］　张志会，张明，王先斌. 基于尖点突变理论及速率比值法的基坑变形预警研究［J］. 水利水电技术，2019，50（7）：174-180.

［105］　赵昌文. 平台经济的发展与规制研究［M］. 北京：中国发展出版社，2022.

［106］　赵立纯，刘敬娜，刘杰. 害虫种群尖点突变模型的几何分析［J］. 数学

的实践与认识，2017，47（4）：273-279.

[107] 赵旭，黄传超，胡斌. 城市新移民社会心理适应的突变仿真研究［J］. 系统仿真学报，2017，29（7）：1435-1446.

[108] 赵旭，胡斌. 基于随机突变的员工反生产行为定性模拟研究［J］. 管理科学学报，2016，19（2）：13-30.

[109] 赵旭. 基于突变论和计算实验的企业员工反生产行为研究［D］. 武汉：华中科技大学，2014.

[110] 赵旭，胡斌. 集成突变论和演化博弈的企业员工冲突行为研究［J］. 运筹与管理，2014，23（4）：228-237.

[111] 郑智航. 网络社会法律治理与技术治理的二元共治［J］. 中国法学，2018（2）：108-130.

[112] 周德良，徐宏玲. 基于生态系统的电商监管模式研究［J］. 社会科学研究，2021（1）：83-91.

[113] 周黎安，张维迎，顾全林，等. 信誉的价值：以网上拍卖交易为例［J］. 经济研究，2006，41（12）：81-91.

[114] 朱国华，张佳依. 协同治理理念下电子商务信用失范现象及对策［J］. 天津法学，2020，36（3）：57-63.

[115] 朱晓娟，李铭. 电子商务平台企业社会责任的正当性及内容分析［J］. 社会科学研究，2020（1）：28-36.

[116] ADAMS H C. Relation of the state to industrial action ［J］. American Economic Association，1887，1（6）：7-85.

[117] ADEBAMBO B N，YAN X M.Investor overconfidence，firm valuation，and corporate decisions ［J］. Management Science，2018，64（11）：5349-5369.

[118] AKERLOF G.The markets for "Lemons"：quality uncertainty and the market mechanism ［J］. The Quarterly Journal of Economics，1970（84）：488-500.

[119] ALDERSON D L，BROWN G G，CARLYLE W M，et al. Assessing and improving the operational resilience of a large highway infrastructure system to

worst-case losses [J]. Transportation Science, 2018, 52 (4): 1012-1034.

[120] AYRES I, BRAITHWAITE J. Responsive regulation, transcending the deregulation debate [M]. New York: Oxford University Press, 1992.

[121] BAUCH C T, SIGDEL R, PHARAON J, et al. Early warning signals of regime shifts in coupled human-environment systems [J]. Proceedings of The National Academy of Sciences, 2016, 113 (51): 14560-14567.

[122] BERG N, LEIN D. Does society benefit from investor overconfidence in the ability of financial market experts? [J]. Journal of Economic Behavior & Organization, 2005, 58 (1): 95-116.

[123] BONDT WFM DE, THALER R H. Financial decision-making in markets and firms: a behavioral perspective [J]. Handbooks in Operations Research & Management Science, 1994, 9 (4777): 385-410.

[124] BRIANO E, CABALLINI C, GIRIBONE P, et al. Objectives and perspectives for improving resiliency in supply chains [J]. WSEAS Transaction on Systems, 2010, 9 (2): 136-145.

[125] BRUNEAU M, CHANG S E, EGUCHI R T, et al. A framework to quantitatively assess and enhance the seismic resilience of communities [J]. Earthquake Spectra, 2012, 19 (4): 733-752.

[126] BRYNJOLFSSON E, SMITH M. Frictionless commerce? a comparison of internet and conventional retailers [J]. Management Science, 2000, 46 (4): 563-585.

[127] BURNARD K, BHAMRA R. Organisational resilience: development of a conceptual framework for organisational responses [J]. International Journal of Production Research, 2011, 49 (18): 5581-5599.

[128] CAIN D M, MOORE D A, HARAN U. Making sense of overconfidence in market entry [J]. Strategic Management Journal, 2015, 36 (1): 1-18.

[129] CARPENTER S R, WESTLEY F, TURNER M G. Surrogates for resilience of social-ecological systems [J]. Ecosystems, 2005, 8 (8): 941-944.

［130］ CECCAGNOLI M，FORMAN C，HUANG P，et al.Cocreation of value in a platform ecosystem：the case of enterprise software ［J］. Management Information Systems Quarterly，2012，36（1）：263-290.

［131］ CHEN G，CROSSLAND C，LUO S.Making the same mistake all over again：CEO overconfidence and corporate resistance to corrective feedback ［J］. Social Science Electronic Publishing，2015，36（10）：1513-1535.

［132］ CHOWDHURY M M H，QUADDUS M A.A multiple objective optimization based QFD approach for efficient resilient strategies to mitigate supply chain vulnerabilities：the case of garment industry of Bangladesh ［J］. Omega，2015（57）：5-21.

［133］ CHRISTOPHER M，MENA C，KHAN O，et al.Approaches to managing global sourcing risk ［J］. Supply Chain Management，2011，6（2），67-81.

［134］ CHROUST G，KEPLER J，FINLAYSON D. Anticipation and systems thinking：a key to resilient systems ［C］. Proceedings of the 60th Annual Meeting，2016（1）：1-12.

［135］ CHUANMAN Y.Law and policy of platform economy in China ［J］. Computer Law&Security Review，2020（39）.

［136］ CHURCH J，JEFFREY N，GANDAL D，et al.Indirect network effects and adoption externalities ［J］. Review of Network Economics，2008，7（3）：337-358.

［137］ COBB L，WATSON B. Statistical catastrophe theory：an overview ［J］. Mathematical Modelling，1980，4（1）：311-317.

［138］ COBB L.Parameter estimation for the cusp catastrophe model ［J］. Systems Research & Behavioral Science，1981，26（1）：75-78.

［139］ DAKOS V，CARPENTER S R，VAN NES E H，et al.Resilience indicators：prospects and limitations for early warnings of regime shifts ［J］. Philosophical Transactions of The Royal Society B Biological Sciences，2014，370（1659）：20130263.

[140] DELLAROCAS C.The digitization of word of mouth: promise and challenges of online feedback mechanisms [J]. Management Science, 2003, 49 (10): 1407-1424.

[141] DEWAN S, HSU V.Adverse selection in electronic markets: evidence from online stamp auctions [J]. Journal of Industrial Economics, 2010, 52 (4): 497-516.

[142] DOU W Y, GHOSE S.A dynamic nonlinear model of online retail competition using cusp catastrophe theory [J]. Journal of Business Research, 2006, 59 (7): 838-848.

[143] EID M S, EL-ADAWAY I H, COATNEY K T.Evolutionary stable strategy for postdisaster insurance: game theory approach [J]. Journal of Management in Engineering, 2015, 31 (6): 69-75.

[144] EIJLANDER P.Possibilities and constraints in the use of self-regulation and coregulation in legislative policy: experience in the netherlands-lessons to be learned for the EU [J]. Electronic Journal of Comparative Law, 2005 (1): 1-8.

[145] ELIZABETH J.The balance of nature? ecological issues in the conservation of species and communities [J]. Oryx, 1993, 27 (2): 106-107.

[146] ERENPREISA J, KALEJS M, CRAGG M S. Mitotic catastrophe and endomitosis in tumour cells: an evolutionary key to a molecular solution [J]. Cell Biology International, 2005, 29 (12): 1012-1018.

[147] EVANS D S.Governing bad behavior by users of multi-sided platforms [J]. Social Science Electronic Publishing, 2012, 41 (11): 2119-2137.

[148] FAIRMAN R, YAPP C. Enforced self - regulation, prescription, and conceptions of compliance within small businesses: the impact of enforcement [J]. Law&Policy, 2005, 27 (4): 491-519.

[149] FANG H, ZHANG J, SENSOY M, et al.Reputation mechanism for e-commerce in virtual reality environments [J] . Electronic Commerce

Research and Applications, 2014, 13 (6): 409-422.

[150] FARRELL J, KATZ M L. Innovation, rent extraction, and integration in systems markets [J]. The Journal of Industrial Economics, 2000, 48 (4): 413-432.

[151] FERRANTE M. China's renewed attention to the fight against counterfeit products sold online: the impact of Taobao's new policy and punishments. Journal of Internet Law, 2015, 18 (12): 3-9.

[152] FLAY B R. Catastrophe theory in social psychology: some applications to attitudes and social behavior [J]. Behavioral Science, 1978, 23 (4): 335-350.

[153] FOLKE C, CARPENTER S R, WALKER B, et al. Resilience thinking: integrating resilience, adaptability and transformability [J]. Ecology & Society, 2010, 15 (4): 299-305.

[154] GAO J X, BULDYREV S V, HAVLIN S, et al. Robustness of a network formed by n interdependent networks with a one-to-one correspondence dependent nodes [J]. Physical Review E, 2012, 85 (6): 066134.

[155] GAO S Y, SIMCHI-LEVI D, TEO C P, et al. Disruption risk mitigation in supply chains: the risk exposure index revisited [J]. Operations Research, 2019, 67 (3), 831-852.

[156] GERVAIS S, HEATON J B, ODEAN T. Overconfidence, compensation contracts, and capital budgeting [J]. The Journal of Finance, 2011, 16 (5): 1735-1777.

[157] GERVAIS S, ODEAN T. Learning to be overconfident [J]. Review of Financial Studies, 2001, 14 (1): 1-27.

[158] GLASER M, WEBER M. Overconfidence and trading volume [J]. The Geneva Risk and Insurance Review, 2007, 32 (1): 1-36.

[159] GROSSMAN S J, STIGLITZ J E. On the impossibility of informationally efficient markets [J]. American Economic Review, 1980, 70 (3): 393-408.

[160] GUNDERSON L H，HOLLING C S.Panarchy：understanding transformations in human and natural systems [M]．Washington，DC：Island Press，2002：25-62.

[161] GUNNINGHAM N，REES J. Industry self - regulation. an institutional perspective [J]．Law and Policy，1997，19（4）：363-414.

[162] HAGIU A.Optimal pricing and commitment in two-sided markets [J]．Rand Journal of Economics，2004（20）：658-670.

[163] HAGIU A.Two-sided platforms：product variety and pricing structures [J]．Journal of Economics and Management Strategy，2009，18（4）：1011-1043.

[164] HAYEK F.The use of knowledge in society [J]．American Economic Review，1945（4）：519-530.

[165] HOLLING C S.Resilience and stability of ecological systems [J]．Annual Review of Ecology and Systematics，1973，4（1）：1-23.

[166] HOSSEINI S，Ivanov D，Dolgui A.Review of quantitative methods for supply chain resilience analysis [J]．Transportation Research Part E：Logistics and Transportation Review，2019（125）：285-307.

[167] HU B，XIA N.Cusp catastrophe model for sudden changes in a person's behavior [J]．Information Sciences，2015（294）：489-512.

[168] HUANG Y B，WANG M M.Credit rating system in C2C e - commerce：verification and improvement of existent systems with game theory [C]．International Conference on Management of E-commerce and E-government，2009：36-39.

[169] HURWICZ L.Optimality and informational efficiency in resource allocation processes [A]．In：Arrow K J，Karlin S，Suppes P（eds）．Mathematical Methods in the Social Sciences.Stanford University Press，1960.

[170] JAARON A A. M，Backhouse C J. Building antifragility in service organisations：going beyond resilience [J]．International Journal of Services

and Operations Management，2014，19（4），491-513.

[171] JI P，MA X，LI G. Developing green purchasing relationships for the manufacturing industry： an evolutionary game theory perspective ［J］. International Journal of Production Economics，2015（166）：155-162.

[172] JIN G Z，KATO A.Price，quality and reputation： evidence from an online field experiment ［J］. The RAND Journal of Economics，2006（12）：983-1005.

[173] JOSEPH A，DIVYA V R，MATHEW L S. Fake product detection and reputation system for E - commerce ［J］. International Journal of Scientific Research in Science，2016，2（3）：300-304.

[174] KEERSMAECKER S C J D，VARSZEGI C，BOXEL N V，et al.A bacterial signal molecule precursor，and validation of its activity in Salmonella typhimurium ［J］. Journal of Biological Chemistry，2005，280（20）：19563-19568.

[175] KNIGHT F.Risk，uncertainty and profit ［M］. Boston：The Liberty Press，1921.

[176] KREPS D M，MILGROM P，ROBERTS J，et al.Rational cooperation in the finitely repeated prisoners' dilemma ［J］. Journal of Economic Theory，1982，27（2）：245-252.

[177] KREUTER U P，HARRIS H G，MATLOCK M D，et al.Change in ecosystem service values in the San Antonio area，Texas ［J］. Ecological Economics，2001，39（3）：333-346.

[178] LAFFONT J J，TIROLE J. Using cost observation to regulate firms ［J］. Journal of Political Economy，1986，94（3）：614-641.

[179] LARSEN S，ALP M.Ecological thresholds and riparian wetlands： an overview for environmental managers ［J］. Limnology，2015（16）：1-9.

[180] LEE S，RHA J.Ambidextrous supply chain as a dynamic capability： building a resilient supply chain ［J］. Management Decision，2016，54（1）：2-23.

[181] LI L I. Reputation，trust，and rebates： how online auction markets can

improve their feedback mechanisms [J]. SSRN Electronic Journal, 2010, 19 (2): 303-331.

[182] LI L, Tadelis S, Zhou X.Buying reputation as a signal of quality: evidence from an online marketplace [J]. The RAND Journal of Economics, 2020, 51 (4): 965-988.

[183] LIAO Z, CHEUNG M T.Internet-based e-shopping and consumer attitudes: an empirical study [J]. Information & Management, 2001, 38 (5): 299-306.

[184] LIN Y, ZHOU L.The impacts of product design changes on supply chain risk: a case study [J]. International Journal of Physical Distribution & Logistics Management, 2011, 41 (2): 162-186.

[185] LIU D, XIAO X, LI H, et al.Historical evolution and benefit-cost explanation of periodical fluctuation in coal mine safety supervision: an evolutionary game analysis framework [J]. European Journal of Operational Research, 2015, 243 (3): 974-984.

[186] LU Y, ZHAO L, WANG B.From virtual community members to C2C e-commerce buyers: trust in virtual communities and its effect on consumers' purchase intention [J]. Electronic Commerce Research and Applications, 2010, 9 (4): 346-360.

[187] LV S, YANG R, HUANG, C.Contusion and recovery of individual cognition based on catastrophe theory: a computational model [J]. Neurocomputing, 2017: 210-220.

[188] MAEYER P D, ESTELAMI H.Consumer perceptions of third party product quality ratings [J]. Journal of Business Research, 2011, 64 (10): 1067-1073.

[189] MALMENDIER U. TATE G. CEO Overconfidence and corporate investment [J]. The Journal of Finance, 2005, 60 (6): 2661-2700.

[190] MANDAR D, SEYOUM E B, MATTI K.Supply-side resilience as practice

bundles: a critical incident study [J]. International Journal of Operations and Production Management, 2016, 36 (8): 948-970.

[191] MARRELLA A, MECELLA M, PERNICI B, et al. A design-time data-centric maturity model for assessing resilience in multi-party business processes [J]. Information Systems, 2019 (86): 62-78.

[192] MARTIN C J, UPHAM P, KLAPPER R.Democratising platform governance in the sharing economy: an analytical framework and initial empirical insights [J]. Journal of Cleaner Production, 2017 (166): 1395-1406.

[193] MARTIN R.Regional economic resilience, hysteresis and recessionary shocks [J]. Journal of Economic Geography, 2012, 12 (1): 1-32.

[194] MAY R M. Thresholds and breakpoints in ecosystems with a multiplicity of stable states [J]. Nature, 1977 (269): 471-477.

[195] MCENTIRE D A. Disaster response and recovery: strategies and tactics for resilience [M]. 2nd ed.Hoboken: John Wiley & Sons, 2015.

[196] MOORE D A, HEALY P J. The trouble with overconfidence [J]. Psychological Review, 2008, 115 (2): 502-517.

[197] MUELLER R K.Changes in the wind in corporate governance [J]. Journal of Business Strategy, 1981, 1 (4): 8-14.

[198] MURADIAN R.Ecological thresholds: a survey [J]. Ecological Economics, 2001 (38): 7-24.

[199] MURINO T, ROMANO E, SANTILLO L C. Supply chain performance sustainability through resilience function [C]. Proceedings of the Winter Simulation Conference, 2011: 1605-1616.

[200] PELTZMAN S.The economic theory of regulation after a decade of deregulation [J]. Brookings Papers on Economic Activity: Microeconomics, 1989: 1-41.

[201] PELTZMAN S.Toward a more general theory of regulation [J]. Journal of Law & Economics, 1976, 19 (2): 245-248.

[202] PIGOU A C. The economics of welfare [M]. 4th ed. London: Palgrave

Macmillan UK, 1932.

[203] PIMM S. The complexity and stability of ecosystems [J]. Nature, 1984, (307): 321-326.

[204] PLAMBECK E L, TAYLOR T A. Supplier evasion of a buyer's audit: implications for motivating supplier social and environmental responsibility [J]. Manufacturing and service operations management, 2016, 18 (2): 184-197.

[205] POLIVY J, HERMAN C P. If at first you don't succeed: false hopes of self-change [J]. American Psychologist, 2002, 57 (9): 677-689.

[206] PRIYABRATA M, SOURABH N, TANMOY A. Resilience measurement of a global supply chain network [C]. Proceedings of IEEE 9th International Conference on Intelligent Systems and Control, 2015: 1-6.

[207] QIN S, JIAO J J, WANG S. A cusp catastrophe model of instability of slip-buckling slope [J]. Rock Mechanics and Rock Engineering, 2001, 34 (2): 119-134.

[208] RATAN R, JUNWEI W, ASHUTOSH N, et al. Measuring the resilience of supply chain systems using a survival model [J]. IEEE Systems Journal, 2015, 9 (2): 377-381.

[209] REGGIANI A, GRAAFF T D, NIJKAMP P. Resilience: an evolutionary approach to spatial economic systems [J]. Networks & Spatial Economics, 2002, 2 (2): 211-229.

[210] REN Y, CROSON R. Overconfidence in newsvendor orders: an experimental study [J]. Management Science, 2013, 59 (11): 2502-2517.

[211] RIAL J, PIELKE R, BENISTON M, et al. Nonlinearities, feedbacks and critical thresholds within the earth's climate system [J]. Climatic Change, 2004, 65 (1-2): 11-38.

[212] ROCHET J C, TIROLE J. Platform competition in two-sided markets [J]. Journal of the European Economic Association, 2003, 1 (4): 990-1029.

[213] ROGER G, VASCONCELOS L.Platform pricing structure and moral hazard [J]. Journal of Economics and Management Strategy, 2014, 23 (3): 527-547.

[214] ROUNDY P T, BROCKMAN B K, BRADSHAW M.The resilience of entrepreneurial ecosystems [J]. Journal of Business Venturing Insights, 2017 (8): 99-104.

[215] SANJEEV D, VERNON H.Adverse selection in electronic markets: evidence from online stamp auctions [J]. The Journal of Industrial Economics, 2004 (12): 497-516.

[216] SCHEFFER M, CARPENTER S R.Catastrophic regime shifts in ecosystems: linking theory to observation [J]. Trends in Ecology & Evolution, 2003, 18 (2): 648-656.

[217] SCHEFFER M.Critical transitions in nature and society [M]. Princeton: Princeton University Press, 2009.

[218] SCOTT C.Private regulation of the public sector: a neglected facet of contemporary governance [J]. Journal of Law & Society, 2002 (29): 56-76.

[219] SHE Q P, WEI X C, NIE G H, et al.QoS-aware cloud service composition: a systematic mapping study from the perspective of computational intelligence [J]. Expert Systems with Applications, 2019, 138 (10): 1-25.

[220] SHEFFI, YOSSI.Supply chain management under the threat of international terrorism [J]. International Journal of Logistics Management, 2001, 12 (2): 1-11.

[221] SIDDIKI S, KIM J, LEACH W D.Diversity, trust, and social learning in collaborative governance [J]. Public Administration Review, 2017, 77 (2): 863-874.

[222] SIMCHI-LEVI D, SCHMIDT W, WEI Y, et al. Identifying risks and mitigating disruptions in the automotive supply chain [J]. Interfaces, 2015, 45 (5): 375-390.

[223] SINCLAIR D. Self - regulation versus command and control? beyond false dichotomies [J]. Law & Policy, 1997, 19 (4): 527-559.

[224] SONI U, JAIN V, KUMAR S. Measuring supply chain resilience using a deterministic modeling approach [J]. Computer Industrial Engineering, 2014, 74 (1): 11-25.

[225] SPULBER D. Unlocking technology: antitrust and innovation [J]. Journal of Competition Law & Economics, 2008, 4 (4): 915-966.

[226] STEWART I N, PEREGOY P L. Catastrophe theory modeling in psychology [J]. Psychological Bulletin, 1983, 94 (2): 336-362.

[227] STIGLER G J. The theory of economic regulation [J]. The Bell Journal of Economics and Management Science, 1971, 2 (1): 3-21.

[228] SUN J, TANG J, FU W, et al. Construction of a multi-echelon supply chain complex network evolution model and robustness analysis of cascading failure [J]. Computers & Industrial Engineering, 2020, 144: 1-7.

[229] SUNLEY, PETER, MARTIN, et al. On the notion of regional economic resilience: conceptualization and explanation [J]. Journal of Economic Geography, 2015, 15 (1): 1-42.

[230] TANG L, JING K, HE J, et al. Robustness of assemble supply chain networks by considering risk propagation and cascading failure [J]. Physica A, 2016, 459 (1): 129-139.

[231] THOM R. Structural stability and morphogenesis [M]. New York: Benjamin Press, 1972.

[232] TREDGOLD T. On the transverse strength and resilience of timber [J]. Philosophical Magazine, 1818, 51 (239): 214-216.

[233] TVERSKY A, KAHNEMAN D. Judgment under uncertainty: heuristics and biases [J]. Science, 1974, 185 (4157): 1124-1131.

[234] VIRGINIA L M S, MOHAMED M N, JOAKIM W. A control engineering

approach to the assessment of supply chain resilience ［J］. International Journal of Production Research，2012，50（21）：6162-6187.

［235］ WANG D，LI J，WANG Y，et al.Comparing the vulnerability of different coal industrial symbiosis networks under economic fluctuations ［J］. Journal of Cleaner Production，2017（149）：636-652.

［236］ WANG F，TIAN L，DU R，et al.The robustness of interdependent weighted networks ［J］. Physica A：Statistical Mechanics and Its Applications，2018（508）：675-680.

［237］ WANG J W，JIANG C，QIAN J F.Robustness of interdependent networks with different link patterns against cascading failure ［J］. Physica A，2014，393（1）：535-541.

［238］ WANG L C，BAKER J，WAGNER J A，et al.Can a retail web site be social? ［J］. Journal of Marketing，2007，71（3）：143-157.

［239］ WEATHERS D，SHARMA S，WOOD S L.Effects of online communication practices on consumer perceptions of performance uncertainty for search and experience goods ［J］. Journal of Retailing，2007，83（4）：393-401.

［240］ WEI X，ZHANG Y，FAN Y，et al. Online social network information dissemination integrating overconfidence and evolutionary game theory ［J］. IEEE Access，2021（9）：1-14.

［241］ WEIDLICH W，HUEBNER H. Dynamics of political opinion formation including catastrophe theory ［J］. Journal of Economic Behavior & Organization，2008，67（1）：1-26.

［242］ WEYL E G.A price theory of multi-sided platforms ［J］. American Economic Review，2010，100（4）：1642-1672.

［243］ WILSON A G.Catastrophe theory and bifurcation：applications to urban and regional systems ［M］. London and Berkeley：Croom Helm，1981.

［244］ WRIGHT J.Optinal card payment systems ［J］. European Economic Review，

2003, 47（4）: 587-612.

[245]　WU B, CHENG J, QI Y.Tripartite evolutionary game analysis for "deceive acquaintances" behavior of e-commerce platforms in cooperative supervision [J]. Physica A: Statistical Mechanics and its Applications, 2020（550）, 123892.

[246]　WU D Y, CHEN K Y.Supply chain contract design: impact of bounded rationality and individual heterogeneity [J]. Production & Operations Management, 2014, 23（2）: 253-268.

[247]　XU Y, HU B, WU J, et al.Nonlinear analysis of the cooperation of strategic alliances through stochastic catastrophe theory [J]. Physica A: Statistical Mechanics and its Applications, 2014（400）: 100-108.

[248]　YOU C.Law and policy of platform economy in China [J]. Computer Law & Security Review, 2020（39）: 105493.

[249]　ZEEMAN E C. Catastrophe theory [M]. Amsterdam: Addison-Wesley Press, 1977.

[250]　ZEEMAN E C.On the unstable behaviour of stock exchanges [J]. Journal of Mathematical Economics, 1974, 1（1）: 39-49.

[251]　ZENG Y, XIAO R B, LI X.Vulnerability analysis of symbiosisnetworks of industrial ecology parks [J]. Procedia Computer Science, 2013（17）: 965-972.

[252]　ZHAO K, KUMAR A, HARRISON T P, et al.Analyzing the resilience of complex supply network topologies against random and targeted disruptions [J]. IEEE Systems Journal, 2011, 5（1）: 28-39.

[253]　ZHU F, IANSITI M.Entry into platform-based markets [J]. Strategic Management Journal, 2012, 33（1）: 88-106.

[254]　ZHU G, HUANG C, HU B, et al.Autonomy in individual behavior under multimedia information [J]. Multimedia Tools and Applications, 2016, 75

（22）：14433-14449.

[255] ZURLINI G，ROSSI O，AMADIO V. A landscape approach to biodiversity and biological integrity planning：the map of the Italian nature ［J］. Ecosystem Health，1999，5（4）：294-311.

索引